Eckhard Bieger / Christian Schnaubelt
27x katholisch

Eckhard Bieger / Christian Schnaubelt

27 x katholisch

Die deutschen Bistümer im Porträt

Mit einem Geleitwort von
Reinhard Kardinal Marx

Bibliografische Information Der Deutschen Nationalbibliothek
Die Deutsche Nationalbibliothek verzeichnet diese Publikation in der
Deutschen Nationalbibliografie; detaillierte bibliografische Daten sind
im Internet über http://dnb.ddb.de abrufbar.

Coverfoto: Deutscher Katholikentag 2012 in Mannheim. Harald Oppitz / KNA-Bild

Grafikdesign: Karin Cordes, Dipl.-Designerin, Paderborn

ISBN 978-3-89710-569-0

© 2014 by Bonifatius GmbH Druck • Buch • Verlag Paderborn

Alle Rechte vorbehalten. Das Werk einschließlich seiner Teile ist urheberrechtlich geschützt. Jede Verwertung außerhalb der engen Grenzen des Urheberrechtsgesetzes ist ohne Zustimmung des Verlages unzulässig und strafbar. Das gilt insbesondere für Vervielfältigungen, Übersetzungen, Mikroverfilmungen und die Einspeicherung in elektronische Systeme.

Gesamtherstellung:
Bonifatius GmbH Druck • Buch • Verlag Paderborn

Inhalt

Geleitwort – Reinhard Kardinal Marx	8
Vorwort: Die katholische Kirche in deutschen Landen – aus der Geschichte ist sie nicht wegzudenken	9
Bonifatius – Benediktiner, Bischof, Missionar und Organisator der fränkischen Kirche	11
Die heutige katholische Kirchenlandschaft in Deutschland – Wie ist sie geworden, von welchem Erbe lebt sie?	15
Wie kam das Christentum nach Deutschland?	16
Rom und das Deutsche Reich	22
Die Reichskirche	23
Mittelalter – keine Zwischenzeit	24
Reformation und Dreißigjähriger Krieg	26
Zeitalter des Barock – zwischen Dreißigjährigem Krieg und Französischer Revolution	28
Das 19. Jahrhundert, Demokratiebewegung, Kulturkampf	30
Erster Weltkrieg und volle Religionsfreiheit, Nationalsozialismus und Neuanfang	33
Kirche im Sozialismus – eingeengt auf den Kirchenraum	34
Zweites Vatikanisches Konzil, Beginn einer neuen Epoche	37
Angekommen im 21. Jahrhundert	39

Die deutschen Bistümer im Porträt

Bistum Aachen Glauben verbindet	42
Bistum Augsburg Zwischen Tradition und ökumenischem Aufbruch	50
Erzbistum Bamberg In den Schnittlinien Europas	58
Erzbistum Berlin Katholiken in den politischen Spannungsfeldern	66

Bistum Dresden-Meißen
Katholischer Aufbruch im Kernland der Reformation   74

Bistum Eichstätt
Eichstätt – mitten in Bayern   82

Bistum Erfurt
Katholiken in Thüringen – das Bistum Erfurt   90

Elisabeth – glühende Liebe   98

Bistum Essen
Kirche an der Ruhr und Lenne: Immer an der Seite der Menschen   100

Erzbistum Freiburg
Caritasstadt und Diözese mit vielfältigen Ordenstraditionen   108

Bistum Fulda
Treffpunkt am Grab des heiligen Bonifatius   116

Bistum Görlitz
Görlitz – Brücke nach Polen   124

Erzbistum Hamburg
Ökumene im Norden   132

Bistum Hildesheim
Blühender Glaube   140

Erzbistum Köln
1 700 Jahre Kirche am Rhein   148

Petrus Canisius – Verfasser von Katechismen, Prediger, Reformator,
Gründer eines neuen katholischen Bildungssystems   156

Bistum Limburg
Eine Perle der Vielfalt im Herzen Deutschlands   158

Bistum Magdeburg
Katholiken im Ursprungsland der Reformation   166

Bistum Mainz
Die ansteckende Leichtigkeit des Glaubens   174

Hildegard von Bingen   182

Erzbistum München und Freising
Ein Treffpunkt der Völker   186

Bistum Münster
Dem Frieden verpflichtet   194

Bistum Osnabrück
Vom Glück, auf dem Weg zu sein   202

Erzbistum Paderborn
Das Bistum an den Quellen der Pader   210

Bistum Passau
Marien-Verehrung und Stephanuspatronat   218

Bistum Regensburg
Dommusik der Superlative   226

Bistum Rottenburg-Stuttgart
Katholiken in Württemberg   234

Bistum Speyer
Zwischen Kaiserdom und Chemieindustrie   242

Bistum Trier
Den Ursprung berühren   250

Bistum Würzburg
Im Land der „Frankenapostel" und Wallfahrten   258

Geleitwort

„27 x katholisch" enthüllt schon im Titel sehr anschaulich, was die Leserinnen und Leser erwartet: Vielfalt in Gemeinschaft.

Die katholische Landkarte Deutschlands ist bunt und abwechslungsreich. Wer einen genaueren Blick wagt, entdeckt eine bemerkenswerte Spannweite und Lebendigkeit. Kein Bistum gleicht dem anderen, jedes besitzt seine eigene Identität, geprägt von einer bewegten Geschichte, den unterschiedlichsten Traditionen und den Menschen, die in ihm leben und gelebt haben. Angefangen vom ältesten deutschen Bistum Trier bis hin zum jüngsten, dem Bistum Görlitz. Von der großen Fläche des Erzbistums Hamburg bis in das Ruhrbistum Essen. Diese Vielfalt ist Reichtum und Bereicherung für das christliche Leben in Deutschland, denn sie hält uns vor Augen, dass „katholisch" immer Vielfalt bedeutet auf Grundlage unseres gemeinsamen Glaubens.

In seinem Apostolischen Schreiben „Evangelii Gaudium" vom November 2013 würdigt Papst Franziskus die Fülle des christlichen Glaubens und die verbindende Kraft des Heiligen Geistes: „Der Heilige Geist ist selbst die Harmonie, so wie er das Band der Liebe zwischen dem Vater und dem Sohn ist. Er ist derjenige, der einen vielfältigen und verschiedenartigen Reichtum der Gaben hervorruft und zugleich eine Einheit aufbaut, die niemals Einförmigkeit ist, sondern vielgestaltige Harmonie, die anzieht. Die Evangelisierung erkennt freudig diesen vielfältigen Reichtum, den der Heilige Geist in der Kirche erzeugt" (Nr. 116). Die „eine Kirche", zu der wir Christen uns im Credo bekennen, ist mitnichten einförmig oder starr. Sie ist kein monolithischer Block. Unsere Kirche ist eine weltumfassende Gemeinschaft, die in ihrer Buntheit fasziniert und herausfordert. Andernfalls verlöre der Glaube an Lebendigkeit und es bliebe nur ein, wie Papst Franziskus es nennt, „eintöniges Christentum" übrig (Nr. 116) und die „Schönheit dieses vielseitigen Gesichtes" (Nr. 40), an dem sich der heilige Papst Johannes Paul II. in seinem Apostolischen Schreiben „Novo Millennio ineunte" erfreut, wäre dahin.

Bei der Veranstaltung zum Auftakt des Gesprächsprozesses der Deutschen Bischofskonferenz in Mannheim 2011 wurde ein Zukunftsbild der Kirche mit folgendem Satz beschrieben: „Unsere Kirche hat große Ausstrahlung, wenn sie Vielfalt als Bereicherung erlebt." Vielfalt ist eine Ressource, keine Gefahr, aber sie ist stets eine Herausforderung und Aufgabe. So kann unser Glaube vielfältig leben und wachsen. Die Vielfalt der Kirche, ob sie sich im Gemeindeleben vor Ort, in der unterschiedlichen Geschichte und in den Traditionen der Bistümer, in den Bräuchen der Regionen oder auf der großen Bühne der Weltkirche zeigt, dürfen wir als Stärke verstehen, aus der wir schöpfen können.

In diesem Sinne darf ich Ihnen viel Freude beim Entdecken der Geschichte und der „Schätze" der deutschen Bistümer und der katholischen Kirche in Deutschland wünschen.

Reinhard Kardinal Marx
Vorsitzender der Deutschen Bischofskonferenz

Vorwort

Die katholische Kirche in deutschen Landen – aus der Geschichte ist sie nicht wegzudenken

Das Buch will zu einer Reise durch die katholischen Landschaften einladen. Mit Unterstützung der Deutschen Bischofskonferenz werden darin erstmals seit langer Zeit alle 27 deutschen Bistümer porträtiert. Dabei wird deutlich, dass die Bistümer vom Norden in den Süden und vom Westen in den Osten Deutschlands auf ganz unterschiedliche Weise katholisch sind. Und gerade diese Individualität und die Lebendigkeit der 27 „Zentren des Glaubens" machen den Reichtum des deutschen Katholizismus aus. Es sind nicht nur Erkundungen in die Gegenwart, sondern in die Geschichte und Geschichten der deutschen Bistümer. So wird die Vielfalt der Regionen lebendig, die von Personen geprägt ist, Bischöfen, Heiligen, von Orden und Verbänden, von spirituellen und sozialen Initiativen. In einigen historischen Skizzen wird das Auf und Ab der Geschichte und darin das deutlich, was Christentum und Kirche in den verschiedenen Jahrhunderten geprägt hat.

Die Kirche kommt aus einer wechselhaften Geschichte. Religiöse Aufbrüche, Personen und spirituelle Schulen, Architektur und die anderen Künste haben jede Epoche der deutschen Geschichte mitgeprägt. Ohne die Benediktiner kein Abendland, ohne die Bischöfe keine stabile Ordnung im mittelalterlichen Kaiserreich, ohne die Stifte und Abteien im Barock keine Bildung und kein Sozialwesen, ohne die sozial orientierten Katholiken weniger Inspiration für die junge Bundesrepublik und ein viel längerer Weg nach Europa. Nach der Wende keine so erfolgreiche Politikergeneration in den neuen Bundesländern.

Aber diese Kirche ist auch mehrfach zusammengebrochen. Aus den politischen und kirchlichen Krisen des Spätmittelalters ist sie vor allem in den Städten von der Reformation abgelöst worden.

Nach dem Dreißigjährigen Krieg entwickelte sich im Barock ein vitaler Katholizismus, der von der Französischen Revolution und dann von Napoleon hinweggefegt wurde. Mitte des 19. Jahrhunderts kam es zu einem enormen Aufschwung mit Neugründungen von Pfarreien in den Industrieregionen, mit vielen Priester- und Ordensberufungen. Mit dem Kulturrevolution der Achtundsechziger-Jahre ist diese Kirche wieder in Bedrängnis. Nicht durch die Politik, so wie in den Zeiten des Kulturkampfes, bedrängt, sondern durch den Zeitgeist und in den letzten Jahren auch durch Missstände, erscheint sie eher mit Negativmeldungen Thema der Medien. Wie alle Kulturinstitutionen wird sie von den digitalen Medien mit ihren neuen Kommunikationsmustern herausgefordert und nutzt bereits die Chance, neue Wege und den Dialog mit den Menschen zu finden.

Gerade in diesen Zeitläufen lohnt sich ein genauerer Blick auf diese Kirche. Er wird hier über die Beschreibung der 27 deutschen Bistümer gesucht. In diesen sozusagen Regionen des Katholizismus wird sehr viel deutlicher als auf der Bühne nationaler Medien, was am Katholizismus „dran" ist. Ein kursorischer historischer Überblick und für jedes Bistum eine Zeittafel ordnet die Region in die Zeitläufe ein, denn angefangen von Bauten aus der Karolingerzeit bis zur klimaneutralen Kirche bietet gerade der Katholizismus ein breites Spektrum und damit Zugang zu den verschiedensten Perioden deutscher Geschichte.

Fragt man nach den Wurzeln, die zu den heute 27 katholischen religiösen Landschaften in Deutschland geführt haben, dann sind es ein Mann und ein Kongress, die der Kirche im Wesentlichen die heutige Struktur gegeben haben.

Bonifatius legt die Fundamente und der Wiener Kongress bestimmt die heutigen Bistumsgrenzen

Bonifatius hat im 8. Jahrhundert die Landschaft der deutschen Diözesen gestaltet, die für das Mittelalter maßgebend wurden. Zwischen den ersten römischen Bischöfen südlich der Donau und links des Rheins und dieser Neuordnung lagen die Invasion der Germanen und die langsame Herausbildung des fränkischen Reiches. Es war eine lange Zeit des Übergangs zwischen der Taufe des Frankenkönigs Chlodwig 498 und der Kaiserkrönung Karls des Großen in Rom im Jahr 800, die die Geschichte der deutschen Kirche bis heute eng mit dem Bischofsstuhl des hl. Petrus verbindet.

Mit der Ausweitung des Deutschen Reiches nach Norden und Osten kam es zu weiteren Missionierungen, die mit der Gründung von Bistümern verbunden waren. Diese Struktur wurde durch die Reformation erschüttert, viele Bistümer gingen unter. Nach dem Dreißigjährigen Krieg gelang ein Neuanfang, der neben dem Herzogtum Bayern vor allem auf den Bistümern und Abteien aufbauen konnte, die katholisch geblieben waren und die den Bischof bzw. Abt als Landesherrn unter den etwa 365 deutschen Kleinstaaten hatten.

Mit den napoleonischen Kriegen wurde diese Ordnung aufgelöst, die Fürstbistümer und Fürstabteien verschwanden. Das katholische Leben kam großenteils zum Erliegen. Die Katholiken fanden sich meist unter protestantischer Herrschaft wieder. Deutschland wurde im Wiener Kongress neu geordnet. Entsprechend den neu zusammengefügten Staaten wurden die Bistümer in mühsamen Verhandlungen neu eingerichtet. Damit wurde die aktuelle Landkarte der Bistümer durch diesen Kongress geformt. Alle Neugründungen, wie z. B. Dresden, Berlin, Aachen oder Essen, Erfurt oder Magdeburg, Görlitz und Hamburg sind in diese Landkarte mit ihrer Geschichte eingepasst.

Mit dem Buch möchten die Autoren auch eine Brücke zwischen „27 x katholischen Regionen", ihren Traditionen und ihrem Blick in die Zukunft schlagen.

Im Folgenden wird zuerst die Gestalt des Bonifatius vorgestellt, an dessen Grab sich die deutschen Bischöfe regelmäßig versammeln. Dann werden Kapitel der deutschen Kirchengeschichte aufgeschlagen. Ein kurzer Blick auf die Ergebnisse des Wiener Kongresses wird den Porträts der Bistümer vorausgestellt, weil die meisten Diözesen in ihrer heutigen Grenzziehung auf diese Neuordnung der deutschen Staaten Anfang des 19. Jahrhunderts zurückgehen.

Eckhard Bieger S.J. und Christian Schnaubelt

Bonifatius – Benediktiner, Bischof, Missionar und Organisator der fränkischen Kirche

Vor dem Mainzer Dom steht diese Skulptur des englischen Heiligen, der von 746 bis zu seinem Tod 754 (bzw. 755) Bischof dieser Diözese war. 38 Jahre ist er unermüdlich tätig, noch mit 81 Jahren bricht er zu einer Missionsreise ins nördliche Holland, zu den Friesen, auf. Bis heute ist er die prägende Bischofsgestalt für Deutschland, denn in seiner Person wird beispielhaft deutlich, was einen Bischof ausmachen soll: Ausbreitung des Glaubens, Investitionen in Bildung, eine ordnende Hand, die die religiösen Kräfte bündelt. Er kam allerdings in eine ganz andere Zeit. Die Germanen lebten immer noch in Furcht vor ihren Göttern, auch wenn sie getauft worden waren.

Das Territorium der germanischen Götter

Wenn er als Apostel Deutschlands verehrt wird, dann vor allem wegen seines Missionsauftrages, den er unmittelbar vom Papst 719 erhielt. Die damalige religiöse Situation war nicht der des Hochmittelalters vergleichbar. Bonifatius traf auf eine teils christianisierte Bevölkerung, die jedoch noch zwischen dem christlichen Bekenntnis und den germanischen Gottheiten schwankte. Die Priester waren kaum theologisch geschult, sie konnten auch oft nicht lesen und schreiben. Da es kaum liturgische Bücher gab, mussten sie die Texte in der ihnen fremden lateinischen Sprache auswendig lernen. Dass ein Priester sonntags dem Christengott und am Donnerstag dem Donar, auch Thor genannt, opferte, war nicht die Ausnahme. Das macht auch deutlich, warum es zur Missionsmethode des Bischofs gehörte, dem Thor geweihte Eichen zu fällen. Nach der Vorstellung der Menschen gehörte das Land der dort verehrten Gottheit. Diese war sozusagen der Provinzfürst. So wie man eine Flagge auf dem Südpol errichtete, um so das Land zu „besetzen", war auch im Empfinden der Menschen damals das Land unter einer Oberhoheit. Betrat jemand, der eine andere

Skulptur des heiligen Bonifatius vor dem Mainzer Dom

Gottheit verehrte, dieses Land, dann musste das Unheil bringen, weil die Gottheit von den Bewohnern verlangte, dass ihr ungeteilt die Verehrung zuteilwurde. Das könnte erklären, warum Bonifatius in Friesland umgebracht wurde. Auch wenn meist noch zu lesen ist, dass es nur ein räuberischer Überfall der Friesen war, müsste man erklären, warum die Friesen alle fast 50 Begleiter des Bonifatius umgebracht und nicht nach dem Überfall mit der Beute das Weite gesucht haben. Denn dieser Missionar stand unter dem Schutz der Franken, die das südliche Holland erobert hatten. In Utrecht war bereits ein Bistum errichtet. Auch deuten Spuren an dem Buch, das Bonifatius in der Hand hatte, auf eine Art Abwehrzauber hin. Es ist nämlich durch das Buch, den Codex Ragyndrudis, ein Nagel getrieben. Dieser Nagel musste nach der Ermordung in das Buch getrieben worden sein und könnte eine Art magische Handlung gewesen sein, um die Wirkung des Buches wie des Predigers zu bannen. Die Mission hatte für die Friesen auch ein starke politische Komponente, denn es waren die Franken, die die Christianisierung wollten und unter deren Schutz Bonifatius stand.

Wenn Bonifatius den einem germanischen Gott geweihten Baum fällte, dann nahm er das Land für Christus in Besitz und bewies zugleich, dass die heidnische Gottheit sich gegen die Inbesitznahme nicht wehren konnte. Die Menschen haben das vielleicht als Schwäche ihrer bisherigen Gottheit verstanden. Bonifatius selbst war mit den Propheten des Alten Testaments davon überzeugt, dass es keine Gottheiten neben dem einen Gott gibt.

Das klingt für unser Verständnis etwas überholt. Jedoch besprengen wir auch heute Gegenstände mit Weihwasser, zünden eine Kerze an und essen kein Pferdefleisch, weil Pferde die Opfertiere der Germanen waren.

Bonifatius fällt die Donareiche

Der Benediktiner

Bonifatius stammt aus der benediktinischen Tradition. Diese war 597 von Rom nach England gekommen, als Papst Gregor I., der selbst Benediktiner war, aus seiner römischen Abtei den Mönch Augustinus mit weiteren Mönchen nach England gesandt hatte. Eingeladen zur Mission hat König Ethelbert von Kent. Augustinus gründete in Canterbury eine erste Abtei, andere Könige und Herzöge folgten ihm, da eine Abtei wie ein Entwicklungszentrum funktionierte. Winfried, der erst später den Beinamen Bonifatius (der Gutmachende) erhielt, wurde 673 oder auch 675 in einem anderen kleinen Königreich im Südwesten Englands geboren, in Essex, und wurde im Kloster Exeter und in Nursling bei Southampton ausgebildet. In Nursling wurde er später Abt.

Der Lehrer

In Nursling war Bonifatius, der damals noch Winfried genannt wurde, Leiter der Klosterschule. Er hatte eine lateinische Grammatik verfasst, Bildung war ihm zeit seines Lebens ein Anliegen. Er beschäftigte sich nicht nur weiter mit Sprachen, sondern gründete auch Klöster, weil sie damals die einzigen Institutionen waren, die Bildung vermitteln konnten. Seine Bibliothek ist der Grundstock für die große Bedeutung, die die von ihm gegründete Abtei Fulda für das ganze Mittelalter behält.

Der Missionar im Auftrag des Papstes

716 brach er zur ersten Missionsreise nach Friesland auf, wurde aber durch den dortigen Herzog Radbod, einen Christengegner, an der Mission gehindert. Er kehrt zurück und entschließt sich 718 endgültig zu Mission im damaligen Reich der Franken. Jedoch holt er sich nicht zuerst von dem dortigen Herrscher die Erlaubnis zur Mission, sondern lässt sich vom Papst beauftragen. Damit begründet er die enge Verbindung der späteren Karolinger-Könige mit Rom. 719 wird er in Rom von Papst Gregor II. zum Missionsbischof geweiht. Dessen Nachfolger, Gregor III., verleiht ihm 732 die Würde eines Erzbischofs, er ist damit für das östliche Frankenreich, das spätere Deutsche Reich, der maßgebende Bischof. Bei einem weiteren Rombesuch 738-739 wird er zum päpstlichen Legaten für das gesamte Frankenreich ernannt. Mit diesen Vollmachten beginnt er die Mission an den nördlichen Grenzen des Frankenreiches, in

Nordhessen und Thüringen. Später kann er die Bistumsstrukturen festigen und neue Diözesen gründen. Die erste Phase seiner jahrzehntelangen Wirksamkeit konzentrierte sich auf die nördlichen Nachbarn des Frankenreiches. Er war 720 in Friesland, wollte zuerst die Sachsen bekehren, konnte dort aber nichts ausrichten und wandte sich 721 den Chatten, den Hessen, zu, die an der Lahn siedelten. Bei Amöneburg gründete er ein kleines Kloster. Unterbrochen von einer Romreise trieb er bis 724 die Mission in Hessen voran; wahrscheinlich 723 hat er die dem Gott Donar geweihte Eiche bei Fritzlar gefällt. Bonifatius gründete auch in Fritzlar ein Missionskloster. 725 ging er in das benachbarte Thüringen. Dort sollte das Kloster Ohrdruf die Mission stabilisieren.

737 war er, nachdem er Bayern kennengelernt hatte, wieder in Rom. Dort wurde er zum Legaten, also zum päpstlichen Gesandten für das ganze Frankenreich, eingesetzt. In Rom konnte er in den Klöstern Mitarbeiter gewinnen. Mit der neuen Vollmacht konnte er 739 mit der Unterstützung des Herzogs Odilo in Bayern beginnen. Dort waren Bistümer bereits in der Römerzeit gegründet worden. Diese lagen südlich der Donau. Bonifatius setzte dort Bischöfe ein. Es handelte sich um Salzburg, Regensburg, Passau und Freising. Augsburg gehörte damals nicht zum bayerischen Einzugsbereich.

Reformator der fränkischen Kirche

Bonifatius hatte den Titel „Erzbischof" vom Papst erhalten. Im ganzen Mittelalter waren mit diesem Amt mehr Vollmachten verbunden als heute. Dann ernannte ihn der Papst sogar zu seinem Legaten. Jedoch konnte er seine Vollmachten nur einsetzen, wenn die fränkischen Herrscher ihm dazu die Gelegenheit gaben. Bischofsernennungen und die Einberufung einer Synode waren nicht einfach in die Freiheit der Kirche gestellt. Das bleibt über Jahrhunderte so, denn bis zum Ende des Ersten Weltkrieges waren die Landeherren rechtlich die Bischöfe ihrer protestantischen Untertanen. Auch die katholischen Bischöfe waren Einschränkungen unterworfen. So waren Ordensniederlassungen von der Zustimmung der Landesherren bzw. der Städte abhängig. Bonifatius setzte den Akzent anders und verstand sich nicht als Agent der fränkischen Könige, sondern als Beauftragter des Papstes.

Als Karl Martell 741 starb, verbesserten sich die Chancen für eine Reform, vor allem des Klerus. Seine Söhne Pippin und Karlmann waren sich mehr als ihr Vater darüber im Klaren, dass die Kirche den inneren Zusammenhalt des immer größer werdenden Frankenreiches stabilisieren konnte. Karlmann war für den östlichen Teil des Frankenreiches verantwortlich. Mit seiner Unterstützung konnte Bonifatius Bistümer gründen und Bischöfe einsetzen. Bei Fritzlar gründete er innerhalb der befestigten Siedlung Büraburg ein Bistum, weiter Erfurt und Würzburg und für den Norden Bayerns Eichstätt.

Reformsynoden

Sowohl viele Kleriker als auch fränkische Adelige waren von der Einberufung einer Reformsynode nicht begeistert. Nicht wenige Bischöfe hatten den Titel von ihrem Vater geerbt, ohne sich um die religiösen Aufgaben zu kümmern, so Gewilip von Mainz und Milo von Trier. Bonifatius konnte sie aus dem Amt entfernen. Er stellt fest, dass in den vorausgegangenen 80 Jahren keine Synode zustande gekommen war. 743 konnte endlich eine solche abgehalten werden. Nachdem Gewilip 745 abgesetzt war, übernahm Bonifatius das Bistum.

Frauenbildung

Die Kirchenleute wussten sehr gut, dass vor allem die adeligen Frauen für die Annahme und die Einpflanzung des Christentums von hoher Bedeutung waren und bleiben würden. Bonifatius gründete Frauenklöster, so in Tauberbischofsheim, weitere in Kitzingen und Ochsenfurt. In Heidenheim entstand ein Doppelkloster für Frauen und Männer.

Personalpolitik

Bonifatius brauchte Männer und Frauen, die das weitgespannte Netz der Missionserfolge durch Bildung und Katechese sicherten, die er als Äbte und Äbtissinnen sowie als Bischöfe einsetzen konnte. Es waren viele, nur von einigen kennen wir die Namen, von wenigen ihre Biografie. Meist waren es Mönche und Ordensfrauen aus England, oft Verwandte des Heiligen. Manche, die in Rom in einem Kloster lebten, konnte er für die Mission gewinnen, so Lullus, seinen Nachfolger in Mainz. Er hatte vorher in Hersfeld eine Abtei gegründet, der er als Abt vorstand. Verwandte des Bonifatius sind die Geschwister Willibald, Wunibald und Walburga. Willibald wird erster Bischof der Diözese Eichstätt, Wunibald gründet das Kloster Heidenheim, dort wird dessen Schwester Walburga nach dem Tod Wunibalds Äbtissin, auch für die Ordensmänner des Klosterkomplexes. Lioba, auch eine Verwandte des Bonifatius, war Gründungsäbtissin des Klosters in Tauberbischofsheim. Sie liegt in Petersberg bei Fulda begraben. Ebenfalls aus Südwestengland stammt Burghard, den Bonifatius 742 zum ersten Bischof von Würzburg einsetzte, wo er bis zu seinem Rückzug aus dem Amt bis 754 wirkte. Wigbert, auch aus Südwestengland stammend, wird von Bonifatius zum ersten Abt von Fritzlar eingesetzt und später in Personalunion zum Abt des thüringischen Klosters Ohrdruf. Auch Witta, den Bonifatius 741 zum Bischof weihte und in Büraburg einsetzte, war Angelsachse. Bischof von Erfurt wurde ebenfalls ein Angelsachse, Adalar. Er kam mit Bonifatius auf der Missionsreise nach Friesland um. Nicht nur ist Bonifatius von Mönchen und Nonnen aus seinem Heimatland umgeben, er steht auch in ständigem Briefverkehr mit England. Von dort erhält er auch die meisten Bücher. Nur Sturmius, der erste Abt des von Bonifatius 744 gegründeten Klosters in Fulda, stammte aus Bayern.

Vielleicht wegen dieser Personalpolitik, die sich vor allem auf angelsächsische Mönche und Nonnen stützte, schwand der Einfluss des Bonifatius auf die fränkischen Hausmeier, die Leute eigenen Vertrauens auf die entscheidenden Bischofs- und Abtsstühle setzen wollten. Zudem fühlten sich die Bischöfe des Frankenreichs herausgefordert. Als Pippin eine weitere Synode im Jahr 748 einberuft, wird Bonifatius nicht mehr eingeladen. Der König setzt sich direkt mit Rom in Verbindung.

Die letzte Missionsreise

753, im Alter von 80 Jahren, entschließt sich Bonifatius zu einer Missionsreise in den Norden Hollands. Die Nachfolge in Mainz hat er geregelt, Lullus wird als sein Nachfolger vom Papst bestätigt. Bonifatius scheint zu ahnen, dass es seine letzte Reise ist. Er lässt Lioba, seine Verwandte und Äbtissin in Tauberbischofsheim, extra nach Mainz kommen. In seine Bücherkiste legt er ein Leichentuch. Seine Mission ist anfangs erfolgreich. Er und seine Gefährten können viele Menschen taufen. Als er für den Mittwoch nach Pfingsten, den 5. Juni 754 (vielleicht auch 755), zur Firmung einlud, wurden er und seine etwa 50 Gefährten bei Dokkum unweit der Küste umgebracht.

Der Leichenzug nach Fulda

Bonifatius war eine so bekannte Persönlichkeit, dass die Nachricht von seinem Tod sich schnell herumsprach. Die Franken schickten Bewaffnete nach Friesland. Diese konnten seinen Leichnam bergen wie auch die Bücher. Er wurde über die Zuidersee nach Utrecht gebracht. Bereits am 4. Juli erreichte das Schiff mit seinen sterblichen Überresten Mainz, fünf Tage später, am 9. Juli, Fulda.
Seine integrative Kraft ist heute noch spürbar. An seinem Grab treffen sich seit 1867 jährlich die deutschen Bischöfe. Er hat die Fundamente für die Kirche des Mittelalters gelegt und die Beziehung zwischen dem Frankenreich und dem Papst in Rom begründet. Erst durch den Papst konnten die fränkischen Könige Kaiser und damit dem byzantinischen Kaiser ebenbürtig werden. Bonifatius hat auch die Fundamente für das Bildungsideal des Mittelalters gelegt. So eng wie durch ihn war die Beziehung zwischen England und dem Festland später nie mehr.

Die heutige katholische Kirchenlandschaft in Deutschland – Wie ist sie geworden, von welchem Erbe lebt sie?

Kirche, ob katholisch oder evangelisch, ist nach Gebieten gegliedert, die sich auch heute noch weitgehend an den Grenzen der Bundesländer orientieren. Jedoch ist die heutige Grenzziehung zwischen Landeskirchen bzw. Diözesen älteren Datums. Sie wurde mit der Neuordung Deutschlands nach den napoleonischen Kriegen auf dem Wiener Kongress ausgehandelt. Nach der Säkularisierung 1803 war die katholische Kirche ihrer bisherigen Ressourcen beraubt, die Klöster waren zum großen Teil aufgelöst, die ehemaligen Fürstbistümer, in denen der Bischof über einen Teil des Bistumsterritoriums Landesherr war, gab es nicht mehr. Ein völliger Neuanfang führte zur heutigen Gestalt der Kirche. Zugleich setze der Wiener Kongress der Kleinstaaterei ein Ende. Aus den über 300 deutschen Kleinstaaten wurden größere Einheiten gebildet. Einen gemeinsamen deutschen Staat gab es noch nicht, vielmehr wurden 41 Einzelstaaten gebildet. Entsprechend den neuen Staaten wurden die Grenzen der Bistümer neu gezogen und auch Bistümer neu eingerichtet, so Rottenburg für das Königreich Württemberg, Freiburg für das Großherzogtum Baden, Limburg für das Großherzogtum Nassau. Im 20. Jahrhundert kamen dann einige Neugründungen hinzu. Aachen wurde von Köln abgespalten, das Bistum Meißen konnte wiedererrichtet werden, Berlin wurde noch vor dem Zweiten Weltkrieg Bistum. Nach dem Krieg wurde für das Ruhrgebiet das Bistum Essen gegründet. Nach der Wiedervereinigung wurden Erfurt und Magdeburg, die bis dahin zu Fulda bzw. Paderborn gehörten, eigenständige Bistümer. Aus dem in Sachsen und Brandenburg liegenden ehemaligen Teil des Bistums Breslau entstand Görlitz. Mecklenburg kam mit Schleswig Holstein zu dem neuen Erzbistum Hamburg.

Für die heutige Struktur der katholischen Kirche in Deutschland ist also das 19. Jahrhundert entscheidend. Aber die Bistümer haben ältere Wurzeln, die bis auf die Zeit der Christianisierung der germanischen und slawischen Stämme zurückgeht. Die vielen mittelalterlichen und im Süden barocken Kirchbauten prägen bis heute das kirchliche Leben – zusammen mit den seelsorglichen Initiativen, der Theologie, den Orden und der Musik jener Epochen.

Die 27 Bistümer der katholischen Kirche in Deutschland

Wie kam das Christentum nach Deutschland?

Das Christentum kam zuerst nur bis an den Rhein, denn hier gab es römische Städte, Nijmwegen, Köln, Mainz, Straßburg, das Gebiet südlich der Donau, die Schweiz und Frankreich, das bei den Römern Gallien hieß. Es gab noch südlich der Lahn rechts des Rheins römisches Gebiet, das durch den Limes geschützt war. Kaufleute brachten das Evangelium, es bildeten sich christliche Gemeinden. Auch im Militär gab es Christen. In Erinnerung geblieben ist die Thebaische Legion. Mauritius war einer der Heerführer. Die Soldaten stammten aus Ägypten, daher der Name Theben. Als sie nach 300 gegen die Christen in der Schweiz eingesetzt wurden, sollen sie gemeutert haben. Kaiser Maximinian ließ jeden Zehnten der Soldaten hinrichten. Später wurde die Legion im Rheinland eingesetzt, die Märtyrer Cassius und Florentius, die im Bonner Münster verehrt werden, sollen auch Mitglieder dieser Legion gewesen sein. Gereon in Köln und Victor in Xanten waren mit ihren Gefährten ebenfalls Mitglieder dieser Legion, die wohl zum großen Teil aus Christen bestanden hat.

Der süddeutsche Raum hatte als Grenze des Römischen Reiches die Donau und den Limes, der zudem noch einmal nach Osten verschoben wurde. Die Römer konnten um 15 v. Chr. die Vindeliker unterwerfen und das nördliche Voralpenland erobern. Kaiser Tiberius (14-37) machte daraufhin „Augusta Vindelicorum", das spätere Augsburg, zur Hauptstadt der neu gewonnenen Gebiete. Außerdem wurden die Provinzen Raetia mit den natürlichen Grenzen Alpen, Donau, Bodensee und Inn sowie Noricum – Österreich – errichtet.

Im Zuge dessen kam es zu einer frühzeitigen Verbreitung des Christentums im altbayerisch-österreichischen Raum (Raetien und Noricum) durch römische Soldaten, Kaufleute, Handwerker und Beamte. Dabei kamen der Verbreitung der neuen Religion die Entstehung ausgedehnter Zivilsiedlungen um die Römerlager, die Entwicklung blühender Handelszentren so Augusta Vindelicorum (Augsburg) und Iuvavum (Salzburg) und die ausgedehnte Infrastruktur durch den Aufbau eines römischen Straßennetzes zugute. Die hl. Afra, die in Augsburg verehrt wird, erlitt in der Christenverfolgung unter Kaiser Diokletian das Martyrium. Bei Ausgrabungen wurden christliche Kirchen z. B. in Epfach, Augsburg, Regensburg, Kempten oder Passau entdeckt. Im 5. Jahrhundert sind weite Gebiete Rätiens und Noricums christianisiert.

Die Germanen erobern das Weströmische Reich

Mit dem Ende der Christenverfolgung im Jahr 313 unter Konstantin begann in den römischen Grenzgebieten jedoch keine friedliche Zeit. Bereits im Jahre 9 hatte Rom nach der Vernichtung seiner Legionen in Ostwestfalen gegen die Germanen zurückstecken müssen. Die Germanen drängten nach Westen, weil sie sich durch die Zivilisation, die die Römer auf der linken Rheinseite aufgebaut hatten, angezogen fühlten. Dabei gliederten sie sich nicht in das rö-

Kopf der Kolossalstatue Konstantins des Großen (Kapitolinische Museen). Kaiser Konstantin gewährte den Christen in dem sogenannten „Toleranzedikt von Mailand" das Recht, ihren Glauben frei ausüben zu können.

Die Porta Nigra in Trier ist ein ehemaliges römisches Stadttor. Trier war im 4. Jahrhundert eine Residenzstadt der römischen Kaiser.

mische Staatswesen ein, sondern zerstörten es letztlich. Nur mühsam gelang es den Römern, die überlegenen germanischen Truppen einzubinden, indem sie diesen bestimmte Siedlungsgebiete zuwiesen. Die Einfälle der Germanen veranlassten jedoch den Großteil der römischen Bevölkerung, sich in das Gebiet südlich der Loire zurückzuziehen. Im heutigen Österreich handelte der Mönch Severin im 5. Jahrhundert mit den germanischen Stammeskönigen einen Modus Vivendi aus, jedoch zog sich auch die christliche Bevölkerung nach Norditalien zurück. Die Christen wie ihre römischen Mitbürger haben die Germanen nicht als Befreier gesehen, sondern als Zerstörer. Manche dachten, die Endzeitvisionen der Apokalypse würden sich jetzt erfüllen.

Neumissionierung

Da die Christen aus römischer Zeit zumeist abgewandert und die Germanen kaum mit Christen in Berührung gekommen waren, wurde das Gebiet nördlich der Loire wieder Missionsland. Bis es im Mittelalter zu einer Blüte des Christentums in Frankreich und Deutschland kam, sollte es noch mehrere Jahrhunderte dauern. Da in die Gebiete, die die nach Westen und Süden drängenden Germanen verlassen hatten, Slawen nachrückten, dehnte sich das Gebiet der Franken und der Burgunder auf der rechten Rheinseite noch nicht weit nach Osten aus. Es gab im Süden die Bayern, die Franken wanderten mainaufwärts, Thüringen und Hessen gerieten bald unter die Herrschaft der Franken. Dann war erst einmal die Elbe die Grenze, bis, ermöglicht durch das Bevölkerungswachstum, Siedler nach Osten aufbrachen. Die Slawen wurden teils zurückgedrängt, teils bekämpft. Im Jahre 983 kam es zu einem großen Aufstand der Slawen östlich der Elbe. 968 wurde das Bistum Meißen gegründet, bis zur Bekehrung der Slawen dauerte es noch 200 Jahre. Wie sah aber der Prozess der Christianisierung von innen aus?

Wie wurden die Germanen Christen?

In den ersten Jahrhunderten, als sich der christliche Glaube langsam im Römischen Reich ausbreitete, waren es vor allem Ein-

Der Frankenkönig lässt sich 498 taufen – damit wurde der Grundstein für ein christliches Frankenreich in Gallien gelegt.

Deckblatt einer isländischen Abschrift der Snorri-Edda aus dem 17. Jahrhundert. Die Edda überliefert die alten germanischen Mythen.

zelbekehrungen bzw. ließ sich eine Hausgemeinschaft mit den Dienern und Sklaven taufen. Das änderte sich auch nicht, als 313 die Verfolgung der Christen eingestellt wurde. Anders in der Mission der germanischen Stämme. Hier waren es die Herzöge und die Könige, die darüber entschieden, ob ihr Stamm den christlichen Glauben annahm und die Mitglieder sich taufen ließen. Allerdings konnte das ein Herzog nicht wie ein absolutistischer Fürst zu Zeiten der Reformation entscheiden, sondern er brauchte die Zustimmung seiner Gefolgsleute. Zuerst kamen die Franken, die Burgunder, die Ost- und Westgoten mit dem Christentum in Kontakt. Sie waren in die römischen Provinzen vorgedrungen und mit Menschen konfrontiert, die nicht mehr viele Götter verehrten und lesen und schreiben konnten. Entscheidend war die Taufe des Frankenkönigs Chlodwig am Weihnachtsfest 497 oder in einem anderen Jahr vor der Jahrhundertwende. Seine Frau Chrodechild, eine burgundische Prinzessin, hatte ihn zur Übernahme des Christentums bewegt. Dafür waren nicht nur religiöse Gründe ausschlaggebend, diese gab es aber wohl doch. Zu den politischen Überlegungen führte die Tatsache, dass Chlodwig unter seinen Untertanen noch viele römische Christen hatte. Ihnen gegenüber konnte er seine Herrschaft nicht mit der fränkischen Tradition legitimieren, dass sein Geschlecht direkt von den Göttern abstamme.

Die kirchlichen wie die religiösen Gründe dürften aber die gewichtigeren gewesen sein:

• Die christliche Religion bestand nicht aus losen Überlieferungen und Mythen wie die der Germanen. Die Christen hatten mit den Konzilen im 4. und 5. Jahrhundert ihre Lehrstreitigkeiten geklärt und zu einem einheitlichen Glaubensbekenntnis gefunden. Zwar gab es immer noch Arianer, die nicht anerkennen konnten, dass Jesus der Sohn Gottes ist. Diese hatten aber gerade unter der römischen Bevölkerung des Frankenreichs wenig Anhänger.

• Die Kirche war, nicht zuletzt durch ihren sozialen Einsatz, zu einem stabilisierenden Faktor geworden, auf den ein Germanenfürst umso mehr angewiesen war, als er sich nicht mehr als Heerführer bewähren, sondern durch kluges Regieren die Zustimmung seiner Untertanen erhalten musste.

• Anders als die Dynastien der Germanen verfügte die Kirche über gut ausgebildete Intellektuelle und Juristen, die Latein, die damalige Wissenschafts- und Rechtssprache, beherrschten.

- Ein tiefliegender und damit noch entscheidender Grund dürfte das düstere Weltbild der Germanen gewesen sein. Die Götterwelt der Germanen kennen wir zwar nur durch die isländische Edda, in der die Geschichte auf einen Kampf zwischen den Göttern und den Riesen hinausläuft, den die Riesen gewinnen. Vor diesem Hintergrund muss die Gestalt des auferstandenen Himmelskönigs Christus, der die Mächte der Unterwelt überwunden hat, die Germanen fasziniert haben. Zudem sahen sich die fränkischen Könige als Stellvertreter Christi, während der Papst damals seine Würde von der Nachfolge des hl. Petrus herleitete.
- Mit dem Gott, der Mensch geworden ist und die Menschen erlöst hat, wurden die Tieropfer überflüssig. Die Gottheit musste nicht mehr zufriedengestellt werden. Der Kult erfährt eine Vergeistigung.
- Angesichts dieser Überlegenheit der christlichen Religion konnten die Germanenfürsten nicht die Strategie verfolgen, ihre überlieferten Göttervorstellungen in die neu eroberten Gebiete einzupflanzen. Sie mussten die dort herrschende Religion übernehmen. Warum es Richard Wagner und den Nationalsozialisten gelang, germanische Vorstellungen wieder zu Leitbildern einer Kultur zu machen, müssen die christlichen Philosophen und Theologen erst noch erklären.
- Wenn die Germanenfürsten in das internationale Geflecht integriert werden wollten, das trotz des Untergangs des Weströmischen Reiches erhalten geblieben war, bot ihnen die internationale Kirche den besten Zugang.

Jedoch dauerte es bis zu Bonifatius und Karl dem Großen, ehe es zu einer großangelegten Bildungsinitiative kam. Klostergründungen waren die Investitionen, die man damals tätigte. Erst 789 kam es zu einem Erlass Karls des Großen, dass alle Kleriker in seinem Reich Lesen und Schreiben lernen müssten. Zwischen 450 bis zum Auftreten des Bonifatius im Jahr 719 muss man davon ausgehen, dass germanische Kulte weiter gepflegt wurden und der gleiche Priester donnerstags dem Thor und sonntags dem Christengott opferte.

Der heilige Martin am Basler Münster

Die Einpflanzung christlichen Lebens

Indem das Christentum durch die Taufe des jeweiligen Herzogs übernommen wurde, entstand noch kein christliches Leben. Dafür brauchte es Protagonisten.

Wo es noch Reste römischer Städte gab, konnte das christliche Leben unter einem Bischof weitergeführt werden. Die Herausforderung bestand in der Missionierung der Landbevölkerung. Im fränkischen Reich war es der Bischof von Tours, Martin, ein aus Ungarn stammender ehemaliger Soldat, der eine intensive Missionstätigkeit aufnahm. Sein Gedächtnis wird bis heute bewahrt, auch weil Chlodwig ihn zum Patron der Franken erhoben hatte.

Die meisten Impulse kamen von irischen Wandermönchen, so der hl. Gallus im Bodenseegebiet oder der hl. Kilian in Unterfranken. Irland und auch Teile Englands waren bereits im 7. Jahrhundert christlich geworden. Irland war damals keine isolierte Insel, sondern zu einem der wenigen geistigen Zentren Europas geworden, das viele Verbindungen zum Festland unterhielt. Die irischen Wandermönche waren in Europa unterwegs. Die Klöster hatten ein reiches künstlerisches und intellektuelles Leben entwickelt, so dass irische Mönchen auch an den Königshöfen gesuchte Ratgeber wurden. Columban gelang es, junge fränkische Adelige für das Leben im Kloster zu gewinnen. In Luxeuil, am Westrand der

Denar mit dem Kopf Karls des Großen. Umschrift: KAROLVS IMP AVG für KAROLVS IMPERATOR AVGVSTVS

Wie kam das Christentum nach Deutschland?

Vogesen, gründete er ein Kloster mit großer Ausstrahlungskraft. Ein weiteres in Bobbio, in Norditalien.

Inzwischen hatten die Franken begonnen, mainaufwärts zu siedeln. Der irische Mönch Kilian missionierte dort erfolgreich. Ebenso kam Thüringen unter fränkischen Einfluss. Die Sachsen, die bis zum Rhein vorgedrungen waren, die Friesen und andere germanische Stämme widersetzten sich der Mission.

Als Bonifatius, ein englischer Benediktiner, in der ersten Hälfte des 8. Jahrhunderts seine Mission auf dem Kontinent begann, fand er eine Kirche vor, die mehr vom Engagement des jeweiligen Grafen oder Herzogs lebte als von dem Einsatz ihrer Priester. Diese konnten kaum lesen und schreiben und waren oft auch für die alten Götter tätig. Eine Spur dieses Kultes hat sich bei uns erhalten, nämlich die Abneigung, Pferdefleisch zu essen. Den germanischen Gottheiten wurden Pferde geopfert, mit dem Zurückdrängen dieser Kulte war dann Pferdefleisch verpönt.

Bonifatius nahm den Faden auf, den die irischen Mönche angefangen hatten, und pflanzte das Christentum, das bisher mehr ein Oberflächenphänomen gewesen war, entschieden ein – durch Bildung. Deshalb gehörte die Gründung von Kathedralschulen und von Abteien zu den langfristig angelegten Maßnahmen. Auch die Bildung, nicht zuletzt des weiblichen Adels, wurde in Angriff genommen. Seine Verwandte Lioba betraute Bonifatius mit der Leitung einer Benediktinerinnenabtei in Tauberbischofsheim. Bonifatius wirkte zur Zeit Pippins des Jüngeren, des Vaters Karls des Großen, der die Kulturpolitik zu einem Pfeiler seiner Reichspolitik machte.

Karl verfügte nicht nur, dass jeder Kleriker in seinem Reich Lesen und Schreiben lernen musste, sondern verpflichtete alle Klöster, auch die von Iren gegründeten, auf die Benediktusregel. So wurde diese Klosterkonzeption für mehrere Jahrhunderte zur Entwicklungsagentur für den ländlichen Raum: eine Schule, ein landwirtschaftlicher Musterbetrieb, alle Handwerksberufe, eine Apotheke und Teilhabe an der europäi-

schen Kultursprache, dem Latein. Mit den schreibkundigen Mönchen ließ sich auch eine Verwaltung aufbauen. Das alles in einer Zeit, in der es in Deutschland nur am Rhein noch Reste römischer Städte gab. Wie für die Männer war auch für Frauen das Kloster der einzige Weg, am kulturellen Leben teilhaben zu können. Roswitha von Gandersheim ist eine frühe Zeugin dieser durch das Kloster ermöglichten Kultur.

Erst durch Bekehrung werden die Sachsen befriedet

Während die Franken, nicht zuletzt durch ihre Beziehungen zum Süden, langsam Anschluss an die christliche Kultur fanden, wie sie sich im Römischen Reich entwickelt hatte, und die Fähigkeit entwickelten, nicht nur Kriege gegen anderen Germanenstämme zu gewinnen, sondern auch eine dauerhafte Regierung zu organisieren, verharrten die Sachsen auf dem Status der Völkerwanderungszeit: viele kleine Clanführer, die sich nur in Kriegszeiten unter einem gewählten Oberbefehlshaber zusammenfanden. Diese Clans waren, wie es der kämpferischen Grundeinstellung der Germanen entsprach, auf Scharmützel aus und fielen in das Gebiet der Franken ein.

Es ging also in den 30 Jahre dauernden kriegerischen Auseinandersetzungen nicht zuerst um Missionierung der Sachsen, sondern erst einmal um eine Beendigung der ständi-

Die großartige Kaiserpfalz in Goslar aus dem 11. Jahrhundert zeugt von der nachhaltigen Christianisierung der Sachsen.

gen Überfälle. Es zeigte sich, dass die Sachsen nicht mit einer Niederlage, so der im Jahre 772 mit der Eroberung der Eresburg und der Zerstörung des zentralen Kultortes Irminsul, Ruhe gaben, sondern immer wieder den Kampf suchten. Dies selten in offener Feldschlacht, sondern mit Angriffen aus dem Hinterhalt. Das war schon die Taktik gewesen, mit der Hermann der Cherusker die römischen Legionen in den Wäldern Ostwestfalens aufgerieben hatte. Wenn die militärischen Kräfte der Franken anderswo gebunden waren, so 773 und wieder 776 in Norditalien, schlugen die Sachsen zurück. Für Karl den Großen lag es nahe, die Sachsen gänzlich zu unterwerfen. Eine Missionierung war zuerst nicht geplant. Teile der Bevölkerung siedelte er zudem in fränkischen Gebieten an. Ortsnamen wie Sachsenried bei Schongau und anderswo sind dafür bis heute Zeugen. Die Befriedung der aufsässigen Sachsen erforderte schließlich, dass ihnen das Christentum aufgezwungen wurde. Nicht nur wurde ihnen damit eine religiöse Motivation für ständige Kriegshändel entzogen, sie wurden dadurch auch in das System des Frankenreiches einbezogen, indem eine kirchliche Struktur mit Bistümern und Abteien – insgesamt 137 Gründungen werden gezählt – aufgebaut wurde. Widukind, der über Jahre den Widerstand gegen die Franken organisiert hatte, ließ sich am Ende in Attigny Weihnachten 785 taufen, Karl der Große wurde sein Taufpate. Was in Frankreich nur zögernd und im östlichen Teil durch die Initiative des Bonifatius erst entschieden umgesetzt wurde, führte in Sachsen innerhalb eines Jahrhunderts zu einer blühenden kulturellen und religiösen Landschaft, so dass zur Zeit der Sachsenkaiser der kulturelle und intellektuelle Mittelpunkt Deutschlands im Raum Goslar, Magdeburg, Quedlinburg, Halberstadt lag. Die sächsischen Kaiser und ihr Nachkomme, Heinrich der Löwe, initiierten dann die Mission jenseits der Elbe.

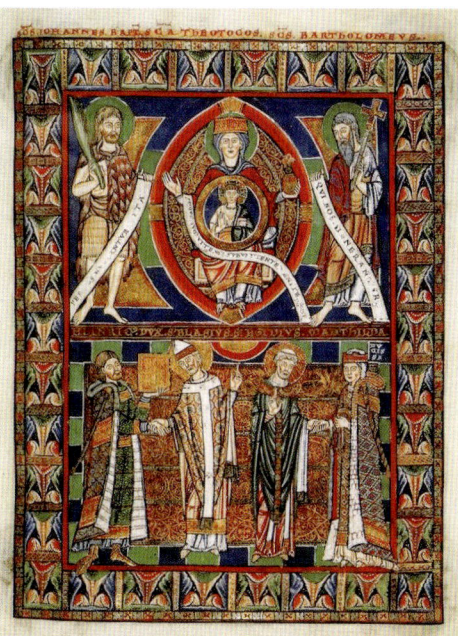

Heinrich der Löwe und seine Frau Mathilde – im unteren Bildteil – auf dem Widmungsbild des Evangeliars Heinrichs des Löwen.

Wie kam das Christentum nach Deutschland?

Rom und das Deutsche Reich

Zum Weihnachtsfest 800 ließ Karl der Große sich zum Kaiser krönen. Er war in der stärkeren Position, denn das Papsttum war zum Spielball römischer Adelsgeschlechter geworden und blieb es noch zur Zeit der sächsischen Kaiser. Da es aber in Byzanz einen Kaiser gab, brauchte der Frankenkönig den Papst, um seine Herrschaft über Bayern, Thüringen, Sachsen und Norditalien mit einer Reichsidee zu stabilisieren. Diese Verbindung zwischen Rom und den Frankenherrschern hatte schon Bonifatius vorbereitet, denn er hatte sich seinen Auftrag, für die Kirche unter den Germanen zu missionieren, vom Papst geben lassen. Karl knüpfte die Bande zu Rom noch enger. Er übertrug nicht nur die vom Mittelmeerraum inspirierte benediktinische Klosterkonzeption auf die Abteien seines Reiches. Er holte auch Noten und Sänger aus Rom, deren Schüler in den folgenden 200 Jahren den gregorianischen Choral im Frankenreich zu seiner unübertroffenen Blüte führten. Karl griff sogar direkt in das liturgische Leben ein, indem er die bis dahin im Frankenreich entstandene „Gallikanische Liturgie" durch römische Messbücher ersetzte. Damit wurde das Christentum in den germanischen Ländern wie auch in den vom Frankenreich missionierten Gebieten „römischer". Dass die Reformatoren diese enge Bindung an Rom erst 700 Jahre später lösten, zeigt, in welchen Zeiträumen sich politische wie kirchliche Entscheidungen auswirken. Da Luther den Fürsten einen großen Einfluss auf seine neuen Landeskirchen einräumte, lag es für die Katholiken seit der Reformation nahe, in der Verbindung mit Rom Rückhalt zu finden. Jedoch blieb der Einfluss der Könige auf die Kirche nicht unumstritten. Der Konflikt kam unter den Saliern, dem Königsgeschlecht, das mit Konrad II. 1024 auf den letzten Sachsenkaiser, den kinderlosen Heinrich II., folgte, zum Ausbruch.

Doch vorher muss noch kurz die Frage beantwortet werden, warum die Kaiserkrone bei den Franken in Deutschland blieb und nicht bei den französischen Königen, dem sog. Westreich der Franken.

Kaiser Otto I. in der anonymen Kaiserchronik für Kaiser Heinrich V. (um 1112/1114). Otto I., der Große aus dem sächsischen Kaiserhaus erweckte das von Karl dem Großen begründete mittelalterliche westliche Kaisertum zu neuem Leben.

Der Sohn Karls des Großen, Ludwig der Fromme, herrschte noch über das Reich seines Vaters. Entsprechend dem fränkischen Stammesrecht wurde das Reich 843 im Vertrag von Verdun dann unter seine drei Söhne aufgeteilt. Karl der Kahle erhielt das Westreich, Ludwig der Deutsche das Ostreich. Die Kaiserwürde ging auf Ludwigs ältesten Sohn, Lothar, über, der den Mittelstreifen erhielt: Italien, Burgund, die Provence, die Länder an Rhein und Maas mit der Hauptstadt Aachen. Lothringen leitet sich von diesem Namen her. Lothar teilte dieses Mittelreich wiederum unter seine drei Söhne auf. Die Herrschaft zerfiel, so dass das heutige Lothringen und die Niederlande an das Ostreich fielen, später auch Burgund und Italien. Von der Herrschaft über Italien leitete sich der Anspruch auf die Kaiserkrone ab.

Jedoch wirkt das Mittelreich Lothars fort, denn hier blieb, über alle Kriege zwischen Frankreich und Deutschland hinweg, der Gedanke eines Reiches erhalten.

Das sächsische Herzogshaus, welches von den Franken 919 das Königtum über das Ostreich übernahm, schaffte die Erbteilung ab, die bei den Sachsen sowieso keine Tradition hatte, wie man an den Bauernhöfen im Münsterland und in Niedersachsen heute sehen kann. Der Besitz wurde nur an einen der Söhne vererbt. Der Sohn Heinrichs, Otto I. beanspruchte wiederum die Kaiserwürde.

Durch die Kirchenreform, die im 11. Jahrhundert begann, wurde das Papsttum gestärkt. Zudem war der römische Bischof nicht nur Papst der deutschen Lande, sondern auch Frankreichs, Englands, Polens, Skandinaviens. Noch bedeutsamer war, dass der Papst mit dem Kirchenstaat zu einem politischen Faktor in Italien geworden war. Waren die sächsischen Kaiser noch diejenigen, die ordnend in Rom eingriffen und die Päpste auswählten, kam es unter ihren Nachfolgern, den Saliern, zum Streit um die Ernennung der Bischöfe.

Die Reichskirche

Als 919 dem sächsischen Herzog Heinrich von Konrad I., dem König des ostfränkischen Reiches, die Königswürde angetragen wurde, gab es bereits eine enge Verbindung zwischen Staat und Kirche. Die Kirche hatte im König eine schützende Hand, die auch die weitere Mission östlich der Elbe mit vorantrieb. Auch der Staat hatte in der Kirche eine wichtige Stütze. Die Klöster und die Domschulen waren Träger der Kultur, ohne schreibkundige Kleriker keine Verträge und kein Rechtssystem. Die Stütze der königlichen Herrschaft waren die vom König eingesetzten Bischöfe. Sie konnten, anders als die Herzöge, keine Nachkommen installieren, sodass der König Bischofssitze wie auch Abts- und Äbtissinnenstühle mit Vertrauten oder sogar eigenen Verwandten besetzen konnte. So war Bruno, Erzbischof von Köln und zugleich Kanzler des Reiches, ein jüngerer Bruder Ottos I.

Der König konnte für einen Kriegszug nur die Ritter seines Herzogtums einziehen, deshalb war er auf die Zustimmung der Fürsten angewiesen, wenn er ein größeres Heer brauchte. Da der König Bistümer und Abteien zunehmend mit Besitz und Gerichtsbarkeit ausstattete, wurden die Bischöfe wie die Äbte mehr und mehr zu mächtigen Reichsfürsten. Dafür waren sie dem König zu finanziellen wie auch militärischen Leistungen verpflichtet. Dieses Ineinander von weltlicher Macht und Kirche dauerte bis zur Säkularisierung 1803, aber es blieb in der Kirche nicht unwidersprochen. Denn die starke Einbindung der Kirche in die weltliche Herrschaft bestimmte die Auswahl der Bischöfe, die wie selbstverständlich vom König und nicht vom Papst eingesetzt wurden. Wegen der Schwäche des Papsttums im 9. und 10. Jahrhundert, das den Intrigen der römischen Adelsgeschlechter ausgeliefert war, nahmen die sächsischen Könige häufig Einfluss auf die Papstwahl. Es ist die Epoche mit den meisten Päpsten deutscher Herkunft.

Die religiösen Reformkräfte im 11. Jahrhundert sahen in dieser wechselseitigen Stabilisierung von Königsherrschaft und Kirche die spirituellen Entwicklungsmöglichkeiten gehemmt. Sie beanspruchten die Auswahl des kirchlichen Führungspersonals. In Gregor VII. hatte die Kirche einen Papst, der gewillt war, diesen Anspruch durchzusetzen. Das war deshalb nicht einfach, weil Heinrich IV. weiterhin gegen den Willen des Papstes Bischofsstühle besetzte, so 1073 den von Mailand, und dabei viele Bischöfe hinter sich wusste. In dieser Situation griff Papst Gregor zum äußersten Mittel: Er verhängte gegen den König den Kirchenbann, schloss ihn damit faktisch aus der christlichen Gemeinschaft aus – und beraubte ihn damit der Legitimation, König zu sein. Mit seinem berühmten Bußgang nach Canossa zwang Heinrich IV. den Papst, ihn vom Bann wieder zu lösen. Da der König aber gar nicht daran dachte, die Wahl der Bischöfe der Kirche zu überlassen, zog sich die Auseinandersetzung noch über 30 Jahre hin. Erst 1122 schloss sein Sohn Heinrich V. mit dem Wormser Konkordat Frieden mit dem Papst. Der Kompromiss sah so aus, dass die Bischöfe Reichsfürsten blieben, aber fortan von der Kirche gewählt wurden. Erst nach ihrer Einsetzung übertrug ihnen der König die weltlichen Befugnisse. Da der Kaiser zumindest in Deutschland selbst bei der Wahl anwesend sein konnte, behielt er einen beträchtlichen Einfluss bei der Auswahl der Kandidaten. Die Bischöfe blieben also Landesherren für den Bereich ihres Bistums, der ihnen direkt unterstand. Dieser Teil des Bistums wurde später Hochstift genannt. Die Belehnung mit diesem Herrschaftsgebiet, sie werden in den Urkunden Regalien genannt, d. h. vom König dem Bischof übergeben, blieb in der Kompetenz des Kaisers, so dass beide Seiten sich jeweils auf einen Kandidaten einigen mussten.

Canossa war die Burg der Markgräfin Mathilde von Tuszien (1046-1115). Hier trat im Januar 1077 König Heinrich IV. auf seinem Gang nach Canossa Papst Gregor VII. entgegen, um die Lösung vom Kirchenbann zu erreichen.

Mittelalter – keine Zwischenzeit

Der heilige Dominikus, Begründer des Dominikanerordens, in einem Fresko von Fra Angelico in San Marco (Florenz)

Die Epoche, die wir zwischen Antike und Neuzeit situieren, war von dem Willen geprägt, eine christliche Gesellschaft aufzubauen. Das konnten die germanischen Stämme nur im Rückgriff auf die Kirchenstrukturen, das Mönchtum, die Theologie und die Sozialeinrichtungen, die die Christen aus dem Römischen Reich zusammen mit dessen Rechtssystem und Verwaltungskunst in die neue Epoche mitgebracht hatten. Diese neue Epoche war mit dem Zusammenbruch des Weströmischen Reiches durch die Völkerwanderung angebrochen.

Mit Bonifatius und Karl dem Großen begann eine große Bildungsinitiative. Zugleich war die Kirche ein unentbehrlicher Stützpfeiler des Herrschaftssystems geworden.

Bis zum Jahre 1000 hat es dann gedauert, bis die ehemals römischen Städte sich wieder mit Leben füllten und jenseits des Limes neue Städte gegründet wurden. Diese Städte erforderten eine neue Form der Seelsorge. Neben der Bischofskirche entstehen Pfarrkirchen. Dann gründen die Bettelorden Klöster und bauen Kirchen.

Mit der Michaeliskirche in Hildesheim 1010 und dem Speyrer Dom 1025 beginnt in Deutschland die Romanik, um im 12. Jahrhundert mit vielen Abteien und Klöstern ihren Höhepunkt zu erreichen. Es wird nicht nur gebaut, sondern Plastiken aus Holz und Stein gestaltet. Wandmalereien wie große Codizes, meist Bibeln, zeigen die erste eigenständige Kunst des Abendlandes. Die meisten Kirchen aus den Jahrhunderten vorher sind nicht erhalten, weil sie meist baufällig waren und durch romanische und später gotische Bauten ersetzt wurden.

Im 11. und 12. Jahrhundert intensiviert sich das religiöse Leben. Mit den Zisterziensern 1098 und später, 1120, den Prämonstratensern entstehen neue Orden. Diese sind nördlich der Alpen gegründet und widmen sich noch nicht der Bevölkerung in der Stadt, denn diese gab es nur in spärlichen Ansätzen. Die Abtei verstand sich selbst als Stadt und hatte in ihren Mauern die Handwerker, lebte von eigener Landwirtschaft, hatte eine Schreibstube und eine Schule.

Die neuen Orden für die Städte waren die Dominikaner, 1206, und die Franziskaner, 1210 von Papst Innozenz III. bestätigt. Die Karmeliten waren ursprünglich Einsiedler in Palästina, sie mussten nach der Niederlage der abendländischen Kreuzzugsheere nach Europa zurückkehren und gründeten in vielen Städten Klöster. Die Augustiner-Eremiten wurden aus verschiedenen Konventen, die sich an der Augustinusregel orientierten, gebildet. Das sind neben weiteren Klostergemeinschaften die vier Orden, die die mittelalterliche Stadt als Seelsorgsfeld gewählt hatten.

Die Gotik wird vor allem der prägende Baustil der mittelalterlichen Stadt, 1227 wird in Trier der Bau der gotischen Liebfrauenkir-

St. Michael in Hildesheim, auch Michaeliskirche genannt, ist eine ottonische, vorromanische Kirche. Sie war bis zur Reformation die Abteikirche der gleichnamigen Benediktinerabtei.

che, 1235 der Elisabethkirche in Marburg begonnen. In Frankreich begann die Gotik fast 100 Jahre früher mit den großen Fensterflächen der Abteikirche Saint Denis 1140, heute ein Vorort von Paris.

Ist das Mittelalter dunkel?

Nach dem gängigen Geschichtsverständnis beginnt der Aufschwung der Menschheit mit der Renaissance, die der Neuzeit den Boden bereitet. Das Mittelalter wird, vor allem aus der Sicht Italiens, als dunkel gesehen. Gotik ist eigentlich ein Schimpfwort, denn die Italiener spielen auf die Plünderung Roms 410 durch die Westgoten und die Besetzung großer Teile des Weströmischen Reiches durch Ost- und Westgoten an, die sie als Barbaren sahen.

Ob dieses Urteil „dunkles Mittelalter" zutrifft, kann man überprüfen, wenn man in eine gotische Kathedrale eintritt. Dort findet sich so viel Glas verbaut, wie es in Renaissance und Barock nicht der Fall war. Aus den Domschulen werden Universitäten. Einen großen Impuls erhielten die Wissenschaften durch die Rezeption der Philosophie des Aristoteles, der Europa über die arabischen Gelehrten in Spanien erreicht. Es gab zwar keine Polizei und kaum Gefängnisse, aber Rechtsbücher und Rechtsprechung. Die Hexenprozesse, die als besonders mittelalterlich gelten, sind ein Phänomen des 16. und 17. Jahrhunderts. Es gab auch im Mittelalter Hexenglauben, aber keine systematische Verfolgung, wie durch die protestantischen wie die katholischen Staaten vor allem im Zusammenhang mit dem Dreißigjährigen Krieg. Zudem war die Hexenverfolgung kein südeuropäisches, sondern vorwiegend ein deutsches Phänomen.

Der Umbruch beginnt im 14. Jahrhundert

Wurden im 13. Jahrhundert die theologischen Summen geschrieben und die Kathedralen gebaut, kam es im 14. Jahrhundert durch einen Klimawandel zu einer Ernährungskrise, die die Ausbreitung der Pest erst ermöglichte. Die Bautätigkeit an den Kathedralen, so am Kölner Dom, wurde ein-

Der Kölner Dom zählt zu den weltweit größten Kathedralen im gotischen Baustil.

gestellt. Politische Instabilität und eine Auflösung der im 13. Jahrhundert erarbeiteten Synthese von Philosophie, Wissenschaft und Theologie führten zu einer großen Verunsicherung. Das Gottesbild verdüsterte sich. War für Thomas von Aquin die Erlösung ein Anspruch der Gerechtigkeit, die Gott wiederherstellen sollte, sah das 14. Jahrhundert den Kern des Christlichen, die Erlösungslehre, ganz anders. Die neue Sicht kam aus folgender Überlegung: Wenn Gott den Glauben und die guten Werke in seinem Endgericht berücksichtigen müsste, dann wäre er nicht mehr allmächtig. Deshalb muss es allein von seinem Willen abhängen, ob ein Mensch in die Hölle oder in den Himmel kommt. So kam es zu der existenziellen Frage, die sowohl Luther wie Calvin bewegte: Wie finde ich einen gnädigen Gott? Die Reformation hat also ihre Wurzeln schon im 14. Jahrhundert.

Seit der Reformation unterscheiden sich Protestanten und Katholiken grundsätzlich in der Einschätzung des Mittelalters. Für die Katholiken ist diese Epoche eine gelungene Synthese von Religiosität, Wissenschaft und einer christlich fundierten Gesellschaftsordnung. Für die Protestanten musste das mittelalterliche Christentum grundlegend reformiert werden, um dem Anspruch der Bibel überhaupt zu genügen. Auch löst der Protestantismus die enge Verbindung von Papst und deutscher Nation, die für den Beginn einer abendländischen Kultur in den germanischen Ländern grundlegend war, auf.

Reformation und Dreißigjähriger Krieg

Lutherdenkmal in Worms

Die Reformation hat Deutschland wie ein politischer Umschwung erfasst. Offensichtlich war die mittelalterliche Kirche so erschöpft und ohne Perspektive, dass nur eine neue Konzeption des Christentums zukunftsträchtig schien. Gegen die Formenvielfalt des späten Mittelalters, die vielen Figuren und Reliquien, die vielen Engel und Heiligen und die damit verbundenen Andachten und kleinen Rituale setzte die Reformation ein einziges Prinzip: „Rechtfertigung aus dem Glauben". Anstelle der Sakramente und Sakramentalien wurde das Wort an den ersten Platz gerückt. Damit war Rationalität verbunden, die Philosophen kamen in Zukunft meist aus den evangelischen Kirchen. Die Universität wurde für die Religion gegenüber dem Mittelalter noch einmal wichtiger.

Die Reformatoren waren auch deshalb erfolgreich, weil sie die neuen Kommunikationstechniken einsetzten, Flugblätter, die mit den von Gutenberg erfundenen beweglichen Lettern schnell zu produzieren waren, sowie das deutschsprachige Kirchenlied.

In Deutschland und Skandinavien setze sich die lutherische Ausprägung der Reformation mehr durch, insgesamt wurden aber die von Calvin begründeten reformierten Kirchen geschichtlich wirksamer. In Anlehnung an die ersten christlichen Gemeinden erhielten die „Ältesten" und damit ein repräsentatives Gremium einen bestimmenden Einfluss, was sowohl in Holland wie in den englischen Kolonien in Nordamerika die Herausbildung der demokratischen Staatsform unterstützte. Luther hielt an dem Leitungsprinzip durch einen Bischof fest, übertrug dieses Amt allerdings dem Landesfürsten und machte damit die Trennung von Staat und Kirche, die Gregor VII. dem deutschen Kaiser abgerungen hatte, rückgängig. Ein eigenständiges Bischofsamt gibt es in den lutherischen Landeskirchen erst seit der Weimarer Verfassung.

Durch den Erfolg der Reformation kamen in den katholisch gebliebenen Gebieten die Kräfte, die Reformen der mittelalterlichen Kirche auf den Weg bringen wollten, durch ein Konzil zum Zuge. Dieses Konzil fand auf dem Boden des Deutschen Reiches, in Trient, in vier Sitzungsperioden zwischen 1545

Die spanischen und niederländischen Gesandten beschwören am 15. Mai 1648 im Rathaussaal den Frieden von Münster. Für die Verträge vom 24. Oktober 1648 hat eine solche feierliche Zeremonie nicht stattgefunden.

und 1563 statt. Die reformatorischen Kirchen folgten der Einladung zur Teilnahme jedoch nicht mehr.

Die Fürsten suchen Unabhängigkeit vom Kaiser

Da Luther die wichtigsten Fürsten des Reiches, mit Ausnahme von Bayern und den drei bischöflichen Kurfürsten von Köln, Mainz und Trier, gewann, musste der Kaiser einem Religionsfrieden zustimmen, der in Augsburg 1555 unterzeichnet wurde. Entsprechend dem von Luther eingeführten Fürstenprinzip bestimmte der jeweilige Landesherr die Konfession. Wechselte er oder sein Nachfolger diese, mussten auch die Untertanen katholisch bzw. protestantisch werden. Es war also zu einem einigermaßen erträglichen Miteinander gekommen, jedoch zu keiner wirklich praktizierten Toleranz. Im Prinzip sollte es in einem Herrschaftsbereich nur eine Konfession geben, denn man konnte sich anders keine politische Stabilität vorstellen. So mussten diejenigen, die sich nicht der Konfession des Landesherrn anschließen wollten, oft das Land verlassen. Die Polemik zwischen den Konfessionen wurde gepflegt. Die mittelalterliche Konzeption, dass Deutschland nur von Bürgern einer Konfession bewohnt werden sollte, blieb somit wirksam. Ein weiterer Konflikt kam hinzu. Hatten sich die protestantischen Fürsten von dem bestimmenden Einfluss Roms freimachen können, waren sie immer noch vom katholischen Kaiser abhängig. Diese enge Verflechtung von Religion und Politik, eigentlich ein mittelalterliches Phänomen, führte dann, 60 Jahre nach dem Augsburger Religionsfrieden, zum Krieg zwischen dem Kaiser und den protestantischen Fürsten. Keine Partei konnte ihn für sich entscheiden, zumal ausländische Mächte, Dänemark, Frankreich und Schweden, sich einschalteten. 30 Jahre Krieg kostete etwa der Hälfte der Bevölkerung das Leben. Kriegsmüde setzte man sich in Münster mit den Franzosen und in Osnabrück mit den Schweden an den Verhandlungstisch. Mit diesem Frieden erreichten die holländischen Provinzen sowie die Schweiz ihre Unabhängigkeit. Von da ab konnte der Landesfürst nicht mehr die Konfession seiner Untertanen bestimmen. Der Kaiser hatte nur noch wenige Befugnisse, die etwa 300 deutschen kleinen und mittelgroßen Staaten waren souverän. Hinzu kamen die reichsunmittelbaren Ritter, die meist nur über wenige Hektar Land verfügten. Die Katholiken hatten meist einen Fürstbischof oder einen Fürstabt zum Landesherrn.

War der Katholizismus mit der Reformation und dem Dreißigjährigen Krieg ohne kulturellen Einfluss gewesen, kam es mit dem Barock wieder zu einer Intensivierung des religiösen Lebens und einer Entfaltung des künstlerischen Schaffens.

Reformation und Dreißigjähriger Krieg

Zeitalter des Barock – zwischen Dreißigjährigem Krieg und Französischer Revolution

Der Westfälische Friede hatte 365 deutsche Kleinstaaten zurückgelassen, die strikt konfessionell ausgerichtet waren. Allerdings konnte der Fürst nicht mehr die Konfession bestimmen. So blieb die Pfalz protestantisch, als der Herzogtitel an eine katholische Linie überging. Auch als August der Starke zum Katholizismus übertrat, um als polnischer König wählbar zu werden, änderte das nichts an der Konfession der Sachsen. Die meisten Katholiken lebten unter dem Krummstab, d. h., sie waren Bürger von Fürstbistümern oder hatten einen Abt, eine Äbtissin als Landesherrn, so die 20 sorbischen Dörfer um die Zisterzienserinnen-Abtei Marienstern. An dieser Abtei so wie am Stadtbild von Dresden ist bis heute erkennbar, dass der Barock den Katholizismus prägte. Das waren nicht nur Schlösser, sondern Abteikirchen und Klosteranlagen. Der Barock erscheint uns heute als eine spielerische Art, Fassaden und Mauern in Schwung zu bringen und die Last der Steine vergessen zu machen. Die Kunstführer erklären meist nicht, dass diese Bauidee aus einer Synthese von Wissenschaft und Kreativität entstand.

Die Jesuitenkirche in Büren aus dem 18. Jahrhundert bei Paderborn zeigt die ganze Pracht barocker Baukunst und Frömmigkeit. Über dem Zentrum der Kirche wölbt sich die Kuppel, deren Laterne ihr Licht von den Fenstern des Vierungsturmes erhält. Der Raum scheint sich durch die Inszenierung unendlich zu weiten.

Die Baumeister setzen nämlich die von Newton und Leibniz entwickelte Berechnung der Kurven für ihre Bauplanung ein, um so auf der Grundlage von Hyperbeln und Ellipsen Grundriss und Fassaden nicht nur komponieren, sondern auch berechnen zu können.

Hinzu kamen ein Aufschwung der Wallfahrten und ein massiver Ausbau des Schulwesens, so durch die Abteien wie durch den Jesuitenorden, der bis zu seiner Auflösung 1773 in Deutschland 80 Schulen unterhielt. Basis für die Intensivierung des religiösen Lebens waren die Maßgaben des Trienter Konzils.

In den protestantischen Staaten wurde der Barock nicht übernommen, so dass sich die beiden Konfessionen mentalitätsmäßig deutlich auseinanderentwickelten. Nur mit der Musik griffen die protestantischen Länder die italienischen Entwicklungen auf. Insgesamt bedeutet der Barock eine Hinwendung nach Italien, denn vor allem in Rom war der neue Stil aus der Renaissance entwickelt worden.

Mit dem Barock waren die kirchlichen Institutionen, die Abteien, Stifte und Fürstbistümer wieder zu großem Einfluss gekommen, so dass sich eine Gegenbewegung gegen die Kirche und dann auch gegen die Religion entwickelte. Noch tiefer liegend war ein geistiger Umschwung unter den Intellektuellen Europas, der auch die USA bestimmte. Ging man bis zum Barock davon aus, dass die Welt und besonders der Mensch von einem geistigen Prinzip her zu denken ist und das Materielle deshalb von geringerer Bedeutung ist, weil es für Vergänglichkeit steht, wurde die Erforschung der Naturgesetze zum Haupterkenntnisziel. Fungierte die Philosophie im Mittelalter als Magd der Theologie, wurde sie jetzt zur Wissenschaftstheorie, die Mathematik gewann an Bedeutung, weil sie nicht mehr nur für die Berechnung von Geschossbahnen der Artillerie Anwendung fand, sondern zur Erfassung der Naturgesetze das geistige Instrumentarium bietet. Mit dem neuen Zeitalter kam es zum Vorrang der Erkenntniskritik, Kritik nicht als Kritizismus, sondern um das herauszufinden, auf was Verlass ist. Damit verloren Legenden, Mythen, Visionen und Wunder ihre religiöse Bedeutung. Noch tiefer ging die Veränderung des Gottesbildes. Deismus wird diese Religionsphilosophie genannt, die davon ausgeht, dass Gott zwar die Welt geschaffen hat, sie aber jetzt von selbst wie ein Uhrwerk ohne Eingreifen Gottes abläuft. Gott lebt in seiner Welt, ohne den Menschen noch nahe zu sein. Der Mensch gestaltet die Welt entsprechend den von ihm erkannten Naturgesetzen. Gebet und auch Gottesdienst werden eigentlich überflüssig. Erst mit der Romantik kam es zu einer Gegenbewegung gegen die Verstandesfixierung der Aufklärung.

In Frankreich führten die vom König nicht abgewendete Verschuldung zu Steuererhöhung und einer Wirtschaftskrise. Allerdings sprang die Französische Revolution nicht auf Deutschland über, erst die Kriege Napoleons führten zu einer totalen Veränderung der Verhältnisse in den deutschen Kleinstaaten. 1803 wurden mit dem Reichsdeputationshauptschluss alle Kirchengüter enteignet, es gab keine Klöster mehr und damit auch keine Schulen und keine Caritas. Der Katholizismus des Barock war total zusammengebrochen. Auch die Fürstbistümer waren aufgehoben. Es dauerte bis in die Mitte des 19. Jahrhunderts, ehe es zu einem neuen Aufbruch kam.

Das Benediktinerkloster Stift Melk liegt in Niederösterreich bei der Stadt Melk am rechten Ufer der Donau. Der heutige (Barock-)Bau wurde in den Jahren 1702-1746 von Jakob Prandtauer errichtet.

Medaille Wiener Kongress aus dem Jahr 1814 mit den Büsten der beteiligten Monarchen und Feldherren

Das 19. Jahrhundert, Demokratiebewegung, Kulturkampf

Man darf sich das 19. Jahrhundert nicht einfach als religiös vorstellen. Die Aufklärung und die von ihr inspirierte Französische Revolution hatten die Religion hinweggefegt. 1803 verfügte Napoleon die Aufhebung aller Klöster in Deutschland. Aber nicht nur die Orden, bisher Träger des Schulwesens und der Armenfürsorge, wurden aufgehoben, die meisten Katholiken fanden sich unter protestantischer Herrschaft wieder. Napoleon hatte bereits die vielen deutschen Kleinstaaten neuen Königreichen zugeordnet, die er oft mit Verwandten besetzte. Nach den Siegen über Napoleon lag eine Neuordnung, vor allem der vielen deutschen Kleinstaaten, nahe. Sie wurde beim Wiener Kongress 1815 ausgehandelt. Aus dieser Neuordnung sind die meisten Diözesen in ihren jetzigen Grenzen entstanden.

Restauration, aber nicht für die katholische Kirche

In Deutschland kam es zu einer Neuordnung, die auch zu starken Veränderungen bei den Bistümern führte. Aus den vielen Kleinstaaten wurden größere Einheiten, Königreiche und Herzogtümer zusammengefügt. Mit der Neuordnung begann eine längere Friedenszeit. Sie wird auch das Zeitalter der Restauration bezeichnet, weil die alten Fürstenhäuser wieder in ihre Herrschaft eingesetzt wurden. Die Demokratiebewegung kam erst mit den Revolutionen von 1830 und 1848 wieder zum Tragen. War Restauration das Stichwort dieser Neuordnung, galt das für die katholische Kirche nicht. Die alten Fürstbistümer, die Stifte und Abteien wurden nicht wiedererrichtet, die Fürsten hatten kein Interesse daran, Gebiete, die ihnen Napoleon übergeben hatte, wieder zurückzugeben. Während die evangelischen Christen weiter in ihrem Landesherrn ihren Bischof hatten, mussten die katholischen Bistümer neu beginnen. Viele von ihnen waren stark verkleinert worden, z. B. Speyer, andere entsprechend den neuen Herzogtümern und Königreichen neu errichtet, so Rottenburg für das Gebiet von Württemberg, Freiburg für das Großherzogtum Baden, Limburg für das Herzogtum Hessen-Nassau. Die meisten Katholiken, außer in Bayern, die vorher einen Bischof oder Abt als Landesherrn hatten, waren jetzt unter protestantischer Herrschaft. Die Bischöfe standen unter der Kontrolle der jeweiligen Landesregierung, die es gewohnt war, die kirchlichen Angelegenheiten, vor allem die Besetzung der evangelischen Pfarrstellen, selbst zu regeln. Das kirchliche Leben zeigte wenig Vitalität. Als kulturelle Größe war der Katholizismus bedeutungslos geworden. Das sollte die nächsten Jahre so bleiben, bis eine neue geistige Strömung die vernunftgeleitete Aufklärung ablöste und das Mittelalter neu entdeckte.

Die Romantik und das Wiedererwachen des Katholizismus

Die Romantik gab dem Gefühlsleben seine Bedeutung für die menschliche Person zurück, die Natur wurde neu besungen. Damit war eine neue Offenheit für das Mystische gegeben. Das Mittelalter wurde wieder geschätzt. Viele gotische Kirchen und Dome, deren Bau in den Pestjahren und der politischen Instabilität des 14. Jahrhunderts stecken geblieben war, wurden vollendet, so der Kölner Dom und das Ulmer Münster. Auch der Karneval erlebte eine Wiedergeburt, 1823 zog der erste Rosenmontagszug durch Köln. Das alles geschah noch in autoritären politischen Systemen mit strenger Zensur und einer starken Polizei. So trat das Neue nicht an die Öffentlichkeit, sondern wurde in den sogenannten Salons besprochen. Der katholische Adel des Münsterlandes traf sich bei der Fürstin Gallitzin.

Die Paulskirche in Frankfurt am Main.

1830 kam es in Frankreich zu der Julirevolution, die auch auf einige deutsche Fürstentümer übergriff. Das führte zu einer verstärkten Repression und Zensur. Als 1848 in Frankreich wieder die Republik eingeführt wurde, ließ sich auch in den Deutschen Staaten die Demokratiebewegung nicht mehr aufhalten. Sie führte zum Parlament in der Paulskirche. Der Wille vieler Deutscher, aus den vielen Kleinstaaten wieder eine Nation zu formen misslang nicht zuletzt deshalb, weil der preußische König sich nicht durch eine Volksvertretung zum neuen deutschen Kaiser wählen und damit legitimieren lassen wollte. Für die Katholiken bedeuteten die ersten Schritte in den Parlamentarismus eine Befreiung.

Katholikentage, Verbände, das Zentrum

Durch das Paulskirchenparlament erhielt die katholische Kirche in Deutschland mehr Bewegungsspielraum. Dieser konnte deshalb genutzt werden, weil der Katholizismus an innerer Lebendigkeit gewonnen hatte. Neben den Verbänden und dem wieder zunehmenden Priesternachwuchs waren es die Orden, die den Katholizismus zu sozialem Engagement, besserer Schulbildung und religiöser Intensität führten. Bedingt durch die größere Zahl von Kindern, die die ersten Jahre nach der Geburt überlebten, gab es viele Menschen, für die das Leben im Orden attraktiver war, als als Knecht oder Magd auf dem Hof des älteren Bruders zu arbeiten. Sowohl die alten Orden wie die vielen Neugründungen blühten wieder auf. Eine direkte Frucht der Demokratiebewegung war die Gründung von Verbänden. Diese trafen sich 1848 zum ersten Katholikentag in Mainz. Mit der Durchsetzung der Pressefreiheit entstand auch eine katholische Zeitungslandschaft. Diese Zeitungen waren mit der katholischen Partei, dem Zentrum, verbunden.

Von der Befreiung 1848 zum Kulturkampf

Im Paulskirchenparlament, das gerade für die Katholiken mehr Rechte durchsetzte, gab es bereits einen katholischen Club. Ähnlich schlossen sich katholische Abgeordnete, die aus dem Rheinland und Westfalen kamen, im Preußischen Landtag zu einer Fraktion zusammen. 1870 bildete sich dann, nachdem eine Programmatik erarbeitet war, die katholische Zentrumspartei. Diese heißt deshalb „Zentrum", weil ihre Abgeordneten in der Mitte des Reichstages platziert waren, was auch den politischen Positionen der Partei entsprach. Das Zentrum stand in Opposition zu den Liberalen, die die Regierung Bismarcks unterstützten. Da die deutsche Einheit nicht auf demokratischem Wege zustande kam, war es die militärische Überlegenheit Preußens, die nach dem Sieg über Frankreich 1871 den König zum deutschen Kaiser ausrufen konnte. Damit war Habsburg aus dem deutschen Reichsverbund ausgeschlossen und die Katholiken ohne eine starke Schutzmacht. Damit hörte die konfessionelle Offenheit der Hauptstadt jedoch auf. Im Kulturkampf sollten die Katholiken und nicht zuletzt ihr politischer Einfluss durch die eigene Partei auf die „preußische" Form gebracht werden: nämlich stärker national, Unterstützung des Militärs und keine Betonung der Unabhängigkeit der Kirche gegenüber dem Staat. Allerdings wurde die Zentrumspartei für eine mehrheitsfähige Regierung immer unentbehrlicher und stellte in der Weimarer Republik mehrere Ministerpräsidenten.

Bevölkerungswachstum, Industrialisierung, neue Pfarreien, viele Ordens- und Priesterberufungen

Das 19. Jahrhundert kennt in allen westlichen Staaten einen schnellen Anstieg der Bevölkerungszahlen. Diese konnten in der Landwirtschaft kein Auskommen mehr finden, sie wanderten sowohl nach Nord- und Südamerika aus, suchen in den Kolonien ihr Glück. Der größere Teil wanderte in die Industriegebiete. Da sich die Industrialisierung fast ausschließlich in protestantischen Staaten entwickelte, kamen viele Katholiken nach Dresden, Leipzig, Berlin, Hannover, Frankfurt, Nürnberg und ins Ruhrgebiet. Sie gaben ihre konfessionelle Bindung nicht auf, sondern fanden sich in den Pfarreien

Ludwig Windthorst, Vorsitzender der Zentrumspartei und Gegenspieler Bismarcks während des Kulturkampfes

Das Reichstagsgebäude am Platz der Republik in Berlin ist seit 1999 Sitz des Deutschen Bundestages. In den Zeiten der deutschen Teilung fanden in diesem Gebäude schon Ausschusssitzungen statt.

Otto von Bismarck, Reichskanzler von 1871 bis 1890, versuchte im sogenannten „Kulturkampf" die Freiheitsrechte der Katholiken massiv zu beschneiden.

der neuen Wohngebiete zusammen, wurden Mitglied eines katholischen Verbandes und bauten eine Kirche. Da man im Gefolge der Romantik vor allem neugotische Kirchen baute, finden sich in allen Großstädten sogenannte neugotische Kirchen, die um die Jahrhundertwende gebaut wurden. Nicht selten unterstützten die Industriebetriebe den Bau, weil sich dadurch der Wert des Wohngebietes erhöhte. Die vielen neuen Pfarreien hätten eigentlich von den Ländern finanziert werden müssen. An diese waren 1803 die Besitztümer der Abteien, Stifte und Fürstbistümer gefallen. Sie hatten damit die Unterhaltspflicht für den Klerus und die Gebäude übernommen. Um die Kostensteigerungen abzuwälzen, wurde die Kirchensteuer eingeführt.

Kulturkampf

Die politische Vertretung durch das Zentrum verhinderte nicht, dass die national-liberale Mehrheit des Reichstages, angeführt vom Kanzler Bismarck, den katholischen Bevölkerungsteil als national nicht zuverlässig einschätzte und einen Kampf gegen die katholische Kirche begann. Anlass, aber nicht alleinige Ursache war die auf dem Ersten Vatikanischen Konzil herausgestellte Position des Papstes, der in den Augen der deutschen Nationalisten mit seinen direkten Eingriffsrechten in ein katholisches Bistum die Souveränität des gerade gegründeten deutschen Kaiserreiches infrage zu stellen schien. Was eine erhebliche Einschränkung der Freiheitsrechte der Katholiken war, wurde „Kulturkampf" genannt. Viele Priester erhielten Kanzelverbot, die Jesuiten und andere Seelsorgsorden wurden verboten. Anstatt den Katholizismus zu schwächen, ging dieser gestärkt aus dem Kulturkampf hervor. Bismarck musste akzeptieren, dass die Katholiken nicht einfach zu unterwerfen waren. Diese lernten, dem staatlichen Druck nicht nachzugeben, eine wichtige Vorerfahrung, um die noch schlimmere Verfolgung durch die Nationalsozialisten zu bestehen. Trotz dieses Religionskampfes und der Dominanz der Armee durch das protestantische Offizierskorps kämpften die Katholiken auf den Schlachtfeldern des Ersten Weltkrieges.

Erster Weltkrieg und volle Religionsfreiheit, Nationalsozialismus und Neuanfang

Auch wenn der Kulturkampf 1878 seine Schärfe verlor und 1887 mit einer Vereinbarung zwischen dem Kaiserreich und dem Vatikan beendet wurde, blieben trotzdem die Rechte der Katholiken, so das Verbot des Jesuitenordens, bis zum Ende des Ersten Weltkrieges eingeschränkt. Auch hatten die Katholiken weder in der preußischen Verwaltung noch im Militär Aufstiegschancen. Erst mit der Weimarer Verfassung erhielten die katholischen Bistümer und die Katholiken volle Religionsfreiheit.

In der neuen Republik gab es verschiedene Konfliktlinien, die das Engagement der Katholiken einforderte. So gab es starke Kräfte, die die Demokratie ablehnten und eine starke Führung als Ausweg aus den wirtschaftlichen Schwierigkeiten und den sozialen Spannungen forderten. Für eine gerechte Gestaltung der Wirtschaft gab es keinen Konsens. In Russland war gerade die Staatswirtschaft eingeführt worden. Die Inflation, die durch die Kriegskosten eingeleitet wurde, die erst 1923 mit einer drastischen Geldentwertung beendet werden konnte, die hohen Reparationszahlungen und dann die durch den Zusammenbruch der New Yorker Börse 1929 verursachte weltweite Wirtschaftskrise gaben dem Zentrum immer mehr Bedeutung als ausgleichende Kraft. Die Katholiken fanden in den Verbänden, den Pfarreien und bei den vielen Einrichtungen der Caritas, getragen vor allem durch die vielen Ordensschwestern, Rückhalt.

Nationalsozialismus und Neuanfang in West und Ost

Durch die innere Geschlossenheit, die Verbände, die vielen caritativen Einrichtungen und auch durch einen gut ausgebildeten Klerus konnten die Katholiken, kaum 60 Jahre nach dem Kulturkampf, dem Kirchenkampf der Nationalsozialisten standhalten. Die Schäden waren lange nicht so gravierend wie die durch die napoleonischen Kriege und die Säkularisierung ausgelösten. Das Pfarreisystem war intakt geblieben. Nach dem Krieg erhöhten Flüchtlinge aus dem Sudetenland, Schlesien, dem Ermland und die Donauschwaben den Katholikenanteil in Ost- wie auch in Westdeutschland.

Die Teilung Deutschlands führte dazu, dass die Katholiken in der Bundesrepublik keine Minderheit mehr waren. Die Auseinandersetzung der Weimarer Zeit, ob Marktwirtschaft oder Staatswirtschaft, wurde durch das Konzept der sozialen Marktwirtschaft überwunden. Durch die lange Regierungszeit Adenauers fanden die Vorgaben, die die katholische Kirche in zwei Enzykliken, Rerum Novarum 1891 und Quadragesimo Anno (übersetzt „40 Jahre später"), niedergelegt hatte, Eingang in die Gesetzgebung. Die Auswirkung dieser Gesetzgebung liegt in der Stärkung des Mittelstandes und kann an den Neubaugebieten direkt abgelesen werden, im Osten Plattenbauten, im Wesen meist Eigenheime. Die Pfarreien bauten aber nicht nur Kirchen, sondern fast jede auch einen Kindergarten und ein Pfarrheim.

Durch die neuen Wohnviertel, die anstelle zerstörter Stadtteile und für die Flüchtlinge gebaut wurden, kam es zu vielen neuen Kirchbauten. Das Pfarreiprinzip, so wie es sich seit Mitte des 19. Jahrhunderts entwickelt und durch die Industrialisierung weiter ausgebreitet hatte, bestimmte das Leben der Gemeinden. Die Bautätigkeit, verbunden mit der Aufteilung von Pfarreien, wurde nicht zuletzt durch die erheblich gestiegenen Einnahmen aus der Kirchensteuer ermöglicht. Als im Westen die Aufbauphase abgeschlossen war und sich die ersten Wirtschaftskrisen anzeigten, wurde die katholische Kirche in ihrer Binnenstruktur durch das Konzil erheblich verändert.

Der Päpstliche Nuntius Eugenio Pacelli (später Papst Pius XII.) bei der Beisetzung des Breslauer Weihbischofs Josef Deitmer, Berlin 1929

Kirche im Sozialismus – eingeengt auf den Kirchenraum

Die katholische Kirche hatte sich erfolgreich dem Nationalsozialismus widersetzt. Sie war in ihrem Wirkungskreis immer mehr eingeschränkt worden, viele Priester, die meisten allerdings aus Polen, wurden ins Konzentrationslager Dachau verbracht. Nach dem Krieg galt sie als eine Institution, die sich nicht von dem System hatte vereinnahmen lassen.

So gab es auch in der sowjetischen Besatzungszone zuerst keine großen Eingriffe in die kirchlichen Strukturen. Für die katholische Kirche hatte der spätere Dresdner Bischof Heinrich Winken in Verhandlungen mit der sowjetischen Besatzungsmacht einen Modus Vivendi ausgehandelt.

In den Anfangsjahren konnten Priester wie Laien noch in den Westen fahren. Diese Freizügigkeit wurde aber immer mehr eingeschränkt und 1961 mit dem Bau der Mauer gänzlich unterbunden, allerdings nur für die Bewohner der DDR. Für Westdeutsche war es weiter möglich, nach Ostberlin zu kommen. Wie die Stadt war auch das Berliner Bistum geteilt. Berlin wurde zum Scharnier zwischen West und Ost, im Ostteil haben viele Treffen stattgefunden. Nach der Ratifizierung des Grundlagenvertrags war es für Westdeutsche auch möglich, für einen Aufenthalt in der DDR ein Visum zu erhalten. Der Autor ist regelmäßig in die DDR gefahren und hat in kirchlichen Häusern Kurse für Priester, Katecheten und Katechetinnen gehalten. Eine große Herausforderung war die Aufnahme der Flüchtlinge aus Schlesien, dem Sudentenland und dem katholischen Teil Ostpreußens. Es konnten und mussten neue Pfarreien gegründet und Kirchen gebaut werden. Vor allem in den ersten Jahren nach dem Krieg war es sehr schwer. Neben der Caritas war in den 40 Jahren DDR das Bonifatiuswerk eine unentbehrliche Hilfe für die Kirche.

Der „Mauersegler"

Während die Bischöfe und viele andere noch in den 50er-Jahren von einer kurzen Dauer des DDR-Staates ausgingen, war die Cari-

Geteilte Straße: Die Grundstücke der Harzer Straße gehörten links zum Ost-Berliner Stadtbezirk Treptow, rechts zum West-Berliner Bezirk Neukölln, 1989.

tas mit der Sorge für die vielen Flüchtlinge konfrontiert. Aber auch in den zerstörten Städten herrschte große Not. Mit ihrer Arbeit konnte sie auf die bereits vor dem Krieg gebauten Krankenhäuser, Altenheime und auch Kindergärten aufbauen. Wichtig wurde es, diese Einrichtungen finanziell und mit Ausrüstungsgütern zu unterstützen. So waren katholische Krankenhäuser gegen Ende der DDR u. a. deshalb so gefragt, weil sie über Ultraschall- und andere Geräte verfügten. Der damalige Caritasdirektor Johannes Finke nutzte seinen Wohnsitz in Westberlin, um bei der zunehmenden Abschottung der DDR die Verbindung aufrechtzuerhalten, indem er jeden Tag in den Westen zurückkehrte. Das konnte er auch nach dem Mauerbau, er wurde deshalb „Mauersegler" genannt. Über die Berliner Stelle des Deutschen Caritasverbandes wurden viele Hilfsgüter in die DDR geschleust. Ebenso konnten die Berliner Bischöfe, die im Osten residierten, den ständigen Kontakt mit dem Westteil der Stadt aufrechterhalten.

Je länger die DDR bestand, desto größer wurde der ideologische Druck, weil die Christen sich nicht vereinnahmen ließen. Dass die Religion nicht einfach verdunstete, widersprach dem Geschichtskonzept der Kommunisten.

Auseinandersetzung mit dem Kommunismus

Für den Sozialismus war Religion ein Auslaufmodell. Da man mit Marx überzeugt war, dass die Partei den Lauf der Geschichte voraussehen kann, da dieser sich logisch ergebenden Schritten folgen musste, konnte man den Niedergang der Religion abwarten. Die Logik ergab sich für die kommunistische Theorie aus der Diagnose, dass die Religion deshalb „Phantasiebilder" produziert, damit die Menschen sich mit den ungerechten Verhältnissen abfinden, sei es mit der Adelsherrschaft oder mit der Ausbeutung der Arbeiter durch die Besitzer der Firmen. Die Idee der Gerechtigkeit sollte umgesetzt werden, so dass die Menschen nicht auf ein Jenseits vertröstet werden müssten. Wenn die Gerechtigkeit in Form der sozialistischen Gesellschaft hergestellt sein würde, gäbe es auch keinen Grund mehr, zu beten oder auf ein Jenseits zu setzen.

Erfolg der antireligiösen Propaganda

Außer in Böhmen ist es nirgendwo so erfolgreich wie in der ehemaligen DDR gelungen, die Menschen aus den christlichen Gemeinden herauszulösen. Allerdings hat die SED doch nicht auf die von Marx aufgestellte Logik vertraut, sondern den Radius der Kirchen immer mehr eingegrenzt. Da die evangelischen Christen die weitaus größere Gruppe der Bevölkerung ausmachten, richteten sich die Strategien vor allem auf deren zentralen Riten. Hauptkampfmittel war die Jugendweihe, mit der der junge Mensch für die marxistische Ideologie gewonnen werden sollte. Die jungen DDR-Bürger sollten aktiv am „Aufbau des Sozialismus" mitwirken. Das Ritual der Jugendweihe wurde gezielt gegen die Konfirmation gesetzt, nicht nur in Bezug auf das Alter und die öffentliche Feier, sondern auch mit dem Termin. Das Regime legte die Jugendweihe auf den Palmsonntag, den traditionellen Termin für die Konfirmation. Wie der Nationalsozialismus griff auch der Kommunismus die von der Jugendbewegung entwickelten Formen der Gruppenstunden und der Freizeiten auf. Auf Kinder und Jugendliche wurde Druck ausgeübt, sich in der Altersgruppe vom 1. bis 7. Schuljahr den „Jungen Pionieren" und dann ab dem 14. Lebensjahr der FDJ anzuschließen. Etwa 80 % der Jugendlichen wurden so erfasst. Vergleichbare Verbände der Kirchen waren verboten. Diese konnten aber weiterhin Jugendliche anziehen, die sich auf der Ebene der Pfarrei zusammenfanden. Da der Religionsunterricht selbstverständlich nicht als Schulfach angeboten wurde, fand er in den Räumen der Pfarrei statt. Damit gab es eine direkte Verbindung zwischen Katechese und Jugendarbeit.

Auch für die Erwachsenen bot die Pfarrei einen Ort des Zusammenkommens. Da das politische System über den Arbeitsplatz Druck ausübte, gab es ein großes Bedürfnis, sich unter Gleichgesinnten auszutauschen. Wäre nicht die Angst vor Spitzeln,

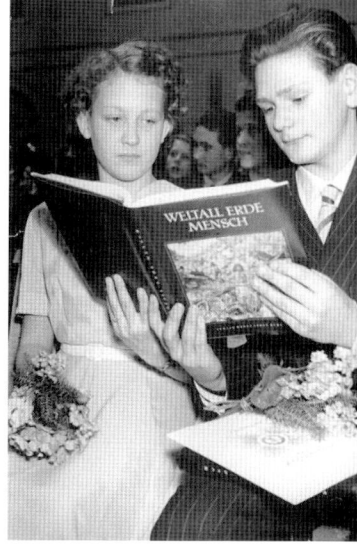

Buchgeschenk zur Jugendweihe

Gründungsfeier der Berliner FDJ im Friedrichstadtpalast, November 1947

„Informelle Mitarbeiter" genannt, gewesen, wären diese Gruppen für Außenstehende offener gewesen. Mit der Öffnung der Stasi-Akten ist dann deutlich geworden, wie stark die Kreise trotzdem unterwandert wurden. Jedoch waren diese Gruppen in den Gemeinden beider Kirchen die einzigen, deren Inhalte nicht von der SED bestimmt wurden. Die Kolpinggruppen, die sich auf Pfarrei-Ebene als „Familie" verstehen, waren der einzige Verband, der sich hindurchretten konnte.

Die „Wende" wurde in den Gesprächskreisen beider Kirchen vorbereitet

Für die Katholiken wie die Protestanten waren die Gemeinden ein Raum, in dem zwar Stasi-Spitzel mithörten, jedoch die Partei nicht bestimmte und auch nicht das Leitungspersonal auswählen konnte. Hier konnten die Menschen die Themen besprechen, die man am Arbeitsplatz nicht verhandeln konnte. Aus diesen Gesprächserfahrungen waren die Christen nicht nur für die Veränderungen der Wende offen, sie betrieben sie aktiv. Dass die Wende friedlich verlief, hängt vor allem mit dem Wurzelgrund der Gottesdienste und Gesprächskreise zusammen. Die Kirchengemeinden, vor allem in Sachsen, waren Katalysatoren der friedlichen Revolution. Das ist umso erstaunlicher, als Sachsen mit seiner Arbeiterschaft als besonders „rot" galt und einflussreiche politische und gewerkschaftliche Führungspersönlichkeiten hervorbrachte. Der starke Einfluss christlicher Politiker nach der Wende wurde dadurch vorbereitet, dass sie gewohnt waren, in ihren Gemeinden die Themen der Menschen zu besprechen. Zum anderen waren die Gemeinden auch Rückhalt gegenüber der Vereinnahmung durch das System. Allein wären vor allem diejenigen, die eine gute Ausbildung durchlaufen hatten, dem Druck der Partei unterlegen. Denn der Kommunismus brauchte gerade die Zustimmung der Intellektuellen und auch Nachwuchs für Führungspositionen. Diejenigen, die sich dem Anspruch der Partei nicht unterwerfen wollten, fanden einmal Gleichgesinnte im Bereich der Kultur und eben in den Kirchen. Allerdings sind auch viele ausgereist, nicht wenige durch Vermittlung der Kirchen. Das hat auch die Gemeinden beider Kirchen erheblich geschwächt. Unter Priestern der DDR war es Ehrensache, sich nicht in den Westen abzusetzen.

Vor allem aus den Christen, die geblieben sind, konnte sich das politische Führungspersonal nach der Wende rekrutieren, bei den Katholiken auch deshalb, weil katholische Geistliche sich nicht in die Parlamente wählen ließen. Weil viele evangelische Pfarrer sich zur Wahl stellten, sich dann wieder zurückzogen, mussten die katholischen Laien schneller Verantwortung übernehmen. Nach dem Ende der Sowjetmacht haben die Christen etwa gleich viel Anhänger wie die Partei der DDR-Nostalgiker, jeweils um die 20 %. Erstaunlicherweise ist es die Partei mit dem „C", die die größere Zustimmung bei den Wählern findet.

Es bleibt aber als Ergebnis der 40 Jahre Kommunismus, dass die Mehrheit der DDR-Bürger sowohl das Christentum und überhaupt die Religion ablehnen als auch den Kommunismus abgewählt haben.

Die Montagsdemonstrationen waren ein bedeutender Bestandteil der Friedlichen Revolution in der DDR im Herbst 1989.

Zweites Vatikanisches Konzil, Beginn einer neuen Epoche

Eigentlich sollte das Konzil, das Johannes XXIII. einberufen hatte, keine Überraschung gewesen sein, denn das Erste Vatikanische Konzil musste fortgeführt werden. Es war wegen des Deutsch-Französischen Krieges abgebrochen worden. Napoleon III. hatte Truppen zum Schutz des Vatikanstaates in Italien stationiert, diese wurden mit Beginn des Krieges mit Preußen abgezogen, so dass die italienischen Revolutionstruppen Rom einnehmen und zur Hauptstadt des neuen Königreiches machen konnten.

Es war dann nicht nur die Einberufung dieses Konzils, sondern sein dramatischer Verlauf und die positive Medienresonanz, die diese Bischofsversammlung zu einem historischen Ereignis machte. In das neue, das Zweite Vatikanische Konzil genannte Konzil flossen Entwicklungen vor allem aus Deutschland und Frankreich ein, die neue Akzente gesetzt hatten, so die Liturgische Bewegung, die die Gottesdienstfeier aus ihrem engen Korsett lösen und eine aktive Beteiligung der Gläubigen ermöglichen wollte Der Ökumenismus hatte eine neue Dimension sowohl des theologischen Austausches wie der engeren Solidarität nach den Erfahrungen der Diktaturen erreicht. Die Bibelwissenschaften hatten große Fortschritte gemacht. Die Frage der religiösen Toleranz war gründlicher durchdacht worden. Das Konzil, das anfangs wenig Neues versprach, wurde zu einer theologischen Werkstatt, in der über vier Sitzungsperioden und mit intensiver Arbeit der Kommissionen in den Monaten zwischen den Sitzungsperioden die katholische Kirche auf die „Höhe der Zeit" gebracht wurde. Das Konzil war zudem ein Medienereignis, so dass die Katholiken erstmalig erlebten, dass sie nicht auf den hinteren Bänken der öffentlichen Aufmerksamkeit Platz nehmen mussten.

Die Auswirkungen des Konzils auf Deutschland

Die Katholiken haben die Reformen des Konzils vor allem an zwei Veränderungen erlebt: Die Gottesdienste werden nicht mehr in lateinischer, sondern in deutscher Sprache gefeiert und es werden Räte in Pfarreien, Dekanaten und Bistümern eingeführt, die eine Mitsprache der Laien ermöglichen.

Anders als in den Missionsländern oder in Lateinamerika löste das Konzil keine großen Aufbrüche aus. Das lag einmal daran, dass die vom Konzil eingeführten Neuerungen, z. B. für die Bibelwissenschaften, die Ökumene, das Staat-Kirche-Verhältnis, schon teilweise Praxis waren. Es gab jedoch auch für Deutschland eine tiefgehende Veränderung, die das Konzil weniger durch seine Dokumente als durch Papst Johannes XXIII. und die Dynamik der Beratungen selbst herbeigeführt hat: Ein viel weniger durch Angst geprägtes Gottesbild, welches auch auf den Dialog mit den Laien setzt. Diese Veränderung ist nicht aus den Dokumenten herauszulesen, sondern aus dem Stil der Verhandlungen, der Offenheit der Kommunikation und dem Willen, mit der Gesellschaft ins Gespräch zu kommen. „Katholisch" fühlt sich seit dem Konzil anders an. Es ist weniger von Disziplin, religi-

Eröffnung des 2. Vatikanischen Konzils am 11. Oktober 1962

öser Observanz, sondern mehr von Offenheit und dem Gefühl getragen, dass jeder Mensch eigentlich in den Himmel kommt. Dies ist auch einer der Gründe, warum die bis in die 60er-Jahre intensive Beichtpraxis weitgehend zusammengebrochen ist.

Das Konzil endete 1965. Der gesellschaftliche Wandel war schon spürbar, jedoch war noch nicht deutlich, dass die Studentenunruhen mit einer Wiederbelebung des Marxismus verbunden waren und damit der Ablehnung der Religion als in der Tradition verhaftet. Wer eine neue Gesellschaft aufbauen will, muss die Verbindungen zur Vergangenheit abschneiden. So wurde die Rezeption des Konzils durch die starken gesellschaftlichen Veränderungen im Gefolge der Achtundsechziger-Bewegung geprägt. Neben der Religionsfeindlichkeit war auch die sogenannte Befreiung der Sexualität aus den bürgerlichen Zwängen ein wichtiger Faktor des revolutionären Ansatzes. Die Befreiung von den sexuellen Normen sollte nicht zuletzt politische Dynamik freisetzen. So kam es bald nach dem Konzil zu einer Konfrontation mit den sexualethischen Normen, die Papst Paul VI. 1968 mit der Enzyklika Humanae vitae neu einschärfte. Das wirkte in vielen westlichen Ländern wie ein Eisregen. Die Katholiken, die mehrheitlich eine Empfängnisregelung praktizierten und dafür meist verständnisvolle Beichtväter fanden, fühlten sich durch das strikte Verbot der Pille brüskiert. Mit der neuen, offeneren Sicht der Sexualität geriet auch die Zölibatsverpflichtung der Priester in die Diskussion. Ein weiteres Thema war die Akzeptanz von Wiederheirat nach einer Scheidung seitens der Kirche. Als dann die Gesetze zum Verbot der Abtreibung gelockert wurden, kam es zu langen Auseinandersetzungen der katholischen Kirche mit der Mehrheit der Gesellschaft. Faktisch hat das Verfassungsgericht mehrfach die katholische Position bestätigt. Das hat jedoch nicht die Praxis in der Gesellschaft verändert. Viele Katholiken und auch viele Journalisten sahen die sexualethischen Lockerungen als dem Konzil entsprechend. Das ist wohl nicht der Fall, trotzdem ist der Eindruck bei vielen entstanden, dass das Konzil mit seinen Reformen auf halbem Wege stehengeblieben sei und dass die Forderungen der Achtundsechziger eigentlich zur Umsetzung der Konzilsbeschlüsse gehörten.

In den Gemeinden setzte das Konzil mit der Liturgiereform, der stärkeren Mitsprache der Laien und der Einrichtung von Gremien bis in die 80er-Jahre viel Dynamik frei. Diese Dynamik wird heute im Rahmen der bundesweiten und diözesanen Dialogprozesses teilweise wieder aufgegriffen.

Würzburger Synode

Die Gemeinsame Synode der Bistümer in der Bundesrepublik Deutschland, so der offizielle Titel der Würzburger Synode, fand von 1971 bis 1975 in Würzburg statt. Aufgabe der Synode war die Verwirklichung der Beschlüsse des Zweiten Vatikanischen Konzils. Die Synode wurde von der Deutschen Bischofskonferenz im Februar 1969 einberufen. Zwischen Januar 1971 und November 1975 fanden dabei acht Sitzungsperioden statt. Die Ergebnisse der Synode wurden in 18 Beschlüssen und sechs Arbeitspapieren festgehalten. Die Papiere wurden auch zu wichtigen Dokumenten für die Arbeit der Laienbewegung in der deutschen Kirche.

Die Langzeitwirkung

Da die deutsche Theologie ihre Ergebnisse durch das Konzil bestätigt sah, gab es, anders als in Lateinamerika, kaum neue Impulse. Inzwischen verfügen die in den USA erst nach dem Konzil aufgebauten Universitätsfakultäten über große Ressourcen. Damit hat die deutsche Theologie weitgehend ihre Vorreiterrolle eingebüßt. Hielt der Elan des Konzils noch bis in die 80er-Jahre an, wurden bereits in den 90er-Jahren tiefgreifende Veränderungen deutlich.

Julius August Kardinal Döpfner war Bischof von Würzburg und Berlin sowie Erzbischof von München und Freising. Er wurde während des Zweiten Vatikanischen Konzils 1962 bis 1965 zu einer „der prägendsten Figuren der katholischen Kirche".

Angekommen im 21. Jahrhundert

Während weltweit die Religiosität wächst, ist Deutschland wie die anderen westeuropäischen Länder und auch der Osten der USA von einer starken Entkirchlichung betroffen, die beide Konfessionen erfasst hat. In den östlichen Bundesländern machen die Christen nur noch 20 % der Bevölkerung aus.

Inzwischen haben die Medien, ohne dass das von den kirchlichen Gremien richtig bemerkt wurde, die Gesellschaft in zehn Teilgesellschaften zergliedert. Es sind zehn verschiedene Lebenswelten, die man schon daran unterscheiden kann, wie sie ihre Wohnzimmer einrichten. Sie nutzen verschiedene Medien und stehen vor allem mit ihresgleichen in Kontakt. Für die katholische Kirche bedeutsam war die Bevölkerungsgruppe, die noch bis Ende der 80er-Jahre das Gemeindeleben getragen hat. Sie wird die „Bürgerliche Mitte" genannt. Es sind die Menschen, die Mitglieder von Vereinen werden, die sich in Kindergartenbeiräte und kirchliche Gremien wählen lassen und sich für den Ort, den Stadtteil aktiv einsetzen. Diese Gruppe hat über Jahrzehnte die Pfarrei getragen. Deren Kinder wie überhaupt die nachwachsenden Altersgruppen haben neue Lebensstile entwickelt, die sich von der Sprachkultur der Gemeinden, und das ist die der bürgerlichen Mitte, weit entfernt haben. Weil die eigenen Kinder die Muster ihrer Eltern nicht mehr übernehmen, ist diese entscheidende Bevölkerungsgruppe von über 40 % der Bevölkerung in den 80er-Jahren auf 15 % zurückgegangen. Anders als in den 80ern verspüren sie nicht mehr die Kraft, über die Kirchengemeinde hinaus prägend zu wirken. Dies führt auch dazu, dass die Anzahl der Ehrenamtlichen in der Kirchenarbeit zurückgeht. Junge Menschen, die sich gerne projekt- und themenbezogen wie bei den 72-Stunden-Aktionen des Bundes der Deutschen Katholischen Jugend engagieren, fühlen sich von den deutlich älteren Aktiven in den Gemeinden nicht eingebunden. Es fehlt vielerorts der Mut, den jungen Generationen Räume und Verantwortung zu übertragen.

„72 Stunden" ist der Titel einer Sozialaktion des Bundes der Deutschen Katholischen Jugend (BDKJ), der Katholischen Jugend Österreichs und der Schweizer Jugendverbände. Alle beteiligten Aktionsgruppen erhalten jeweils eine gemeinnützige soziale, ökologische, interkulturelle oder politische Aufgabe, die sie innerhalb von 72 Stunden lösen sollen.

Noch zwei andere Gruppen sind zahlenmäßig stark zurückgegangen. Einmal die Ordensfrauen, die viele ihrer Niederlassungen bereits aufgeben mussten. Die von ihnen aufgebauten Krankenhäuser, Heime, Kindergärten wie auch die von Orden getragenen Schulen und Internate werden fortgeführt, so dass ihr Fehlen kaum bemerkt wird. Bei den Priestern ist der Rückgang ab der Jahrtausendwende schmerzhaft spürbar geworden. Zwar waren die Nachwuchszahlen schon seit den 70er-Jahren immer mehr zurückgegangen, spürbar wurde das aber erst, als die starken Jahrgänge der Vorkriegszeit in den Ruhestand traten.

Eine Neuorganisation der Seelsorge musste in Angriff genommen werden, auch beschleunigt durch den Rückgang der Kirchensteuer durch die wiederholten Finanzkrisen (z. B. in den Bistümern Essen und Berlin). Faktisch alle Bistümer haben aus den bisherigen Pfarreien mehr oder weniger große Seelsorgsverbünde gebildet, für die nicht nur weniger Priester sondern meist auch weniger Stellen für Pastoral- und Gemeindereferent(inn)en vorgesehen sind. Auch wurde die Zahl der Pfarrsekretärinnen, der Küster und Organisten, reduziert. Aus finanziellen Gründen wurde auch die Schließung von Kirchen und kirchlichen Einrichtungen notwendig.

Strukturänderungen und Vertrauenskrise

Die katholische Kirche in Deutschland hat sich die letzten Jahre stark mit ihren Strukturveränderungen beschäftigt, und ihr ist es dabei nicht genügend gelungen, ausreichend eigene Themen in der Öffentlichkeit zu platzieren. Zudem haben die Medien die Kirche gedrängt, andere Themen in den Fokus zu rücken. Die nicht aufgearbeiteten Übergriffe von Priestern und Ordensleuten im sexuellen Bereich schlugen der deutschen Kirche ähnlich wie der irischen und der US-Kirche heftig ins Gesicht. Dies führte zu einer der größten Vertrauenskrisen, der sich die katholische Kirche stellen musste und noch heute muss. Zu Recht forderten viele Laien in der Kirche Aufklärung und Konsequenzen. In der Folge kam es zu einer der größten Austrittswellen in beiden christlichen Kirchen in Deutschland. Diese Austrittswelle wurde durch eine Debatte um eine sparsamere Verwendung von Bistumsmitteln (z. B. im Bistum Limburg) zusätzlich befeuert.

Dialogprozesse

Im Zuge der Strukturveränderungen kamen viele Bistumsleitungen und die Deutsche Bischofskonferenz zu dem Schluss, zukünftig verstärkt mit allen Kräften in der katholischen Kirche in einen Dialog zu gehen sowie offener für Veränderungen zu sein. Daraus entwickelten sich – regional wie bundesweit – Dialogprozesse, in die vor allem auch die Laien stark eingebunden wurden. In einigen Bistümern (wie z. B. dem Bistum Essen mit seinem Zukunftsbild) entstanden daraus Prozesse, die die Kirche nachhaltig verändern sollen.

Katholische Publizistik im Umbruch

Die Veränderung in der Kirche sowie der schnelle Wandel zu den digitalen Medien haben auch in der katholischen Publizistik zu einem großen Umbruch geführt. Leittragende waren vor allem traditionelle katholische Zeitungen und Bücher. Gewinner sind im Bereich der gedruckten Medien Autoren und Verlage, die sich auf Sprache und Nutzungsgewohnheiten der Menschen einstellen. Durch eine ganze Reihe neuer Online-Angebote versuchen viele kirchliche Akteure in der digitalen Medienwelt positiv Einfluss zu nehmen. Der Stellenwert katholischer Positionen in den deutschen Medien (Radio, Fernsehen, Tages- und Wochenzeitungen sowie Zeitschriften) ist entsprechend der stärker werdenden Säkularisierung der Gesellschaft deutlich zurückgegangen.

Umbruch gestalten – spirituellen Neuanfang initiieren

Die katholische Kirche ist in einer tiefgehenden Umbruchphase, vergleichbar der am Ende des Barock. Die neuen Konturen sind noch nicht deutlich. Deshalb soll dieses Buch auch einen Blick in die Geschichte der einzelnen Bistümer ermöglichen, um hier neue Ressourcen zu entdecken. Die katholische Kirche hat schon viele Umbrüche erlebt, die jeweils durch spirituelle Neuaufbrüche überwunden wurden. Es gilt, die neuen Lebensstile, die Kultur einer zergliederten Zivilisation, zu verstehen, sich auf ihre spirituellen Ressourcen zu besinnen und den sozialen Einsatz auf die heutigen Nöte abzustimmen. Durch die Wahl von Papst Franziskus ist eine Stimmung des Aufbruchs bei den Katholiken spürbar. Beispielsweise zeigte der Deutsche Katholikentag 2014 in Regensburg, dass viele Katholiken sich wieder aktiv in die Gesellschaft und Kirche einbringen und dabei die „Schockstarre" der letzten Jahre überwinden wollen. Diese Chance und die Bereitschaft gerade der Jugend, Kirche aktiv mit- und umzugestalten, sollten genutzt werden. Die Kirche in Deutschland hat es verdient, ganze 27 Mal.

Die deutschen Bistümer im Porträt

Bistum Aachen

Glauben verbindet

Der Aachener Dom besteht aus mehreren Teilbauten, die vom Frühmittelalter bis in die Neuzeit errichtet wurden: im Zentrum das karolingische Oktogon aus der Zeit Karls des Großen

Blick ins Oktogon, die ehemalige Kapelle der Kaiserpfalz, und in die nach Osten anschließende gotische Chorhalle

Das Bistum Aachen hat eine bewegte Geschichte hinter sich, in der Napoleon Bonaparte und Karl der Große eine besondere Bedeutung spielen. Napoleon sorgte dafür, dass die Region Aachen 1802 zum Bistum ernannt wurde, und Karl der Große brachte den Aachener Dom zu seiner heutigen großen Bedeutung. Begleitet durch die Bistumspatronin, die Gottesmutter Maria, hat das Bistum Aachen dabei auch seine zwischenzeitliche Auflösung (1825-1930) überstanden und ist seit 1931 wieder eigenständiges Bistum.

Das Bistum Aachen befindet sich im Dreiländereck Deutschland, Niederlande und Belgien und steht in guter Beziehung zu den Nachbarbistümern Roermond und Lüttich. Das einst zum Erzbistum Köln gehörende Bistumsgebiet umfasst heute einerseits Städte wie Aachen, Mönchengladbach und Krefeld, andererseits aber auch den ländlichen Raum. Neben dem Aachener Dom, der als Krönungskirche deutscher Könige und UNESCO-Weltkulturerbe zu den bedeutendsten Kirchen Deutschlands zählt, ist das Bistum Aachen reich an Kirchen, Klöstern, Kapellen und Bildstöcken, vor allem in der Eifel und am Niederrhein. Vielerorts bildeten sich an diesen Orten, die bis zum 19. Jahrhundert meist protestantisch geprägt waren, später katholische Gemeinden und Pfarreien.

Ebenso hat sich eine lange Tradition an Festen (z. B. Karneval am Rhein und in Aachen) und Wallfahrten entwickelt. Eine der größten Wallfahrten in Deutschland ist die Heiligtumsfahrt, zu der sich seit 1349 alle sieben Jahre Tausende Gläubige in Aachen versammeln. Karl der Große, der den Zentralbau des Aachener Doms, die Pfalzkapelle, errichten ließ, legte den Grundstein dafür, dass sich auch heute alle sieben Jahre Pilger auf den Weg zum Marienschrein im Aachener Dom machen, in dem vier Reliquien von Jesus Christus, Maria und Johannes dem Täufer aufbewahrt werden. Im Jahr 2014 wurden dabei der 1200. Todestag Karls des Großen

Die gotische Chorhalle wird auch als „Glashaus" bezeichnet: Die großartigen Fenster gelten mit einer Höhe von 25,5 Metern als die höchsten gotischen Fenster in Europa.

und das 600-jährige Jubiläum der Weihe der Chorhalle des Doms gefeiert. Im Aachener Dom erklang im 11. Jahrhundert übrigens auch das älteste deutsche Weihnachtslied („Sei uns willkommen, Herre Christ") erstmals. Neben dem Marienschrein und den Reliquien gehört das Aachener Gnadenbild zu den wichtigsten Kulturgütern des Bistums Aachen.

Generalvikar Manfred von Holtum beschreibt, dass Geschichte, kirchliche Orte und Tradition die Frömmigkeit der Gläubigen über viele Jahre geprägt haben. „Traditionsverbunden und tolerant" haben die Menschen der Region dabei vor allem „eine soziale und weltoffene Haltung entwickelt". Diese präge bis heute entscheidend das Bistum Aachen.

Sozialer Katholizismus

Geprägt wurde das Bistum Aachen dabei einerseits durch die hier besonders früh einsetzende Industrialisierung und die sich

STATISTISCHE DATEN

Bistum Aachen

Bistumsstadt: Aachen
Bistumskirche: Hoher Dom zu Aachen
Patronin des Bistums: Gottesmutter Maria (Gedenktag: 15. August)
Bischof: Heinrich Mussinghoff
Weihbischöfe: Karl Borsch, Johannes Bündgens
Generalvikar: Manfred von Holtum
Fläche: 3 937 km2
Katholiken: ca. 1 089 833 (ca. 53,7 Prozent Bevölkerungsanteil)
Aufbau: 71 Gemeinschaften der Gemeinden mit 333 Pfarreien
Besonderheiten: enge Kooperation mit dem Bistum Roermond (Niederlande) und dem Bistum Lüttich (Belgien) im Dreiländereck Aachen, Kolumbienpartnerschaft

daraus ergebende „soziale Verantwortung" der Kirche. Vor allem der Braunkohlebergbau und die Textilindustrie prägen die Region, teilweise bis heute. Zusammen mit einem aktiven Laienkatholizismus und den Sozialverbänden nahm sich das Bistum der „sozialen Umbrüche" in der Gesellschaft an. Daraus hat sich eine ganze Reihe sozialer Einrichtungen, so das erste Hospiz in Deutschland und die flächendeckende Caritasarbeit, zu einem „Gütesiegel" des Bistums entwickelt, so Generalvikar von Holtum. Dazu trägt auch die kirchliche Arbeit an Schulen und Universitäten (z. B. Klaus-Hemmerle-Professur) aktiv bei. So sind heute zahlreiche Bildungs- und Erziehungseinrichtungen im Bistumsgebiet in kirchlicher Trägerschaft.

Engagement für die Weltkirche und den Dialog der Religionen

Das Engagement für die Weltkirche besitzt im Bistum Aachen ebenfalls einen besonderen Stellenwert. So sind in Aachen gleich drei große katholische Hilfswerke beheimatet: Das Internationale Katholische Missionswerk missio, das Kindermissionswerk „Die Sternsinger" und das Hilfswerk MISEREOR. Dies verdeutlicht die hohe Bedeutung des sozialen Katholizismus und des Missionsgedankens (im Sinne Dr. Heinrich Hahns), was Aachen heute zum einem Zentrum für weltkirchliche Arbeit in Deutschland macht.

Das Bistum Aachen unterstützt das weltkirchliche Engagement und setzt selbst Ak-

Heiligtumsfahrt Aachen 2014: Pilgermesse auf dem Katschhof mit Erzbischof Nikola Eterović, dem Apostolischen Nuntius in Deutschland

zente, besonders auch für den Dialog der Religionen. Dem Bistum Aachen sind eine „religiöse Offenheit" und „lebendige Ökumene" wichtig, wie Generalvikar von Holtum betont. So engagiert sich beispielsweise Bischof Heinrich Mussinghoff besonders für den Dialog mit dem Judentum – auch in der Deutschen Bischofskonferenz. Darüber hinaus gibt es auch enge Kontakte zu den muslimischen Gemeinschaften und zur orthodoxen Kirche.

Dialog und Wandel im Bistum Aachen

Das Bistum Aachen hat bereits früh Überlegungen angestellt, wie in Zeiten sinkender finanzieller und personeller Ressourcen die Gemeinden neu ausgerichtet werden können. Dazu wurden sowohl Prozesse zur Bildung von „Gemeinschaft von Gemeinden" als auch Projekte zur „Gemeindeleitung als Team" initiiert. Dabei kommt den Laien eine besondere Bedeutung zu, die in den

Gemeindeleitungsprozess mit eingebunden werden. Auch die Rolle von Laienräten wurde – vor allem in den Landregionen – gestärkt.

„Kirche ist eine Weggemeinschaft und benötigt neue Formen des Gemeindelebens. Dabei wollen wir Pluralität leben und Innovationen fördern", wie Generalvikar von Holtum verdeutlicht. Dabei habe die Bistumsleitung im Rahmen des Dialogprozesses bewusst alle gesellschaftlichen Gruppen zu einem „Dialog der kleinen Schritte" eingeladen, um durch Kooperation und Vernetzung „positive Antworten" auf die Frage nach Zukunft von Kirche zu finden. Dazu gehöre auch ein „Blick Richtung Europa und in die Weltkirche", verdeutlicht von Holtum. Dieser Prozess trage jetzt erste Früchte und zeige, dass das Bistum Aachen bereit ist, sich für die Zukunft aufzustellen.

Ob bei der „Nacht der Jugend" oder beim „Tag der Schulen" während der Heiligtumsfahrt: für viele Kinder und Jugendliche ein fröhliches, aber auch besinnliches Glaubenserlebnis

Bistum Aachen 47

Geschichte

Napoleon Bonaparte war für die Gründung des Bistums Aachen verantwortlich. Im Vergleich zu den anderen Bistümern in Nordrhein-Westfalen hat Aachen seine Ursprünge nicht im Mittelalter, sondern wurde erst zu Beginn des 19. Jahrhunderts gegründet.

Die Anfänge

Die Grundlage der Bistumsgründung des Bistums Aachen bildete der zwischen Napoleon und Papst Pius VII. geschlossene Staatskirchenvertrag, das Konkordat, aus dem Jahr 1801. Das Besondere jedoch war, dass im Vergleich zu den anderen Bistümern in Nordrhein-Westfalen, die bereits vor Beginn der Säkularisierung bestanden, das damalige Bistum Aachen in genau dieser Zeit erst entstand. Am 9. April des Jahres 1802 wurde bekannt gegeben, dass die katholische Kirche in Frankreich in zehn Erzbistümern und fünfzig Bistümern organisiert sein sollte. Für die beiden neu eingerichteten Départements Roer und Rhin et Moselle wurde eigens ein neues Bistum, das Bistum Aachen, geschaffen. Dies betraf etwa 650 000 Katholiken, die dort lebten. Marc Antoine Berdolet, am 9. Mai von Napoleon zum Bischof ernannt, wurde am 25. Juli offiziell im Aachener Dom zum ersten und einzigen Bischof des neuen Bistums geweiht.

Das vorläufige Ende des Bistums Aachen

Der Bruch, zu dem es bereits kurz darauf zwischen dem Papst und Napoleon gekommen war, war mit verantwortlich dafür, dass nach dem Tod Berdolets kein neuer Bischof vom Vatikan bestätigt wurde. Nach dem Wiener Kongress von 1814 und 1815 kündigte sich jedoch eine baldige Auflösung des Bistums Aachen an. Die Neuumschreibung der preußischen Diözesen durch die päpstliche Bulle „De salute animarum" vom 16. Juli 1821 hatte mit der Wiederaufrichtung des Bistums Köln auch die endgültige Beendigung des Bistums Aachen festgeschrieben. Die formelle Auflösung des Bistums Aachen erfolgte am 24. März 1825.

Bischof Heinrich Mussinghoff und Weihbischof Karl Borsch beim „Tag der Kindertagesstätten" bei der Heiligtumsfahrt 2014

Die Wiedererrichtung des Bistums Aachen im Jahr 1930

Bereits seit 1925 beinhalteten Konkordatsverhandlungen zwischen dem Vatikan und dem Freistaat Preußen auch Fragen zur möglichen Neugründung einer Aachener Diözese. Am 14. Juni 1929 wurde das Preußische Konkordat unterzeichnet, das die staatsrechtliche Voraussetzung zur Errichtung einer neuen Aachener Diözese lieferte. Mit der päpstlichen Bulle „Pastoralis officii Nostri" (13. August 1930) und dem „Dekret des Apostolischen Nuntius in Deutschland betreffende Domkapitel und Cirumscripto der Diözese Aachen" war die Neugründung beschlossen. Aachen wurde am 31. August 1930 wieder offiziell zum Bischofssitz, und das Aachener Kollegiatstift, im Jahr 1826 anstelle des aufgelösten französischen Domkapitels eingerichtet, wurde in ein Kathedralkapitel umgewandelt.

Im Frühling des darauf folgenden Jahres 1931 wurde Joseph Heinrich Peter Vogt als erster Bischof in Aachen in sein Amt eingeführt. Zuvor war er Dompropst und Generalvikar in Köln gewesen. Nach der schweren Zeit während des Nationalsozialismus war die Folgezeit dann geprägt vom Wiederaufbau sowie von verschiedenen Neu- und Umstrukturierungen.

Heiligtumsfahrten

Zu den wichtigsten Ereignissen im Bistum Aachen gehören die Heiligtumsfahrten, die seit über 660 Jahren alle sieben Jahre in Aachen stattfinden (zuletzt im Juni 2014). Seit dem Tod Karls des Großen gab es Wallfahrten nach Aachen, und die Heiligtumsfahrt gehörte ab 1349 zu den bedeutendsten Wallfahrten im europäischen Raum. Die vier textilen Aachener Heiligtümer sind die Tücher, die bezeichnet werden als das Kleid Marias, die Windeln Jesu, das Lendentuch Jesu und das Enthauptungstuch Johannes' des Täufers. Sie werden im Marienschrein im Aachener Dom aufbewahrt und nur anlässlich der Heiligtumsfahrten gezeigt. Daran nehmen Tausende Pilger teil.

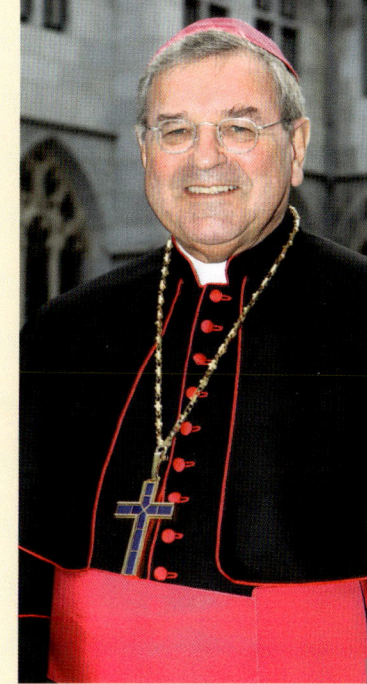

Bischöfe

■ **Bischof Joseph Heinrich Peter Vogt** war erster Bischof des wiedererrichteten Bistums Aachen. Er wurde am 8. September 1865 in Schmidt (Nideggen) geboren. Nach seinem Studium der Theologie in Bonn und Eichstätt wurde er am 19. August 1888 in Köln zum Priester geweiht. Der promovierte Kirchenrechtler wurde am 17. Juli 1891 Domvikar in Köln. Karl Joseph Schulte erteilte dem zum Generalvikar ernannten Vogt den Auftrag, die Wiedereinrichtung des Bistums Aachen vorzubereiten und das Bistumsgebiet vom Erzbistum Köln zu lösen. Kardinal Schulte spendete Vogt am 19. März 1931 die Bischofsweihe, und nur sechs Tage später wurde Vogt erster Bischof des Bistums Aachen. Bischof Vogt verstarb am 5. Oktober 1937 nach fast 50-jähriger Priestertätigkeit. Sein Nachfolger wurde Bischof Joseph Sträter.

■ **Bischof Dr. Heinrich Mussinghoff** ist seit dem Jahr 1995 Bischof des Bistums Aachen. Er wurde am 29. Oktober 1940 in Osterwick im Kreis Coesfeld im westlichen Münsterland geboren. Von 1962 bis 1967 studierte er die Fächer Philosophie und Katholische Theologie in Münster und Freiburg. Am 29. Juni 1968 wurde Mussinghoff im Dom zu Münster von Bischof Joseph Höffner zum Priester geweiht. Als der promovierte Kirchenrechtler am 12. Dezember 1994 durch Papst Johannes Paul II. zum Bischof von Aachen ernannt wurde, war Mussinghoff fünf Jahre Dompropst in Münster. Mussinghoff folgte mit seiner Ernennung zum Bischof auf Klaus Hemmerle, der zuvor von 1975 bis 1994 Bischof von Aachen gewesen war. Am 11. Februar 1995 wurde Dr. Heinrich Mussinghoff im Hohen Dom zu Aachen zum Bischof von Aachen geweiht. Seit 2006 ist er Vorsitzender der Unterkommission der Deutschen Bischofskonferenz „für die religiösen Beziehungen zum Judentum". Es geht Bischof Mussinghoff ganz besonders darum, „den Weg geschwisterlicher Verbundenheit" mit Juden, Christen und Muslimen zu gehen.

Bischof Dr. Heinrich Mussinghoff

Bistum Augsburg

Zwischen Tradition und ökumenischem Aufbruch

Kardinal Edward Cassidy als Vertreter des Vatikans und Christian Krause als Präsident des Lutherischen Weltbundes unterzeichnen die Gemeinsame Erklärung zur Rechfertigungslehre in der Annakirche in Augsburg.

Ein wichtiger Schritt für die Ökumene: die Gemeinsame Erklärung zur Rechtfertigungslehre

Ein zentrales Dokument der ökumenischen Bewegung wurde in Augsburg verabschiedet. Mit der Unterzeichnung der Gemeinsamen Erklärung zur Rechtfertigungslehre am 31. Oktober 1999 ist es zum ersten Mal gelungen, dass Lutheraner und Katholiken gemeinsam Aussagen zu genau jener theologischen Lehre machen, die entscheidend für die Spaltung der abendländischen Kirche mitverantwortlich war. Am Reformationstag (31. Oktober) unterzeichneten Kardinal Edward Idris Cassidy, der damalige Präsident des Päpstlichen Rates zur Förderung der Einheit der Christen, und der Präsident des Lutherischen Weltbundes Christian Krause in der evangelisch-lutherischen St.-Anna-Kirche in Augsburg die Gemeinsame Erklärung. Diese besagt, dass zwischen beiden Konfessionen ein Konsens in Grundwahrheiten der Rechtfertigungslehre besteht. Die gegenseitigen Lehrverurteilungen des 16. Jahrhunderts, so wurde festgehalten, betreffen somit nicht die unterschriebene Erklärung. Der gefundene Konsens ist Grundlage für die Klärung weiterer offener Fragen von unterschiedlichem Gewicht. Am 23. Juli 2006 zogen die Methodisten durch die Unterschriften des Präsidenten Bischof Sunday Mbang und des Generalsekretärs George Freeman nach. Alle drei Konfessionen bekennen dadurch, dass der Mensch bezüglich seines Heils völlig auf die rettende Gnade Gottes angewiesen ist.

Reponierung des Ulrichsschreins

Der hl. Ulrich

Jedes Jahr feiert die Diözese Augsburg zu Ehren des hl. Ulrichs (923-973), der seinen Gedenktag am 4. Juli hat, in der sogenannten Ulrichswoche ein Glaubensfest. Menschen allen Alters und aller Schichten werden durch das vielfältige Programm des Festes angezogen. Dass Ulrich als erster Bistumspatron eine so große Bedeutung hat, verdankt er unter anderem seinem beherzten Eingreifen gegen die Ungarn.

Der hl. Ulrich, dessen Name „reich begütert" bedeutet, hat das Bistum maßgeblich geprägt. Als Reichsbischof, also Landesherr eines Herrschaftsgebiets und geistlicher Hirte der Herde zugleich, war er Leiter des Bistums, hatte jedoch auch weltliche Aufgaben wahrzunehmen und musste dem König bei der Verwaltung und Verteidigung

Männerwallfahrt während der Ulrichswoche

Die Bistumspatrone am Brunnen vor dem Dom

des „Heiligen Römischen Reiches" beistehen. Über sein bedeutendes Wirken für die Geschichte der Diözese und des Reiches berichtet die zeitgenössische Lebensbeschreibung des Augsburger Dompropstes Gerhard.

Bekannt wurde Ulrich durch seinen entschiedenen Widerstand gegen die Einfälle der Ungarn in Bayern, die Dörfer und Klöster niederbrannten und weite Teile Mitteleuropas verheerten. Als die Ungarn 955 vor Augsburg standen und die Stadt am 8. und 9. August immer wieder wütend attackierten, war es Bischof Ulrich, der hoch zu Ross nur mit einer Stola bekleidet die Verteidiger zum Durchhalten motivierte. Entscheidender war jedoch, dass auf Vorsorge Ulrichs die Stadt zuvor mit einer steinernen Mauer umgeben worden war. So konnten sich die Bewohner Augsburgs der ungarischen Reiter erwehren, bis das Heer König Ottos I. (936 bis 973) eintraf. Untrennbar ist sein Name mit der Schlacht auf dem Lechfeld (955) südlich von Augsburg verbunden, bei der das ungarische Heer endgültig besiegt werden konnte. In Friedenszeiten vor und nach dem Ungarneinfall setzte sich Ulrich, der ansonsten kein kriegerischer Bischof war, maßgeblich für den Aufbau des Bistums ein, ordnete die Wiederherstellung des durch einen Brand vernichteten Mariendoms an und baute das zerstörte Gotteshaus, das St. Afra geweiht war, wieder auf. Bereits 20 Jahre nach seinem Tod wurde Bischof Ulrich 993 als erster Christ nach einem römischen Heiligsprechungsverfahren von einem Papst heiliggesprochen.

Die hl. Afra und der hl. Simpert

Augsburg ist wohl der älteste Bischofssitz im heutigen Bayernland. Bereits im vierten Jahrhundert darf angenommen werden, dass in Augsburg ein Bischof wirkte. Aus dieser Zeit ist auch die Glaubens- und Leidensgeschichte der hl. Afra (7. August) überliefert, die Bistums- und Stadtpatronin zugleich ist. Afra starb um das Jahr 304 auf dem Höhepunkt der Christenverfolgungen im Römischen Reich unter Kaiser Diokletian den Märtyrertod.

Der hl. Simpert, der dritte Bistumspatron Augsburgs, ist der Patron der Kinder und Jugendlichen. Er (war 778 bis 807 Bischof) vereinigte das bayerische Bistum Neuburg-Staffelsee mit dem schwäbischen Bistum Augsburg.

Die Bistumspatrone Ulrich und Afra

Der Augsburger Dom

Der Hohe Dom Unserer Lieben Frau zu Augsburg ist zweigeteilt. Im Westen befindet sich der alte ottonische Bau (995-1065) mit unverputzten Mauern und den zwei Türmen, die zwischen 1070 und 1075 an die Seitenschiffe angebaut wurden. Im Osten dagegen schließt der mächtige, weiß verputzte gotische Chor (1356-1431) an. Berühmt ist das Gotteshaus vor allem wegen der „Prophetenfenster" (um 1100). Die Abbildungen von Jonas, Daniel, Hosea, Mose und König David gelten als der älteste figürliche Glasgemäldezyklus der Welt. Ebenfalls sehenswert sind der marmorne Bischofsstuhl im Westchor aus der Zeit um das Jahr 1000, die vier Altartafeln von Hans Holbein d. Ä. und die 1488 begonnene Porträtreihe der Augsburger Bischöfe.

Hoher Dom zu Augsburg

Schulfamilie Marien-Gymnasium

Das Schulwerk der Diözese – Engagement für eine bessere Zukunft

In der Diözese besuchen im Schuljahr 2013/14 20 425 Schülerinnen und Schüler eine kirchliche Schule, für die häufig noch Ordensgemeinschaften die Verantwortung tragen. Darunter befinden sich sowohl allgemeine als auch berufliche Schulen. Von der klösterlichen Gründungstradition lässt sich die große Zahl der reinen Mädchenschulen erklären, wie etwa die der Maria-Ward-Schwestern.

Dies ist in Zeiten des Rückgangs an Ordensmitgliedern alles andere als selbstverständlich. Deshalb mussten sich die Ordensgemeinschaften bereits in der zweiten Hälfte des 20. Jahrhunderts die Frage stellen, ob sie ihre Schulen im schulpädagogischen Bereich und den damit verbundenen Mehrkosten durch die Einstellung von weltlichen Lehrkräften noch finanzieren konnten.

Bischof Josef Stimpfle war es damals zu verdanken, dass viele Schließungen von Bildungsstätten unter der Leitung von Ordensgemeinschaften verhindert werden konnten. Der Augsburger Bischof rief als Antwort auf die bedrohliche Situation 1975 das Schulwerk der Erzdiözese Augsburg ins Leben, welches zur damaligen Zeit seinesgleichen suchte. Nirgendwo gab es für diese Schulträgerkonstruktion der geteilten Verantwortung ein Vorbild. In enger Zusammenarbeit von Ordensgemeinschaften und Diözese sollten wesentliche Angelegenheiten gemeinsam entschieden und finanzielle Lasten gemeinsam getragen werden. Die Zusammenarbeit zwischen Ordensgemeinschaft und Diözese wird besonders großgeschrieben. So bleiben selbst Orden in der Verantwortung, wenn sie die Trägerschaft ihrer Schule an die Stiftung abgeben müssen.

Heute gewährleistet das Schulwerk die Rahmenbedingungen für leistungsfähige, wertorientierte, zeitgemäße und schülerfreundliche Schulen im Bistum Augsburg.

Gesellschaftlicher Einsatz der Klöster

Kloster Oberschönenfeld
Ein kultureller Mittelpunkt des Augsburger Landes ist das Kloster Oberschönenfeld. Es ist eine der ältesten noch bestehenden Zisterzienserinnenabteien Deutschlands.

Benediktiner von St. Stephan
Das ehemalige Kanonissenstift und jetzige Benediktinerkloster St. Stephan am Rande der Altstadt von Augsburg wurde 969 durch den hl. Ulrich, Bischof von Augsburg, ursprünglich als „freiweltliches adeliges Damenstift" gegründet. Das Tätigkeitsspektrum der Benediktinermönche ist sehr vielfältig. Sie engagieren sich heute als Lehrer am Gymnasium St. Stephan, im Tagesinternat St. Joseph, in der Erwachsenenbildung, im Gästehaus, in der außerordentlichen Seelsorge oder in pflegerischen und handwerklichen Berufsfeldern.

Zisterzienserinnenabtei Oberschönenfeld

Sankt Ottilien

Auch die Erzabtei Sankt Ottilien nahe dem Ammersee ist auf dem Gebiet der Diözese Augsburg beheimatet. Im Kloster der Missionsbenediktiner leben um die 110 Mönche. Insgesamt gehören dem Klosterverband 1 100 Mönche in 19 Ländern an. Die Ordensbrüder haben sich besonders Aufgaben in der Mission und der Entwicklungshilfe in den Ländern der Dritten Welt verschrieben. Daneben führt das Kloster ein Exerzitienhaus, einen Verlag, eine Landwirtschaft und ein Gymnasium.

Dillinger Franziskanerinnen

Bereits 1241 schlossen sich einige fromme Frauen zu der Gemeinschaft zusammen, aus der später die Dillinger Franziskanerinnen hervorgingen. So früh wie keine andere Frauengemeinschaft, nämlich bereits 1302, übernahmen sie die Regel des hl. Franziskus. Brände, Kriege oder die Säkularisation konnten die jahrhundertealte Gemeinschaft nicht auseinanderbringen. Heute haben die Dillinger Franziskanerinnen Niederlassungen in Deutschland, den USA, Brasilien und Indien.

STATISTISCHE DATEN

Bistum Augsburg:
1 335 486 Katholiken
(Stand: 31.12.2013)

998 Pfarrkirchenstiftungen in
23 Dekanaten

452 Kindergärten
39 Schulen (2 Grund- und Hauptschulen,
10 Gymnasien, 20 Realschulen,
7 Berufliche Schulen)
47 Bildungs- und Begegnungshäuser
6 Krankenhäuser

Erzabtei St. Ottilien

Bischof Simpert

Bischof Ulrich

Otto Kardinal Truchseß von Waldburg

Geschichte

Römerzeit Bereits mit den Römern kamen vereinzelt Christen in die damalige Siedlung „Augusta Vindelicum", die Mitte des ersten Jahrhunderts n. Chr. Verwaltungssitz der Provinz „Raetia" wurde.

8. Jahrhundert Mit Bischof Wikterp wird das erste Mal urkundlich ein Augsburger Bischof mit Namen erwähnt. Durch das Wirken des hl. Magnus im östlichen Allgäu und am oberen Lech kommt es zu einer verstärkten Christianisierung.
Damals konsolidierten sich unter Bischof Simpert (um 800) auch die Bistumsgrenzen für die folgenden 1000 Jahre. Zugleich entstanden als Kulturzentren u. a. die Benediktinerabteien Benediktbeuern, Wessobrunn, Ottobeuren und Kempten.

1276 Die Bischöfe verloren die Herrschaft über die nun freie und reichsunmittelbare Stadt Augsburg, in der zunehmend Patrizierfamilien die Herrschaft übernehmen. Daraufhin entwickelte sich in Dillingen a. d. Donau eine zweite Bischofsresidenz. Das kirchliche und kulturelle Leben wurde im ganzen Schwabenland von neugegründeten Männer- und Frauenklöstern geprägt.

16. Jahrhundert Augsburg wird zu einem Zentrum der Reformationsgeschichte. Auf dem von Kaiser Karl V. einberufenen Augsburger Reichstag 1530 sollen die unterschiedlichen religiösen Auffassungen von Protestanten und Katholiken aufgelöst werden. Im Rahmen dessen wird das „Augsburger Bekenntnis" (Confessio Augustana) vom damaligen lutherischen Repräsentanten und Wortführer Philipp Melanchthon verfasst und dem Kaiser übergeben, welches weltgeschichtliche Bedeutung für den Protestantismus erlangte. Die Katholiken unter der Führung von Johannes Eck, Johannes Fabri und Johannes Cochläus verfassen ihrerseits mit der Confutatio Confessionis Augustanae eine Widerlegungsschrift. Trotz vorhandener Kompromissbereitschaft auf beiden Seiten kommt es schließlich zur konfessionellen Spaltung.
Durch die Reformation hatte das Bistum im 16. Jahrhundert mit massiven Einschnitten zu kämpfen: Elf der insgesamt zwölf Reichsstädte des Bistums, darunter auch Augsburg, sowie die Bistumsgebiete in Württemberg, Oettingen und Pfalz-Neuburg schlossen sich dem neuen protestantischen Glauben an. 1537 wurde in diesen Territorien der katholische Gottesdienst verboten. Die Priester und Ordensleute des alten Glaubens wurden vertrieben, das Domkapitel musste sich nach Dillingen ins Exil zurückziehen.

1549 Unter Bischof Otto Kardinal Truchseß von Waldburg (1543-1573) kommt es durch die zeitnahe Umsetzung der Beschlüsse des Konzils von Trient zu einem erneuten Aufschwung des katholischen Glaubens. Er holt den Jesuitenpater Petrus Canisius nach Augsburg und gründet mit dessen Hilfe in Dillingen 1549 eine Universität, die 1563 den Jesuiten übergeben wird. Unter ihrer Leitung entwickelt sich eine süddeutsche katholische Reformuniversität.

1555 wurde der Augsburger Religionsfriede geschlossen, der die neue konfessionelle Situation im Land durch das Prinzip „cuius regio, eius religio" regelte. Die Untertanen hatten demnach das Bekenntnis des jeweiligen Landesfürsten anzunehmen, ansonsten mussten sie ihre Heimat verlassen.

1782 besucht Papst Pius VI. die Stadt Augsburg. Sein Besuch markiert gleichzeitig den Höhe- und Endpunkt der Blütezeit des Barocks.

1817/21: Im Rahmen des Bayerischen Konkordats werden die kirchlichen Besitzverhältnisse neu geordnet. Die heutige räumliche Aufteilung der Diözese geht darauf zurück.

1. Hälfte des 19. Jahrhunderts: Es kommt zu einem geistigen Wiederaufbau des Kirchenwesens, zu dem besonders Johann Michael Sailer (1751-1832), der spätere Bischof von Regensburg, und dessen Schülerkreis beitrugen. Wenige Jahrzehnte nach der Säkularisierung gab es mehr Klöster und Ordenshäuser als vorher.

Daneben entstehen auch zahlreiche Neugründungen katholischer Vereine. Zu nennen sind hierbei beispielsweise Dominikus Ringeisen (1835-1904) und der Dillinger Professor und Regens Johann Evangelist Wagner (1807-1886), die sich mit großer Hingabe um kranke und behinderte Menschen kümmerten. Noch heute ist die Sorge für Menschen mit Behinderung ein Schwerpunkt der Augsburger Caritas. Viele kirchliche Behindertenwerke (die Regens-Wagner-Stiftungen, die Stiftung St. Johannes Schweinspoint, die Ulrichwerkstätten, das Dominikus-Ringeisen-Werk) setzen sich für die gesellschaftliche Teilhabe von Tausenden gehandicapten Personen ein und bieten ihnen Wohnung und Arbeit.

1963 wird mitten im II. Vatikanischen Konzil Josef Stimpfle (1916-1996) Bischof von Augsburg. In seiner knapp 30-jährigen Amtszeit ist ihm besonders an der Umsetzung der Beschlüsse des Konzils (1962-65) gelegen.

1987 besucht Johannes Paul II. während seines Pastoralbesuchs in Deutschland auch das Bistum Augsburg. Der Papst segnet das neu errichtete Priesterseminar St. Hieronymus.

2012 Die pastorale Raum- und Personalplanung 2025 tritt in Kraft. Sie sieht vor, den schon in den 1990er-Jahren begonnenen Weg fortzuführen und die Pastoral in den mehr als 1000 Pfarreien langfristig in 203 größeren Seelsorgeeinheiten zusammenzufassen.

Bischöfe und Kardinäle

■ **Bischof Simpert** (778-807) gilt als Gründer des neuen, größeren schwäbisch-bayerischen Bistums Augsburg.

■ **Bischof Ulrich** (923-973) Bedeutend ist das Wirken des Bischofs Ulrich. Der Bistumspatron rettete die Stadt Augsburg vor den Ungarn und war an der Lechfeldschlacht 955 beteiligt.

■ **Otto Kardinal Truchseß von Waldburg** (1543-1573) lebte in der Reformationszeit. Er setzte sich besonders für Kunst und Wissenschaft ein. Die Reform des Klerus war ihm ebenso ein Anliegen wie die Seelsorge.

■ **Bischof Josef Stimpfle** (1963-1992) setzte mit Leidenschaft die Reformen des Zweiten Vatikanischen Konzils um, vollzog die Verlegung des Theologiestudiums von der Philosophisch-Theologischen Hochschule Dillingen an die neugegründete Universität Augsburg und initiierte den Neubau des Priesterseminars. 1992 verlieh ihm Papst Johannes Paul II. den persönlichen Titel Erzbischof.

■ **Bischof Konrad Zdarsa** (seit 2010) geht es darum, die Zukunft der Kirche von Augsburg in einem Umfeld zu sichern, das auch in Bayern von demografischem Wandel, schwindendem Glaubenswissen und einem immer säkularer werdenden Umfeld geprägt ist.

Bischof Josef Stimpfle   *Bischof Konrad Zdarsa*

Erzbistum Bamberg

In den Schnittlinien Europas

Bamberg ist das Bistum für Ober- und Mittelfranken, Würzburg für Unterfranken. Aber wie kommen Franken, die eigentlich in Frankreich und links des Rheins ihre Völkerwanderung beendeten, an die tschechische Grenze? Sie haben, von Westen kommend, den Oberlauf des Mains besiedelt. Sie kamen im 6. Jahrhundert unter den Merowingern und stießen dabei auf Kelten und weiter östlich auf Slawen. Einige Ortsnamen erinnern an dieses nicht immer friedliche Nebeneinander, so Scheßlitz im Landkreis Bamberg, Teuschnitz im Frankenwald. Diese Lage inmitten der sich kreuzenden Wege noch Osten und Norden hat das Erzbistum mit dem Fall des Eisernen Vorhangs zurückgewonnen. So bodenständig die Franken sind, so sehr sind sie auch mit Europa vernetzt.

Mit den Franken kam das Christentum. So veranlasste Karl der Große den Bau

Der Bamberger Dom ist die zentrale Kirche des Bistums. Er liegt tatsächlich auf einem kleinen Berg, dem Domberg über der Stadt.

Das Grab von Kaiser Heinrich II. und seiner Frau Kunigunde bewahrt das Andenken der Stifter.

von Dorfkirchen, die bis heute die Landschaft prägen. Ein lebendiges Brauchtum, Wallfahrten, eine Frömmigkeit ohne Überschwang sind bis in den Frankenwald und das Fichtelgebirge prägend.

Zum Bamberger Bistum gehört jedoch auch die hoch industrialisierte Region Erlangen-Fürth-Nürnberg. Nach Nürnberg, der evangelisch gewordenen Reichsstadt, nach Fürth und in die Universitätsstadt Erlagen kamen die Katholiken mit der Industrialisierung. Sie haben nicht nur Kirchen gebaut, sondern die Nöte der Industriearbeiter aufgegriffen. Davon zeugt bis heute noch eine Vielzahl lebendiger Caritas-Einrichtungen.

Weiter im Westen liegt Ansbach, geprägt von einer Fürstenfamilie und heute ein Mittelpunkt für Schulen und Industriensiedlungen. In Rothenburg ob der Tauber, einem von spätgotischer Frömmigkeit geprägten Ort mit seinen Schnitzaltären, sind die Katholiken eine Minderheit

Bis zum Fall der Mauer war Bamberg eher eine Grenzregion. Bayreuth, die Stadt kunstliebender Fürsten mit seinen Wagnerfestspielen, oder Hof am Oberlauf der Saale liegen heute mitten in Europa, Autobahnen führen nach Leipzig, Berlin und Prag, die neue Schnellstrecke von München nach Berlin verbindet den Süden mit dem Norden. Ein großer Teil des Ost-West-Verkehrs, vor allem nach Tschechien, durchquert das Gebiet des Bistums.

Das Bamberger Gebiet durchqueren auch im Mittelalter die Handelswege von Nürnberg nach Leipzig und weiter bis ins Baltikum. Die West-Ost-Verbindung nach Prag und die Nähe zu Böhmen sorgten für den Austausch von Ideen. Zu den Zentren der Reformation in Thüringen und Sachsen war es nicht weit. Schmalkalden, wo sich 1531

Der Bamberger Reiter blickt mit staunenden Augen auf die Menschen, die in ihm das Idealbild des mittelalterlichen Königs sehen.

Um den Chor herum finden sich zwölf Apostel und zwölf Propheten im Gespräch wie in einer Akademie.

Abraham mit mehreren Kindern auf dem Schoß. Schon damals wusste man, dass die Christen Kinder Abrahams sind.

Erzbistum Bamberg

Ehemalige Klosterkirche Ebrach: Ausgießung des Heiligen Geistes an Pfingsten

Heinrich und Kunigunde an einem Seitenportal des Doms

die protestantischen Fürsten zu einem Bund zusammenschlossen, liegt nördlich von Coburg. Bis Coburg waren die Schweden vorgestoßen. Bamberg erreichten sie nicht, denn das südöstlich gelegene Kronach versperrte ihnen wehrhaft den Weg.

Das Kaiserpaar Heinrich und Kunigunde, in Regensburg beheimatet, hatte Bamberg ab 1007 als Ausgangspunkt für die Slawenmission zu einem kirchlichen Zentrum mit Kirchen und Klöstern ausgestattet. Sie sollten die Früchte dieser Investitionen nicht ernten, zumal sich Heinrich in ständigem Streit mit dem Polenherzog befand. Erst später gelang die Christianisierung der Slawen. Das Kaiserpaar hat aber den Grundstein gelegt und wird als Bistumspatrone verehrt.

Im Unterschied zum kargen Norden des Bistums, der auch eine strenge Frömmigkeit hervorgebracht hat, liegt Bamberg im Flusstal der Pegnitz, die nach wenigen Kilometern in den Main mündet. Als nach dem Dreißigjährigen Krieg der Wiederaufbau begann, konnte sich der Bamberger Bischof noch als Fürst über ein Gebiet, das sich zwischen Kronach im Norden und Forchheim im Süden erstreckte, stützen. Es wird „Hochstift Bamberg" genannt. Diese Region ist vom Barock geprägt, neben Bamberg gibt es einige Kilometer südlich die Residenz des Fürstbischofs, das Schloss Weißenfels bei Pommersfelden. Auf der Verbindungsachse zwischen Würzburg und Bamberg liegt im Steigerwald das bereits 1127 gegründete

Michelsberg in Bamberg, eine der von Bischof Otto erbauten Abteien

Zisterzienserkloster Ebrach. Es bestand bis zur Säkularisierung 1803. Barocke Kirchen, Klöster, Bauten verbinden sich mit dem Charme dieser Landschaft.

Otto – Patron des Bistums

Bischof Otto hat verwirklichen können, was über Jahrhunderte versucht wurde: die Bekehrung der Slawen. Allerdings missionierte er weder in Böhmen noch unter den im heutigen Sachsen wohnenden Sorben, sondern reiste bis Pommern. Durch Verhandlungen konnte er den dortigen Fürsten und seine Berater gewinnen, das Christentum anzunehmen.

Geboren wurde er um 1060 im Schwäbischen und bei den Benediktinern von Hirsau ausgebildet. Als Judith, die Schwester Heinrichs IV., den polnischen Herzog Władysław I. Herman heiratete, begleitete Otto sie als Hofkaplan. Er lernte so die Slawen und zugleich den östlichen Nachbarn der Pommern kennen. Die Polen waren bereits christlich geworden. 1102 wurde er vierter Bischof von Bamberg. Als 1121 der Polenherzog Bolesław III. Schiefmund Pommern eroberte, gab es einen politischen Rückhalt für die Christianisierung. Otto reiste 1124 über Gnesen nach Pommern und kam 1125 für drei weitere Jahre wieder. Er kam mit einem Gefolge von Priestern und Diakonen und konnte so die Adeligen überzeugen. Massentaufen gehen auf ihn zurück. Durch den Bau von Kirchen entstand ein Netz von Pfarreien. Die heidnischen Priester verloren durch die Zerstörung der slawischen Heiligtümer ihren Einfluss. Begraben ist Otto in der ehemaligen Benediktinerabtei Michelsberg, in Sichtweite des Bamberger Dombergs. Dieses Kloster hat er nach einem Erdbeben wiederaufbauen lassen, viele weitere Klostergründungen gehen auf seine Initiative zurück.

Der Großraum Nürnberg – Herausforderungen des 21. Jahrhunderts

Wie Stuttgart, Mannheim, Heidelberg oder Köln ist Nürnberg ein industrielles Zentrum, das weitere Städte im Umkreis zu einer Region vereint. Wie die anderen Freien Reichsstädte hatte es sich der Reformation

---

STATISTISCHE DATEN

Erzbistum Bamberg:
Das Erzbistum umfasst Oberfranken, Teile Mittelfrankens und kleinere Gebiete von Unterfranken und der Oberpfalz.
730 000 Katholiken leben unter rund 1,2 Millionen Nichtkatholiken.
Das Erzbistum gliedert sich in die 6 Regionen: Ansbach, Bamberg, Bayreuth, Forchheim, Kronach, Nürnberg-Fürth-Erlangen.
21 Dekanate umfassen 97 Seelsorgsbereiche, in die die bisherigen Pfarreien zusammengeführt worden sind.
Im Durchschnitt stehen jedem Seelsorgsbereich zwei Priester zur Verfügung, viele Pensionäre unterstützen die im aktiven Dienst befindlichen Pfarrer.

Erzbistum Bamberg

Sebalduskriche in Nürnberg

angeschlossen. Die Katholiken hatten keine gleichen Rechte. Mit der Industrialisierung kamen aus den katholischen Gebieten der Oberpfalz und des Frankenwaldes Katholiken in die Stadt. Sie mussten selbst sehen, wie sie ihre Gemeinden sammelten, den Bau von Kirchen finanzierten und die sozialen Probleme lösten. Damals stand wenig Geld zur Verfügung, aber es gab viele Hände, die zupacken konnten. Das zeigt sich an den Pfarrkirchen, die meist vor dem Ersten Weltkrieg gebaut wurden, an den Ordensniederlassungen und den sozialen Einrichtungen. An Nürnberg kann man bis heute beobachten, wie wichtig die Caritas für den Katholizismus einer Großstadt ist. Denn als im 19. Jahrhundert die Industriearbeiter mit ihren Familien in die Stadt kamen, gab es keine Krankenversorgung, verarmte Familien konnten sich an kein Sozialamt wenden, wer gebrechlich war, fand nicht ein Pflegeheim vor. Wie an der Ruhr, im Rhein-Main-Gebiet und im Rhein-Neckar-Raum gründeten die Katholiken ihre eigenen Sozialwerke. Genügend Ordensfrauen standen zur Verfügung.

Dieses Sozialengagement wurde nach dem Ende des Zweiten Weltkrieges noch einmal besonders herausgefordert. Denn Sudetendeutsche und andere Flüchtlinge erreichten als ersten Anlaufpunkt das weitgehend zerstörte Nürnberg. Viele blieben und fanden über die Pfarreien und die Sozialeinrichtungen eine erste Eingliederungshilfe. Inzwischen ist die Caritas in Nürnberg ein gut organisierter Wohlfahrtsverband auf der Höhe der Zeit.

Es gibt in Nürnberg bis heute das Theresienkrankenhaus, mehrere Heime, eine Drogenhilfe, Beratungsstellen, ein Haus für Frauen, Jugendhilfe und Gemeinden für die neuen Menschengruppen auf der Suche nach Arbeit, Italiener, Kroaten, Slowenen und vor allem nach der Wende Polen, Tschechen und Slowaken.

Im Süden der Stadt kamen Pfarreien des Bistums Eichstätt zur Nürnberger Kirche, beide Bistümer haben für die Stadt ein gemeinsames Sekretariat eingerichtet.

Fürth war bis zur Ausrottung der Juden ein großes jüdisches Zentrum. Der amerikanische Politikwissenschaftler Henry Kissinger, der zwischen 1969 und 1977 Sicherheitsberater des amerikanischen Präsidenten und Außenminister war, ist dort geboren. Auch Nürnberg hatte einen großen jüdischen Bevölkerungsanteil. Da die Nationalsozialisten Nürnberg zum Ort ihrer Parteitage machten, wurden die Juden schon bald nach 1933

Madonna in der Frauenkirche am Nürnberger Marktplatz

von dort vertrieben. Nicht zuletzt wegen dieses symbolischen Missbrauchs wurde die Stadt stark bombardiert.

Land der Kirchen und Wallfahrtsorte

Die Überlieferung berichtet, dass er im 8. Jahrhundert im Raum Nürnberg lebte und sich der Mission der Franken widmete. Über seinem Grab ist die große Sebalduskirche mit einem besonderen Grabaufbau errichtet. Die Kirche liegt, wenn man vom Bahnhof kommt, jenseits der Pegnitz in der Nähe der Burg.

Auf der bahnhofsnahen Seite der Altstadt liegt die mit Kunstwerken reich ausgestattete Lorenzkirche.

Während die Sebaldus- und die Lorenzkirche mit der Reformation protestantisch wurden, erhielten die Katholiken bereits 1816 die alte Marktkirche, die Maria geweihte Frauenkirche, mitten in der Stadt zurück.

In Gößweinstein in der Fränkischen Schweiz befindet sich in der Basilika ein spätgotisches Gnadenbild von der „freudenreichen Dreifaltigkeit im barockem Hochaltar. Gößweinstein ist der größte Dreifaltigkeitswallfahrtsort Deutschlands.

Vierzehnheiligen, eine der schönsten Barockbauten, hat in seiner Mitte einen Altar, der den 14 Nothelfern geweiht ist. Ausgangspunkt ist die unweit gelegene Zisterzienserabtei Landheim. Einem Schäfer des Klosters erschien 1445 das Jesuskind im Kreise anderer Kinder. Diese gaben sich als die Vierzehn Nothelfer zu erkennen und wünschten den Bau einer Kapelle. Wenig später wurde an dem Ort eine schwerkranke Magd geheilt. Vierzehnheiligen ist der meistbesuchte Wallfahrtsort des Erzbistums, ein großes Haus nimmt die Pilger auf. Kirche und Kloster wurden nach Plänen Bathasar Neumanns zwischen 1743 und 1777 erbaut. Unweit von Vierzehnheilgien kann auf dem Staffelberg noch ein altes keltisches Heiligtum besichtigt werden.

Vierzehnheiligen: In der Mitte steht der Altar mit der Darstellung der 14 Heiligen.

Bischof Johann Jakob von Hauck

Engeldarstellung am Seitenportal des Doms

Geschichte

1007 wird das Bistum aus Teilen der bereits bestehenden Diözesen Würzburg und Eichstätt gebildet und war wie Magdeburg nach Osten auf die Missionierung der Slawen hin ausgerichtet.

Erster Bischof war Eberhard.

Suitger, zweiter Bischof, geboren 1005, ab **1040** Bischof, von 1046-1047 Papst Clemens II., liegt im Bamberger Dom begraben.

Otto, **1102-1139** Bischof von Bamberg, 1189 heiliggesprochen. Er richtet Spitäler ein und gründet, auch über das Bistum hinaus, 27 Klöster.

In der **Reformation** treten von 190 Pfarreien 105 zur Reformation über.

Im **Barock** bleibt dem Fürstbischof als Landesherr das Gebiet zwischen Kronach und Forchheim mit etwa 20 000 Untertanen erhalten. Es entwickelt sich ein reiches katholisches Leben mit Wallfahrten, Abteien und einer großen Bautätigkeit.

Gegen Ende der Barockzeit erkannte Fürstbischof Franz Ludwig von Erthal, von 1779 bis 1795 Bischof, rechtzeitig die Zeichen der Zeit und entwickelte die karitativen Dienste des Bistums.

Säkularisierung: Im Zusammenhang mit den napoleonischen Kriegen wird 1802-1803 das Fürstbistum, d. h. die zum Bamberger Hochstift gehörenden Gebiete, aufgelöst und Bayern eingegliedert.

Neubeginn: Nach dem Wiener Kongress wird Bamberg 1818 als Erzbistum in seinen mittelalterliche Grenzen neu errichtet. Eichstätt, Speyer und Würzburg sind die Suffraganbistümer.

Bischöfe

■ **Eberhard**, der Kanzler Heinrichs II., wurde zum ersten Bischof von Bamberg geweiht.

■ **Suitger**, der zweite Bamberger Bischof, wurde 1046 zum Papst gewählt und nahm bei seiner Inthronisation den Namen Clemens II. an. Im Bamberger Dom wurde er auf eigenen Wunsch beigesetzt.

■ **Fürstbischof Franz Ludwig von Erthal** (1779-1795) reagierte auf die Herausforderungen der Aufklärungszeit. Der Barock war Geschichte. Er stellte sich deshalb nicht mehr als barocker Fürst dar, sondern als „Fürst für das Volk". Durch Gesetze wie durch Gründung von Armenkasse und Anfänge eines modernen Versicherungswesens ging er auf die Nöte der Menschen ein. 1789 errichtete er das „Allgemeine Krankenhaus" in Bamberg und baute eine Krankenkasse auf.

■ **Johann Jakob von Hauck** war von 1912 bis 1943 Bischof von Bamberg. Er richtete für die gewachsene Katholikenzahl neue Pfarreien ein, holte Orden ins Bistum, intensivierte die Caritas und die Priesterausbildung.

■ **Ludwig Schick**
Als der Fuldaer Weihbischof 2002 zum Erzbischof ernannt wurde, führte die Wirtschaftskrise zu einem großen Rückgang der Finanzen. Deshalb und wegen der zurückgehenden Zahl der Priester mussten wie in den anderen deutschen Diözesen die Pfarreien in größeren Seelsorgseinheiten zusammengeführt werden. Erzbischof Schick engagiert sich als Vorsitzender der entsprechenden bischöflichen Kommission für die Weltkirche. Zum Bistum Thiès im Senegal bestehen besonders enge Beziehungen.

Erzbischof Ludwig Schick

Bier und Karpfen

Wird in Unterfranken Wein getrunken, ist Oberfranken die Region mit der höchsten Brauereidichte. Die Konkurrenz führt zu einer entsprechend hohen Qualität, die den Oberfranken, die weggezogen sind, immer wieder zurückkommen lässt. Durchfährt man das Gebiet südlich von Bamberg und kommt in den Aischgrund, mehren sich die Karpfenteiche. Die Fische werden im Sommer gezüchtet und ab September in den Monaten mit einem „R" gebacken oder „blau" verzehrt.

Erzbistum Bamberg

Erzbistum Berlin

Katholiken in den politischen Spannungsfeldern

Die Bischofskirche des Erzbistums Berlin ist die St.-Hedwigs-Kathedrale. Die Verehrung dieser Heiligen haben die Schlesier mit nach Berlin gebracht. Sie kamen zuerst in kleiner Zahl, als Friedrich der Große Schlesien annektiert hatte. Das war 1742. Hedwig hatte, wie ihre Nichte Elisabeth, ein Herz für die Armen und wird seitdem wie die Mutter Schlesiens verehrt. Weil sie auch im heutigen Polen verehrt wird, konnte man schon in den 60er-Jahren mit ihrer Person die Versöhnung mit Polen verbinden. Zuerst waren es nur wenige Katholiken, mit der Industrialisierung kamen viele Katholiken aus Schlesien wie auch Ostpreußen und dem damals zu Preußen gehörenden Westpolen, nach dem Zweiten Weltkrieg waren es die Flüchtlinge, mit ihnen auch viele Priester, die aus den sog. Ostgebieten ausgewiesen worden waren.

War Berlin zu Zeiten der DDR noch abgeschnitten, erlebt es seit der Wende den Zuzug vieler Menschen. Aus 180 Nationen stammen allein die Katholiken. Orden finden in Berlin Menschen, die eine ausgeprägte Spiritualität suchen, Dominikaner, Jesuiten, Herz-Jesu-Priester und andere, neue geistliche Bewegungen wie charisma-

Hedwigskathedrale – die Bischofskirche des Erzbistums Berlin

Statue der hl. Hedwig und kostbares Kreuz aus der Hedwigskathedrale

tische Gruppen. Aber nicht nur katholische Gemeinden gibt es neben den protestantischen in Berlin, sondern viele orthodoxe Kirchen haben in Berlin eine Gemeinde, hinzu kommen andere Religionen. Berlin ist auch in anderer Hinsicht ein großes Experimentierfeld. Hier lassen sich Entwicklungen erkennen, die früher oder später auch Herausforderung und Chance für andere Bistümer werden

Preußen in Zeiten der religiösen Toleranz

Weil Preußen offen für andere Konfessionen war und der Westfälische Friede den Fürsten das Recht genommen hatte, die Konfession ihrer Untertanen zu bestimmen, wurde den Schlesiern und den anderen Katholiken kein Konfessionswechsel aufgezwungen. So konnte sich ein lebendiges katholisches Leben entfalten. 1821 kamen durch einen Vertrag mit dem Vatikan die Diasporagebiete Brandenburgs und Pommerns zum Erzbistum Breslau. Jedoch erst 100 Jahre später, nach dem Ende der Monarchie, konnte für das nördliche Brandenburg bis nach Pommern ein Bistum formell errichtet werden. Zuerst konnte ein Breslauer Weihbischof 1923 als Delegat mit Sitz in Berlin ernannt werden. 1930 stimmte der preußische Landtag der Errichtung eines Bistums zu. Der südliche Teil Brandenburgs und Teile der sächsischen Lausitz blieben bei Breslau. Daraus entwickelte sich das Bistum Görlitz.

Katholiken in der Hauptstadt

Mit den Kriegen Friedrichs des Großen wurde Preußen zu einer europäischen Macht. In ihrem Zentrum Berlin erlebten die Katholi-

In der Marienkirche in Bernau nördlich von Berlin sind mittelalterliche Kunstwerke erhalten: Krönung Mariens

ken hautnah die politischen Veränderungen und Krisen. Sie kamen in eine protestantisch geprägte Metropole. Es war aber nicht der Protestantismus lutherischer Prägung allein. Der Große Kurfürst, er regierte von 1640-1688, setzte auf die Kompetenz von Immigranten, um Brandenburg mit kargem Sandboden zu einem respektablen mitteleuropäischen Staat zu entwickeln. Er hat auf die allgemeine Schulbildung gesetzt und für die Verwaltung ein Ethos entwickelt. Für dieses Reform- und Entwicklungsprojekt hatte er sich in Holland bereits Anregungen geholt. Durch seine Frau, aus dem Haus Oranien, kamen holländische Handwerker und Künstler nach Berlin. Später holte er französischen Hugenotten ins Land, die Ludwig XIV. aus Frankreich vertrieben hatte. Sie brachten calvinistischen Arbeitseifer und eine gute Ausbildung mit. Bis heute ist Berlin eine Wissenschaftsstadt.

Katholiken im preußischen Abgeordnetenhaus und ab 1871 im Reichstag

War Preußen unter dem Großen Kurfürsten und Friedrich dem Großen noch durch religiöse Toleranz geprägt, auch gegenüber den Juden, änderte sich das mit dem aufkommenden Nationalismus. Zugleich forderten die Katholiken Beteiligung am politischen Geschehen. Mit der Einführung des Wahlrechts kamen katholische Politiker nach Berlin, zuerst in den preußischen Landtag und später, als das Kaiserreich unter Preußens Krone wiedererstand, in den Reichstag. Gerade wegen ihres gewachsenen Einflusses und weil sie wegen der Bindung an den Papst als nicht national genug galten, hörte die vorher geübte Toleranz auf. Gesetze, so der Kanzelparagraph, schränkten die Rechte der Katholiken ein, Orden wurden verboten. Aber die Katholiken wie ihre Partei hielten dem Druck stand. Der Kulturkampf schweißte die Katholiken zusammen, die Zentrumspartei wurde zwischen 1881 und 1912 zur stärksten Fraktion im Reichstag. In der Weimarer Republik war das Zentrum ein politisch stabilisierender Faktor.

Unter dem Hakenkreuz

In den Katholiken des Bistums Berlin fand der Nationalsozialismus entschiedene Gegner. Angefangen von Bischof v. Preysing über den Dompropst Lichtenberg bis zu Pfarrern, Verbandsvertretern und Jüdinnen im kirchlichen Dienst. Dabei ging es nicht

Der Reichstag in Berlin, heute Sitz des Deutschen Bundestages

nur um Euthanasie, sondern auch und gerade um die Juden, einen wichtigen Bevölkerungsteil der Hauptstadt. In einem Hirtenbrief von 1942 nahm Bischof v. Preysing unmissverständlich Stellung:

„Der Einzelne kann und darf nicht völlig aufgehen im Staate oder im Volke oder in der Rasse. Er, wer immer es sei, hat seine unsterbliche Seele, sein ewiges Schicksal."

Weiter heißt es:

„All die Ur-Rechte, die der Mensch hat, das Recht auf Leben, auf Unversehrtheit, auf Freiheit, auf Eigentum, auf eine Ehe, deren Bestand nicht von staatlicher Willkür abhängt, können und dürfen auch dem nicht abgesprochen werden, der nicht unseres Blutes ist oder nicht unsere Sprache spricht." Der Blutzoll war hoch, 30 Märtyrer werden gezählt.

Katholiken in der geteilten Stadt

Durch den Viermächtestatus wurde Berlin auf neue Weise Brennpunkt der deutschen Geschichte. Das Bistum konnte, anders als die Gebiete Erfurt und Magdeburg, von einem Bischof weiter geleitet werden, denn ob er im Westen oder im Osten wohnte, behielt er das Recht, in den jeweils anderen Stadtteil zu fahren. Allerdings war dem in Westberlin wohnenden Bischof Döpfner nur erlaubt, Gemeinden in Ostberlin zu besuchen, jedoch nicht die Pfarreien außerhalb Berlins. Als dann mit Kardinal Bengsch

Brandenburger Tor, lange Zeit Symbol der Teilung Deutschlands

Hedwigskathedrale

und seinen Nachfolgern Bürger der DDR zu Bischöfen ernannt wurden, konnten diese weiter die Gemeinden in Westberlin besuchen. Für Westberlin und den gesamten östlichen Teil des Bistums musste allerdings jeweils eine eigene Verwaltung aufgebaut werden.

Hedwigskathedrale

Die Bischofskirche liegt nicht in einem der vielen Berliner Stadtteile, sondern im Bezirk Mitte, unweit des Regierungsviertels, wenige Schritte von der zentralen Achse „Unter den Linden". Friedrich der Große gestattete den Katholiken den Bau einer Kirche. 1773 wurde die Hedwigskirche – Berlin war damals noch kein Bistum – eingeweiht. Die Kirche wurde in klassizistischem Stil gebaut. Seit 1930, als das Bistum gegründet wurde, ist sie Kathedrale.

Die Caritas als Klammer

Schon vor dem Krieg hatte der Deutsche Caritasverband in Berlin ein Büro, das in der Zeit der DDR die Hilfe für die Gemeinden, Kindergärten, Heime und Krankenhäuser im kommunistischen Teil Deutschlands organsierte und, oft mit Hilfe ausländischer Gesandter, Gerätschaften über die Sektorengrenze bringen konnte, nicht nur für den Ostteil des Bistums, sondern für die kirchlichen Einrichtungen in der DDR. Auch waren die neun katholischen Krankenhäuser in Ostberlin und der DDR mit Ultraschallgeräten ausgerüstet. Das hatte sich auch bei Parteimitgliedern herumgesprochen, die ihre Frauen nicht selten zur Entbindung in ein katholisches Haus brachten.

Berlin – Religionsunterricht vor allem in kirchlichen Schulen

Da für Berlin nicht der Artikel des Grundgesetzes gilt, der den Religionsunterricht festlegt, sondern ein bereits 1948 verabschiedetes Schulgesetz, ist es Sache der Religionsgemeinschaften, den Unterricht durchzuführen. Zu den Anbietern zählt auch der Humanistische Verband. Nicht einmal die Hälfte der Berliner Schüler und Schülerinnen nehmen an dem Religionsunterricht teil. Das Bistum hat früh auf eigene Schulen gesetzt, es gibt allein 13 Grundschulen und sieben Gymnasien. In Ostberlin konnte die Theresienschule als Oberschule während der kommunistischen Zeit durchgehalten werden.
Berlin ist keine christlich geprägte Stadt. Sie setzt heute, wie in den Goldenen Zwanziger Jahren, auf Kultur. Zudem ist Berlin nicht mehr Arbeiterstadt wie zwischen 1850 und 1950. Denn die großen Unternehmen, ob

Siemens und die damals noch existierende AEG, hatten ihren Sitz in die Bundesrepublik verlegt. In diesem kulturellen Umfeld müssen die Katholiken neu ihre Position bestimmen. Eine Katholische Akademie, Offenheit für die Gegenwartskunst, zusammen mit dem sozialen Engagement finden eine neue Form. In der Stadt mischen sich viele Kulturen, Ausländer, so die Angehörigen der Botschaften, Immigranten, die sich oft illegal in der Region aufhalten, viele Katholiken, die aus der alten Bundesrepublik zugezogen sind, machen eine neue katholische Synthese notwendig.

Canisiuskirche

Ein herausragendes Beispiel neuer Architektur ist die Canisiuskirche im Berliner Stadtteil Charlottenburg, einer der interessantesten neuen Kirchräume.

STATISTISCHE DATEN

Erzbistum Berlin

Fläche: 31 200 km^2
Einwohner: 5 806 310
Katholiken: ca. 401 558 (das entspricht 6,9 % der Gesamtbevölkerung)
Dekanate: 17
Pfarreien: 103
Diözesanpriester: 297
Ordenspriester: 120
Ständige Diakone: 32
Katholiken je Priester: 963
Ordensbrüder: 142
Ordensschwestern: 543
Mitarbeiter in Schule, Hochschule und Religionsunterricht: 1 286
Mitarbeiter in Kirchengemeinden: 438
Krankenhäuser: 12
Kindertagesstätten: 76
Schulen: 13 Grundschulen, 3 Haupt- und Realschulen, 7 Gymnasien, 1 Hochschule, 4 sonstige Schulen

Carl Sonnenschein

Dompropst Bernhard Lichtenberg

Konrad Kardinal von Preysing

Geschichte

Mit der Missionierung der Grenzmark Brandenburg und Pommerns wurden Pfarreien eingerichtet und Kirchen. Die Zisterzienserinnen gründeten zwölf Abteien, die Zisterzienser acht Abteien in der Mark.

Bistum war neben Brandenburg das an der Mündung der Havel in die Elbe gelegene Havelberg. Beide waren **948** von Otto I. gegründet worden, nach dem Slawenaufstand **983** gingen sie wieder unter. Norbert von Xanten als Erzbischof von Magdeburg, dem die beiden Bistümer zugeordnet waren, weihte für Havelberg **1129** wieder einen Bischof. Brandenburg hatte bei Beginn der Reformation 283 Pfarreien. Die Bischöfe sympathisierten mit der Reformation, **1571** kamen beide Bistümer endgültig zum Kürfürstentum Brandenburg, die Domkapitel existierten weiter.

Das Bistum Lebus-Fürstenwalde lag an der Oder. Ursprünglich vom polnischen Herzog Boleslaw II. **1125** gegründet, geriet es unter die Herrschaft Brandenburgs. **1385** wurde wegen der Zerstörung von Lebus der Sitz des Bistums nach Fürstenwalde an der Spree verlegt. Es wurde im Verlauf der Reformation aufgelöst. Das Gebiet fiel an Brandenburg.

Pommern, auch das heutige Vorpommern, gehörte zum Bistum Cammin. Der damalige Bischof trat **1545** zur Reformation über.

Die wenigen versprengt lebenden Katholiken wurden seit **1667** durch das sog. Apostolische Vikariat des Nordens so gut es ging betreut.

1821, als mehr Katholiken nach Berlin und in das Braunkohlegebiet bei Cottbus gekommen waren, kam es zu einer Vereinbarung, dass die Gemeinden dem Erzbistum Breslau zugeordnet wurden. Dieses schickte Priester und baute Kirchen.

1923 konnte ein Breslauer Weihbischof in Berlin wohnen.

1930 kam es zur Gründung des Bistums Berlin. Erster Bischof wurde Christian Schreiber, vorher erster Bischof von Meißen mit Sitz in Bautzen. Etwa 530 000 Katholiken finden in 153 Kirchengemeinden religiöse Heimat.

1945 mit der Oder-Neiße-Grenze kommt das sog. Hinterpommern zu Polen.

1952 erster Katholikentag, der in Berlin stattfindet.

1958 Katholikentag, Katholiken der DDR können teilnehmen, da in Berlin die Grenze noch offen ist.

1961 wird durch den Bau der Mauer die Stadt endgültig geteilt. Auch Westberliner können nicht mehr in den Osten, jedoch Bürger der Bundesrepublik.

1980 Katholikentag

1990 Katholikentag der Wiedervereinigung, für die Bürger der noch existierenden DDR zugänglich.

Mit der Verlegung des Regierungssitzes nach Berlin – Hauptstadt war es immer geblieben – kamen viele Katholiken.

1994 Berlin wird Erzbistum, die ihm zugeordneten Suffraganbistümer sind Dresden-Meißen und Görlitz.

2003 erster Ökumenischer Kirchentag.

2011 Papst Benedikt XVI. spricht im Bundestag.

Prägende Gestalten des Berliner Katholizismus

■ **Carl Sonnenschein**

Er kam als katholischer Priester aus dem Rheinland, Volkbildner und Anwalt der Arbeiter und Studenten. 1919 kam er nach Berlin und stand sowohl Studenten wie Arbeitern in den Notzeiten der Inflation bei. Auch die Italiener, die als „Fremdarbeiter" nach Deutschland gekommen waren, fanden bei ihm Unterstützung. Zudem war er publizistisch tätig und gab mehrere Zeitschriften heraus. Bei der Arbeiterschaft

Berlins wie auch bei den Studenten genoss er hohes Ansehen. Seine Philosophie: „Nicht nörgeln! Nicht abseits stehen! Nicht beleidigt sein! Zufassen! Unser Land aus Wirrnis und Not herausführen! Die christliche Kultur des Landes schützen, pflanzen entfalten! Der Demut solcher Arbeit gehört der Segen Gottes." Er starb 1929

■ **Dompropst Bernhard Lichtenberg**
Er war Leiter des von Bischof Preysing eingerichteten kirchlichen Hilfswerkes, das vor allem Juden zur Ausreise verhalf und sie versorgte. Er betete öffentlich für sie und nahm gegen die Rassengesetze Stellung. Im Oktober 1941 wurde er verhaftet. Er wurde wegen „Kanzelmissbrauchs" und Verstoßes gegen das „Heimtückegesetz" zu einer Gefängnisstrafe verurteilt. Nach deren Beendigung wurde er ins KZ Dachau gebracht. Auf dem Weg dorthin starb er im November 1943 in Hof. 1996 hat Papst Johannes Paul II. ihn bei einer Messe im Berliner Olympiastadion seliggesprochen, zusammen mit dem im KZ Dachau zum Priester geweihten Karl Leisner

■ **Der „Mauersegler", Prälat Johannes Zinke**
Der Organisator der Caritas wurde der Breslauer Priester Johannes Zinke. Den wohlwollenden Spitznamen Mauersegler erhielt er, weil er nach dem Mauerbau 1961 zwischen Ost- und Westberlin pendeln konnte. Er blieb bewusst in einem Krankenhaus in Westberlin wohnen und kehrte jeden Abend von seinem Ostberliner Büro dorthin zurück. Er war für das Erzbistum Breslau seit 1938 Caritasdirektor, wurde 1945 in den bei Deutschland verbleibenden Teil der Diözese nach Cottbus ausgewiesen und kam 1946 nach Berlin. Dort war er in dem Büro des Deutschen Caritasverbandes tätig, baute in Ostberlin ein weiteres Büro auf. Er hatte das Organisationstalent, das für diese Zeit gebraucht wurde. Er konnte wesentlich zum Wiederaufbau kirchlicher Einrichtungen im kommunistischen Teil Deutschlands beitragen. Zugleich verhandelte er mit den Stellen der DDR über Einfuhrgenehmigungen und Ausreiseanträge von DDR-Bürgern. Diese vielen Aufgaben erfüllte er bis zu seinem Tod 1968.

■ **Konrad Kardinal von Preysing**
Er war kurze Zeit Bischof von Eichstätt, 1935 wurde er nach Berlin gerufen. Er gehörte zu den Bischöfen, die einen weltanschaulichen Ausgleich mit dem Nationalsozialismus für unmöglich einschätzten. Entschieden nahm er gegen Euthanasie- und Rassengesetze Stellung. Nach dem Krieg war er ein ebenso entschiedener Gegner des Kommunismus. 1946 erhielt er die Kardinalswürde. Er starb 1950.

■ **Julius August Kardinal Döpfner**
Der junge Würzburger Bischof wurde 1957 nach Berlin gerufen und kurz vor dem Mauerbau 1961 zum Erzbischof von München ernannt.

■ **Alfred Kardinal Bengsch** war bereits 1959 Weihbischof und folgte Kardinal Döpfner 1961. Er war in Berlin geboren, wohnte im Ostteil der Stadt. Daher konnte er die Gemeinden in Brandenburg und Vorpommern besuchen und hatte zugleich die Möglichkeit, nach Westberlin zu fahren.

■ **Joachim Kardinal Meisner**, vorher Weihbischof in Erfurt, ist von 1980 bis 1989 Berliner Bischof, bevor nach Köln berufen wird.

■ **Georg Maximilian Kardinal Sterzinsky**, vorher Generalvikar in Erfurt, wird nach dem Wechsel von Kardinal Meisner nach Köln noch kurz vor der Wende 1989 Berliner Bischof. Auch er hat wie seine beiden Vorgänger seinen Wohnsitz in Ostberlin. Er hat die Neuausrichtung des Bistums zu bewältigen. Seine besondere Sorge galt den Immigranten und überhaupt der Arbeit der Caritas. Er leitet die Familien-Kommission der Deutschen Bischofskonferenz. Er starb 2010.

■ **Rainer Maria Kardinal Woelki**
Er war Regens und dann ab 2003 Weihbischof in Köln. 2011 wird er Nachfolger von Kardinal Sterzinsky. Er muss die Neuorganisation des Erzbistums bei zurückgehenden Priester- und auch Gläubigenzahlen durchführen. Im Juli 2014 wird er zum Erzbischof von Köln ernannt.

Alfred Kardinal Bengsch

Georg Maximilian Kardinal Sterzinsky

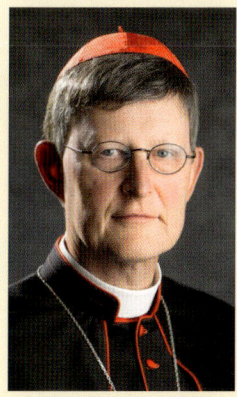

Rainer Maria Kardinal Woelki

Bistum Dresden-Meißen

Katholischer Aufbruch im Kernland der Reformation

Wenn man von der Neustädter Seite der Elbe auf die Kuppel der Frauenkirche, die Semper-Oper, das Schloss, die Brühlsche Terrasse blickt, steht in der Mitte die Hofkirche, schräg gegen den Fluss gesetzt. Das heißt aber nicht, dass Dresden bloß ein barockes Museum ist, sondern die Bevölkerung lebt die Kultur der Stadt, die Oper kann mit den großen Häusern der Welt mithalten, die Kirchenmusik wird gepflegt, es gibt eine Fülle von Veranstaltungen. Mit der Technischen Universität zieht die Stadt viele junge Leute an. Die Hofkirche hat ihre musikalische Tradition, zu der u. a. zwei Messen Karl Maria von Webers gehören, durchgehalten und war Ort großer Fernsehübertragungen, so zum 50. Jahrestag des verheerenden Bombenangriffs vom 13. Februar 1945.

Warum der Barock, der ja in Deutschland für das katholische Lebensgefühl steht, das Stadtbild von Dresden geprägt hat, hängt mit einem Mann zusammen, der mit einem goldenen Standbild verewigt ist. Der sächsische Kurfürst und spätere polnische König, August der Starke genannt, blickt nach Westen, nach dem Versailles Ludwigs XIV., dem die vielen deutschen Fürsten es gleichtun wollten. Um zum polnischen König gewählt werden zu können, war er 1697 katholisch geworden. An seinen Hof kamen einige Jesuiten, aber Ordensniederlassungen setzte er nicht gegen die sächsischen Stände durch.

Die Katholiken blieben im Königreich eine kleine Minderheit, mehr als die heutigen 3,5 % der Bevölkerung waren es seit der Re-

Blick auf Dresden – das barocke „Elb-Florenz"

Der goldene Reiter – August der Starke, Kurfürst von Sachsen und König von Polen

formation selten. Sie stehen jedoch nicht am Rande, sondern gestalten seit der Wende das politische Leben entscheidend mit.
Mit der Industrialisierung, die in Sachsen schon früher als im Ruhrgebiet einsetzte, kamen Katholiken nach Dresden, Zwickau, Chemnitz und Leipzig, die meisten aus Schlesien. Mit den Vertreibungen infolge des Zweiten Weltkrieges kamen neben Schlesiern, Ostpreußen auch Sudetendeutsche. Aus den Familien der Vertriebenen gingen viele Priester hervor.

Synode und Katholikentreffen

Da Berlin die Bühne für den DDR-Kommunismus abgab, machten die Katholiken Dresden zum Ort ihrer Treffen. Eine gemeinsame Synode mit den westdeutschen Bistümern zur Umsetzung der Dekrete des II. Vatikanischen Konzils war deshalb nicht möglich, weil die DDR-Regierung Laien keine Reise in den Westen erlaubte. Während die Synode der westdeutschen Bistümer in Würzburg tagte, versammelten sich Bischöfe, Priester und Laien in der Hofkirche in Dresden zwischen 1973 und 1975 zu insgesamt sieben Plenarversammlungen.
Einen Katholikentag konnten die Bischöfe der damaligen DDR erst 1987 durchsetzen und mussten dafür die Bezeichnung „Katholikentreffen" wählen. Wesentlich einfacher war es, 1994 zu einem Katholikentag nach Dresden einzuladen.

Sachsen, Land der Wende

In Leipzig und Dresden und anderen Städten waren es die Montagsgebete oder andere Gottesdienste, von denen aus die Menschen auf die Straße gingen, um Reformen einzufordern. Die DDR hatte sich als nicht überlebensfähig erwiesen und versprach keine Zukunft. Diese erhofften sich die Menschen durch die Vereinigung mit dem Westen und die Übernahme der Marktwirtschaft. Von den Neuen Bundesländern ist das Sachsen am besten gelungen und das, ohne einen Berg von Schulden mitzuschleppen. Trotz ihrer geringen Zahl waren viele Katholiken als Ministerpräsidenten, Minister, in führender Stellung beim Mitteldeutschen Rundfunk, an den Universitäten, als Bürgermeister an dem Neuanfang beteiligt.

Die Region zieht Fachleute wie Studenten aus dem Westen an

Da Sachsen mit seinen Zentren Dresden, Leipzig, Chemnitz eine der prosperierenden Regionen der Bundesrepublik geworden ist, kommen nicht wenige Katholiken aus dem Westen, die hier lebendige katholische Gemeinden vorfinden. Auch haben die renommierten Universitäten viele katholische Studierende aus West und Ost angezogen. Die Sachsen sind wohl von allen Neuen Bundesländern am meisten mit ihrer Situation zufrieden. Ein gutes Schulsystem, eine funktionierende Infrastruktur, neue Industrien, Orchester, Opernhäuser und Theater, eine Buchmesse, die die ganze Stadt Leipzig zu einem Lesesaal macht – sie haben sehr viel erreicht.
Aber obwohl die Wende mit kleinen Gebetsgruppen in den Kirchen begann, über-

Das Altarbild der Hofkirche, der Dresdner Bischofskirche, zeigt die Himmelfahrt Jesu.

Katholikentreffen 1987

Bistum Dresden-Meißen 75

Der Künstler Friedrich Press hat in einer Seitenkapelle der Hofkirche eine Pieta aus Meißner Porzellan gestaltet. Die Kapelle gilt den Opfern des Nationalsozialismus und des Krieges.

Mit vielen Gottesdiensten in der Hofkirche und den anderen Kirchen zeigen die Katholiken Präsenz, weiter durch die Akademie, die nicht nur in Dresden, sondern auch in Leipzig, Chemnitz und Freiberg Interesse weckt. Katholisch-Sein braucht gerade in einem solchen Umfeld das Bewusstsein wie die konkrete Erfahrung, zu einer Weltkirche zu gehören. Und man „bleibt dabei". Die sächsische Ausprägung des Katholizismus ist nüchtern, lässt sich von Zeitströmungen wenig beeindrucken und bewahrt eine ausgeglichene Gefühlslage, geprägt durch das Bewusstsein, dass die politischen Systeme kommen und auch wieder gehen.

Die Bistumsstadt Meißen

Vom Westen war das Christentum in das von Slawen bewohnte Gebiet gekommen. Bereits 968 wurde das Bistum Meißen gegründet. Es blieben aber nur kleine Siedlungen. Es waren dann mehrheitlich Sachsen, die dem Ruf Heinrichs des Löwen, Herzog zwischen 1142 und 1180, folgten. Die meisten sind in Niedersachsen und in Westfalen geblieben. Jedoch diejenigen, die nicht Knecht oder Magd auf dem Hof des Bruders werden wollten, brachen nach Osten auf. Dieser Pioniergeist ist dem Land erhalten geblieben. Sachsen startete die Industrialisierung noch vor dem Ruhrgebiet. Es gehört mit seinen PISA-Resultaten, den Universitäten und Hochschulen sowie mit seinen jungen Industrien zur Spitzengruppe der Bundesrepublik.

zeugte Christen politische Verantwortung übernahmen, bleiben die Christen mit insgesamt 20 % eine Minderheit in einem Umfeld, das sich gegen religiöse Impulse abschirmt. Die 80 % der Sachsen lehnen die religiöse Kultur nicht ab, sie legen sogar Wert auf die Erhaltung der Kirchengebäude und haben bisher nur katholische Ministerpräsidenten gewählt. Den Kirchen werden alle notwendigen Freiheiten eingeräumt, die Vertreter der Kirchen genießen Achtung und werden zu Veranstaltungen eingeladen. Religiös zu sein ist, anders als im Nationalsozialismus und Kommunismus, kein Karrierehindernis. Aber „man" bleibt lieber auf Distanz.

Als die sächsischen Ritter begannen, den fast leeren Raum östlich der Elbe unter den Pflug zu nehmen, bauten sie Burgen und für die Entwicklung der Dörfer Kirchen. Meißen eignete sich für den Bau einer Burg,

Sorbische Druschki – 2011 bei der Seligsprechung Alojs Andritzkis

weil ein Felsen direkt neben der Elbe ein tragfähiges Fundament abgab. Bereits unter Heinrich I., dem ersten König aus dem sächsischen Herzogshaus, wurde 929 mit dem Bau einer Burg begonnen. Unter seinem Sohn Otto I. kam es zur Gründung eines Bistums. Neben dem Dom wurde eine Kirche gebaut, der heutige gotische Bau wurde 1260 begonnen.

Mit den Orden, zuerst mit den Zisterziensern und dann mit den Franziskanern, kam es im 12. und 13. Jahrhundert – 72 Klostergründungen sind dokumentiert – zur Christianisierung der Region.

Die Lausitz, der östliche Teil Sachsens mit dem kirchlichen Zentrum Bautzen

Sachsen mit seinen großen Städten prägt nach außen das Bild des Freistaates, es gibt aber noch eine andere Region, die sich nicht ganz dem Umschwung der Reformation angeschlossen hatte. Folgt man dem Lauf der Spree bis Zittau im Süden, reist man durch ein Gebiet, das zur Zeit der Reformation zu Böhmen gehörte. Hier gibt es zwei Abteien, Marienthal an der Neiße und Marienstern im sorbischen Gebiet, in denen durchgehend seit dem 13. Jahrhundert Zisterzienserinnen beten und arbeiten. In Bautzen wird der Dom von beiden Konfessionen genutzt. Das zeigt, dass die Reformation auch in der Lausitz Zuspruch fand, jedoch konnte ein kluger Kirchenmann, Johann Leisentritt, das Überleben einiger katholischer Gemeinden erreichen. In Bautzen blieb eine kirchliche Verwaltung bestehen, sie wurde direkt dem Vatikan unterstellt. So war es möglich, Weihbischöfe für das Gebiet zu ernennen. Als der Wiener Kongress Europa neu ordnete, kam der größere Teil der Lausitz zu Sachsen. Dadurch wehte der Wind wieder härter, denn der sächsische Landtag wollte eine Entwicklung der katholischen Konfession unterbinden. So blieb die Neugründung von Ordensniederlassungen bis zum Ende des Ersten Weltkrieges verboten. Das Bautzener Provisorium konnte erst 1921 in ein reguläres Bistum überführt werden. Als solches blieb es auch in der Zeit der kommunistischen Herrschaft erhalten. Es konnten für die Flüchtlingsgemeinden neue, wenn auch sehr bescheidene Kirchen gebaut werden. Heute liegt die Lausitz zu sehr am Rande. Da kaum neue Industrien angesiedelt werden, ziehen viele, vor allem die Jüngeren, weg.

Das sorbische Gebiet

Zur Lausitz gehören etwa 40 000 deutsche Staatsbürger, die slawische Wurzeln haben und sich selbst Sorben oder Wenden nennen. Die 10 000 Katholiken unter ihnen gruppieren sich um eine Zisterzienserinnenabtei, Mariastern, in der seit 1248 Ordensfrauen ununterbrochen das Stun-

Bistum Dresden-Meißen

STATISTISCHE DATEN

Bistum Dresden-Meißen:
140 000 Katholiken, die Zahl wächst,
etwa 3,5 % der Bevölkerung;
etwa 750 000 Protestanten,
Gesamtbevölkerung des Gebietes
liegt bei 4,3 Millionen
9 Dekanate mit Pfarreien und Vikarien

Schulen:
St.-Benno-Gymnasium Dresden
Peter-Breuer-Gymnasium Zwickau
Bischöfliches Maria-Montessori-Schulzentrum Leipzig
mit Grundschule, Oberschule, Gymnasium und Hort
Maria-Montessori-Grundschule Bautzen
25 Kindergärten
3 Krankenhäuser

Die Wallfahrtskirche Ralbitz-Rosenthal

dengebet pflegen. Die Äbtissin war früher Landesherrin. Denn der Gründer, die Herren von Vesta, statteten die Abtei mit 52 Dörfern und zwei kleinen Städten aus. Nach der Reformation blieb die Äbtissin Landesherrin. Das Regiment der Ordensfrauen entsprach bereits den Prinzipien der katholischen Soziallehre. Sie gaben denjenigen, die die Felder des Klosters bestellten, Land, das diese selbst bewirtschaften konnten. Nicht zuletzt deshalb blieben die 20 Dörfer im Umkreis der Abtei katholisch. Dort wird nicht nur weiter die sorbische Sprache gesprochen, die Menschen sind auch fleißige Kirchgänger. Der Wallfahrtsort des Bistums, Ralbitz-Rosenthal, liegt unweit der Abtei.

Von ihrer Sprache und Kultur her sind die Sorben den Tschechen sehr nahe. So gab es für den sorbischen Priesternachwuchs in Prag ein Haus, von dem aus sie die Vorlesungen der dortigen theologischen Fakultät besuchten.

Leipzig

Die ehemalige Universitätskirche wurde wie andere mittelalterliche Bauten auf dem Gebiet der ehemaligen DDR auf Betreiben Walter Ulbrichts am 30. Mai 1968 gesprengt. Sie war einst die Kirche des Dominikanerordens innerhalb des Komplexes der 1409 gegründeten Universität. Mit der Reformation wurde die Kirche sowohl Gottesdienst- wie Versammlungsraum. Die Sprengung der Kirche ist mit einem über die Grenzen Leipzigs bekannt gewordenen Protest verbunden. Physikstudenten ließen, durch eine Uhr gesteuert, bereits am 20. Juni des gleichen Jahres während des Bachwettbewerbs ein Transparent entrollen, auf dem der Wiederaufbau der Kirche gefordert wurde. Das dauerte dann bis 2010.

Für die größer werdende Innenstadtgemeinde St. Trinitatis ist eine neue Kirche notwendig geworden. Sie liegt in der Innenstadt gegenüber dem Neuen Rathaus.

Religiöse Zentren

Der Wallfahrtsort des Bistums ist *Maria Rosenthal* im sorbischen Gebiet. Das Gnadenbild Unserer Lieben Frau von Rosenthal ist Ziel vieler Wallfahrer.

Hoheneichen – unweit des Schlosses Pillnitz: Ein wichtiger Ort der Spiritualität, gerade während der kommunistischen Zeit, ist das Exerzitienhaus Hoheneichen. Es war den Jesuiten 1921 von einer sächsischen Prin-

Zisterzienserinnenabtei St. Marienthal (l.) und St. Marienstern (r.)

Kapelle des Klosters der Nazarethschwestern

zessin geschenkt worden und wurde, gerade während Nationalsozialismus und Kommunismus, für viele eine geistliche Heimat.

St. Marienthal, 1234 gegründet, liegt an der Lausitzer Neiße. 1992 gründeten die Schwestern eine Internationales Begegnungszentrum im Dreiländereck Polen, Tschechien und Deutschland.

St. Marienstern wurde 1248 gegründet und ist seitdem ununterbrochen eine Zisterzienserinnenabtei, die sich behinderten Mädchen widmet. 1998 fand hier die erste Sächsische Landesausstellung statt.

Im *Kloster Wechselburg* betreiben Benediktiner von Ettal eine Jugendbegegnungsstätte

Nazarethschwestern

Augustina Kaufmann hatte sich als junge Ordensfrau in Koblenz mit Altersgenossinnen nach dem Ersten Weltkrieg der Fürsorge gewidmet. Als Priester des neu gegründeten Bistums Meißen im Rheinland Spenden sammelten, fasste sie 1923 den Entschluss, selbst nach Dresden zu gehen. Mit Unterstützung des Bischofs Christian Schreiber gründete sie dort die „Nazarethschwestern des hl. Franziskus", die sich vor allem der Familienfürsorge widmeten und heute ein Altersheim betreiben. Diese Frauen sind aus der Geschichte des Bistums nicht wegzudenken. Sie halfen, Inflationszeit, Weltwirtschaftskrise, Nationalsozialismus, Bombenkrieg und die kommunistische Zeit zu überstehen. Sr. Augustina wurde von russischen Soldaten im Mai 1945 erschossen.

Geschichte

968: Gründung unter Otto I., erster Bischof wird Burchard.
1066-1106: Bischof Benno gelingt eine nachhaltige Missionierung.
11.-12. Jahrhundert: Franziskaner und Zisterzienser gründen Klöster.
1539: Einführung der Reformation in Sachsen.
1559 wird das Bistum Meißen protestantisch. In der Lausitz bleiben katholische Gemeinden sowie die Zisterzienserinnenabteien erhalten.
1560: Johann Leisentritt wird als Diözesanadministrator für die Lausitzer Gebiete mit Sitz in Bautzen eingesetzt.
1567 wird das Lausitzer Gebiet mit Bautzen als Zentrum als Apostolische Präfektur Meißen eingerichtet. Johann Leisentritt wird Präfekt.
1635 fällt die Lausitz an Sachsen, die katholischen Gottesdienste können weiter stattfinden.
1648 mit dem Westfälischen Frieden werden die Bewohner nicht mehr gezwungen, die Konfession des Landesherrn zu übernehmen.
1921: Wiedererrichtung des Bistums, Bautzen wird Bischofssitz, erster Bischof wird Christian Schneider, der 1929 als Gründungsbischof nach Berlin gerufen wird.
1945: Durch die Flüchtlinge verdoppelt sich die Katholikenzahl
1969-1971: Diözesansynode zur Umsetzung der Konzilsbeschlüsse, von Bischof Spülbeck einberufen, der 1970 verstarb.
1980 verlegt Bischof Schaffran den Sitz des Bistums nach Dresden. Bischofskirche, Kathedrale, wird neben dem Dom St. Petri in Bautzen die Dresdener Hofkirche.
1973 bis 1975: Synode.
1987: Katholikentreffen.
1994: Katholikentag.

Benno von Meißen

Alojs Andritzki

Persönlichkeiten des Bistums

■ Benno von Meißen

Die Missionierungsversuche stießen bei den Sorben anfangs auf erhebliche Ablehnung. 983 kam es zu einem großen Aufstand der Slawen. Erst hundert Jahre nach Gründung des Bistums kann Bischof Benno in seiner vierzigjährigen Amtszeit 1066-1106 als Missionar der Slawen erste Missionserfolge erzielen, christianisiert wurde das heutige Sachsen aber erst im 13. Jahrhundert. Benno wurde heiliggesprochen. Als die Reformation dazu führte, dass u. a. die Reliquien, wie die der Elisabeth von Thüringen, weggeworfen wurden, brachte man die sterblichen Überreste des Bistumspatrons nach München in die Frauenkirche. Deshalb wird dieser Bischof auch in Bayern verehrt.

■ Johann Leisentritt

Er wurde 1527 in Olmütz geboren und starb 1586 in Bautzen. Er war in der Reformationszeit Dompropst in Bautzen. Durch kluges Vorgehen konnte er den dortigen Dom für die Katholiken erhalten, weil er den Protestanten ebenfalls die Nutzung zugestand. Reste katholischer Gemeinden blieben in der Lausitz bestehen. Weil das deutschsprachige Kirchenlied durch die Reformatoren sehr an Popularität gewann, stellte er 1567 ein Gesangbuch zusammen.

■ Alojs Andritzki

Als ein sorbischer Priester war er 1939 geweiht worden. Als Jugendseelsorger in Dresden wandte er sich entschieden gegen die Rassenlehre. Die Sorben hatten unter dem Nationalsozialismus besonders zu leiden. 1941 wurde er in das KZ Dachau verbracht, wo im sog. Priesterblock polnische, deutsche und Priester anderer Länder inhaftiert waren. 1943 wurde er, an Typhus erkrankt, durch eine Giftspritze hingerichtet. Am 13. Juni 2011 wurde er mit einem Gottesdienst in der Dresdener Hofkirche zum Seligen erhoben, sein Gedenktag ist der 3. Februar

■ Bischof Christian Schreiber
war ein Fuldaer Priester, er wurde erster Bischof der 1921 wieder errichteten Diözese. Trotz

Bischof Gerhard Schaffran und Bischof Joachim Reinelt (v.L.)

großer finanzieller Schwierigkeiten konnten Kirchen und Kapellen eingeweiht, in Schmochtitz, in der Nähe von Bautzen, ein Priesterseminar eingerichtet und soziale Werke auf den Weg gebracht werden.

1929 wurde Schreiber als erster Bischof nach Berlin gerufen, 1933 starb er dort.

■ **Bischof Otto Spülbeck** war Aachener. Von 1958 bis zu seinem Tod 1970 war er Bischof. Er hatte vor seiner Ausbildung zum Priester bereits Naturwissenschaften studiert. Er trat bewusst 1929 in das Priesterseminar Schmochtitz ein. Als Propst von Leipzig setzte er sich für die Flüchtlinge ein. Er war einer der Wegbereiter der Liturgiereform des II. Vatikanischen Konzils. Seine Kenntnisse als Naturwissenschaftler setzte er in Vorträgen und Publikationen ein, um aufzuzeigen, dass der Gottesglaube nicht durch die Naturwissenschaften überholt wird. Über die Situation der Kirche sagte er 1955: „Wir leben in einem Haus, dessen Grundfesten wir nicht gebaut haben, dessen tragende Fundamente wir sogar für falsch halten. Dieses Haus bleibt uns ein fremdes Haus."

■ **Gerhard Schaffran**

war von 1970-1987 Bischof. Gestorben ist er 1996. Vorher war er als Weihbischof für das bischöfliche Amt Görlitz zuständig. Er verlegte den Bischofssitz von Bautzen nach Dresden, seitdem heißt das Bistum „Dresden-Meißen". Er war Gastgeber der Synode der Bistümer und Jurisdiktionsbezirke der DDR, der „Dresdener Synode" von 1973-1975. Im Jahr 1987 richtete er das Katholikentreffen in Dresden aus.

■ **Bischof Joachim Reinelt**

Er war zwischen 1988 und 2011 Bischof. Seine Aufgabe bestand darin, die Diözese aus der Situation der DDR-Zeit in ein vom Aufbruchsgeist bestimmtes Sachsen nach der Wende zu führen. Er hat die Diözese für die Menschen geöffnet, die aus der Bundesrepublik an die Universitäten und die neuen Firmen des Landes kamen. In Dresden, Zwickau, Leipzig und in Bautzen gründete er Gymnasien und Schulen. Sein Schwerpunkt war die Caritas. Dort hatte er selbst Erfahrungen gesammelt. Er leitete die entsprechende Kommission der Bischofskonferenz.

■ **Bischof Heiner Koch**

Wie der Aachener Spülbeck kommt der Nachfolger von Bischof Reinelt aus dem Rheinland. Er leitete das Sekretariat des Weltjugendtages, den das Erzbistum Köln 2005 ausgerichtet hatte, und war dort seit 2006 Weihbischof. 2013 wurde er in Dresden als Bischof eingeführt.

Bischof Heiner Koch

Bistum Dresden-Meißen

Bistum Eichstätt

Eichstätt – mitten in Bayern

Schon Bonifatius hat das Bistum gegründet. Erster Bischof wurde sein Schüler Willibald, den er 741 zum Bischof weihte. Bereits am Beginn versammelte Eichstätt die drei Stämme, nämlich die Franken, die Bayern und die Schwaben, die mehr als 1000 Jahre später nach den napoleonischen Kriegen tatsächlich in dem neuen Königreich Bayern zusammengeführt wurden.

Kein anderes Bistum hat die Kraft gehabt, aus einer theologischen Fakultät und einer pädagogischen Hochschule eine Universität aufzubauen.

Die tiefen geschichtlichen Wurzeln des Bistums haben zu einem weiteren Ergebnis geführt – der Orientierung an einer Schöpfungsspiritualität, die den Impuls der Ökologie aufgreift und weit in die Zukunft gerichtet ist:

„Schöpfungsspiritualität und Umwelt bewahren aus christlicher Verantwortung ist seit vielen Jahren Bestandteil pastoralen Handelns im Bistum Eichstätt, da die ökologischen Herausforderungen der Gegenwart angesichts der Brisanz für die Zukunft keineswegs allein der Tagespolitik überlassen werden dürfen", so Bischof Gregor Maria Hanke.

Beispiel dafür ist die bereits 2009 eingeweihte erste klimaneutrale Kirche in Deutschland, die Bonifatiuskirche in Dietenhofen. Geheizt wird mit Erdwärme aus sechs Bohrungen. Die elektrische Energie für die Wärmepumpe kommt von der Photovoltaikanlage auf dem Dach der Kirche. Ansonsten ist keine weitere Energie notwendig. Wie kommt man in der Ökologie zu solchen Ergebnissen: Bereits 1986 wurde

Wallfahrtskirche Maria Brünnlein in Wemding

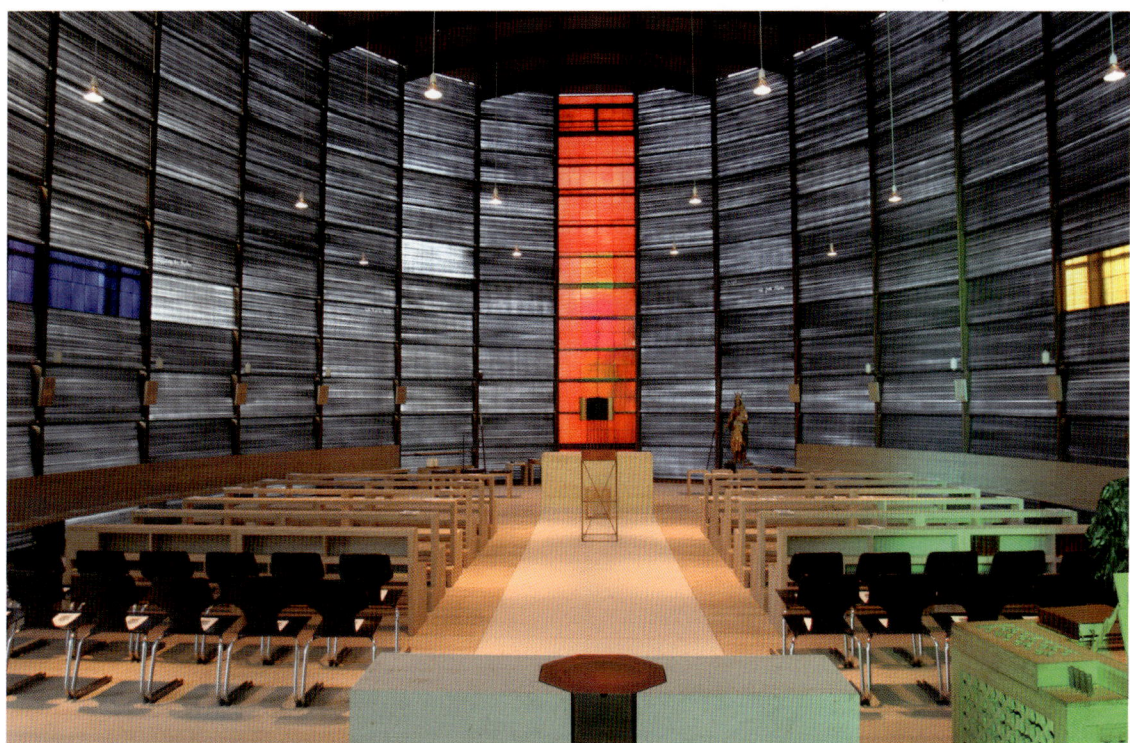

Pfarrer Josef Bierschneider zum Umweltbeauftragten des Bistums ernannt. Eine Benediktinerabtei, Plankstetten im Altmühltal, hatte sich ebenso dem Umweltgedanken verschrieben. Als ihr Abt, Gregor Maria Hanke, 2006 Bischof von Eichstätt wird, erhält die Schöpfungsspiritualität und kirchliche Umweltarbeit noch mehr Gewicht. In seinem ersten Hirtenbrief spricht er von einer „Ökologie des Herzens" die im Gegensatz zu den „harten Gesetzen der Nützlichkeit und Effizienz" stehe. Es geht um eine ganzheitliche Lebenseinstellung in Bezug auf die Umwelt und die Schöpfung. Im Zeitraum Januar 2011 bis Mai 2012 wurde im Auftrag des Bischöflichen Ordinariats Eichstätt ein einzigartiges Klimaschutzkonzept für das gesamte Bistum erstellt. Die Diözese hat sich 2030 als Zielpunkt vorgegeben, den Kohlendioxydausstoß um 50 % zu reduzieren. In einer flächendeckenden Klimaoffensive soll dieses Ziel unter breiter Beteiligung der Pfarrgemeinden, Verbände und Institutionen umgesetzt werden. Innerhalb der ökumenischen Schöpfungszeit, die jährlich vom 1. Freitag im September bis zum 4. Oktober geht, wird der diözesane Schöpfungstag besonders herausgehoben. Dieser Schöpfungstag dient in ökumenischer Zusammenarbeit der Auseinandersetzung mit aktuellen Umweltthemen.

Die ellipsenförmige, 24 Meter lange und 16 Meter breite Kirche der Gemeinde Sankt Bonifatius in Dietenhofen war die erste klimaneutrale Kirche Deutschlands.

Bischof Gregor Maria Hanke bei den Weihehandlungen, am Tag der Kirchweihe (27. 9. 2009)

Bistum Eichstätt

Das Kloster Plankstetten im Altmühltal

Das benediktinische Erbe

Bevor Eichstätt Bistum wurde, hatte Willibald, ein Gefährte des Bonifatius, bereits in Eichstätt ein Missionskloster gegründet. Ein Adeliger, Suidger, hatte die am nordwestlichen Rand des Herzogtums Bayern gelegene „Regio Eihstat" Bonifatius geschenkt. Aus diesem Kloster ging nicht nur das Bistum hervor, sondern auch die ununterbrochene Bildungstradition, die zu einer Universität führte.

Willibald (700-787) und seine Schwester Walburga (ca. 710-779) sind die beiden Bistumspatrone. Ihr Bruder Wunibald gründete 752 ein weiteres Kloster in Heidenheim, nordwestlich von Eichstätt. Nach dem Tod Wunibalds 761 übernahm seine Schwester Walburga das familieneigene Kloster und errichtete ein zusätzliches Frauenkloster. Als Äbtissin stand sie sowohl dem weiblichen als auch dem männlichen Zweig vor. Ihr Erbe wird von Benediktinerinnen des Walburgklosters in Eichstätt weitergeführt. Hierhin wurden die Gebeine der Äbtissin Ende des 9. Jahrhunderts von Heidenheim gebracht. 1035 gründeten Bischof Heribert und Graf Leodegar am Grab der hl. Walburga ein Benediktinerinnenkloster, das ununterbrochen bis heute besteht. Die Heilige wird mit einem Fläschchen auf einem Buch dargestellt. Das bezieht sich auf die wässrige Flüssigkeit, Walburgis-Öl genannt, die sich zu bestimmten Zeiten unterhalb des Grabes in Sankt Walburg ansammelt. Das Öl wird in kleine Ampullen abgefüllt. Die Walburga-Verehrung geht, besonders an ihrem Gedenktag, dem 25. Februar, weit über die Grenzen des Bistums hinaus.

Um den 25. Februar pilgern die Gläubigen jedes Jahr nach St. Walburg.

Im Einklang mit der Schöpfung – die Abtei Plankstetten

Im östlichen Teil des Bistums, unweit von Neumarkt in der Oberpfalz, liegt die Abtei, ökologischer Vorreiter auch unter den Benediktinerklöstern. Bereits 1994 stellte das Kloster den gesamten Betrieb mit Landwirtschaft, Gärtnerei und Verarbeitungsbetrieben auf die Biorichtlinien um. Tierfreund-

Bistum Eichstätt

Ökologische Landwirtschaft wird groß geschrieben: Da schaut auch der bayerische Finanzminister Söder (Mitte) vorbei

liche Viehwirtschaft ohne Antibiotika im Futter dient nicht nur der Selbstversorgung des Klosters. Ein Großteil der Erzeugnisse des Klostergutes wird verkauft. Im Hintergrund des Konzeptes steht dabei die stabilitas loci, die beständige Bindung der Mönche an einen bestimmten Ort. Damit die Mönche langfristig an dem Ort leben können, sind ein guter Umgang mit der Schöpfung und ein nachhaltiges Wirtschaften notwendig. Wie in der Gründerzeit der Benediktinerklöster im frühen Mittelalter ist die Abtei ein landwirtschaftliches Entwicklungszentrum, das heute für ökologisch beispielhafte Wirtschaftsweise Vorbild ist. Wer die Abtei besucht, findet eine romanische Kirche und eine barocke Klosteranlage.

Aus der theologischen Hochschule wird eine Universität

Bereits Willibald wie auch Bonifatius haben nicht nur missioniert, sondern durch Bildungseinrichtungen dafür gesorgt, dass sich der christliche Glaube einwurzeln konnte. Das geschah durch Klostergründungen, auch für Frauen durch Gründung von Abteien für Benediktinerinnen.

Die heutige theologische Fakultät in Eichstätt geht auf die Einrichtung eines Priesterseminars 1564 zurück. Das Collegium Willibaldinum als Ausbildungs- und Wohnstätte für den künftigen Klerus der Diözese war das erste in Deutschland, das das neue, vom Konzil von Trient beschlossene Konzept der Priesterausbildung umsetzte. 1614 bis zur Aufhebung des Ordens 1773 waren die Jesuiten für die Schule und als theologische Lehrer tätig. Nach den Wirren der Aufklärung und der napoleonischen Kriege konnte 1843 zuerst das Lyzeum gegründet werden, aus dem 1924 die philosophisch-theologische Hochschule hervorging.

In der Zeit des Nationalsozialismus bildeten das Priesterseminar und die philosophisch-theologische Hochschule in Eichstätt ein Bollwerk gegen Nazideutschland. Während andernorts die theologischen Fakultäten auf Druck der Nationalsozialisten zur Schließung gezwungen waren, war es hier noch länger möglich, Priester auszubilden.

Durch Zusammenlegung der theologisch-

STATISTISCHE DATEN

Bistum Eichstätt:
415 000 Katholiken, 47 % der
Bevölkerung
275 Pfarreien und Seelsorgstellen
in 8 Dekanaten
189 Kindertageseinrichtungen

Schulen:
1 Gymnasium
4 Realschulen
2 Berufsfachschulen
4 Sozialpädagogische Akademien und Einrichtungen
22 Altenheime
5 Behinderteneinrichtungen

Willibaldswoche: Tag der Ehe-Jubiläen

philosophischen mit der 1958 gegründeten pädagogischen Hochschule kam es 1972 zur Gründung der Gesamthochschule Eichstätt, aus der 1980 eine Universität wurde. 1989 wurde in Ingolstadt die wirtschaftswissenschaftliche Fakultät eingerichtet. Die Verbindung zu Ingolstadt hat weit zurückreichende Wurzeln. 1472 wurde als erste bayerische Universität Ingolstadt gegründet. Diese wurde 1800 nach Landshut und von dort 1826 nach München verlegt. Promotoren der Entwicklung der jetzigen Universität waren der Eichstätter Bischof Alois Brems und der damalige Münchner Erzbischof Joseph Ratzinger. Über 5 000 Studierende sind an der „Katholischen Universität Eichstätt-Ingolstadt" eingeschrieben, die vor allem geisteswissenschaftliche Ausbildungsgänge, auch für Lehrer und Journalisten, anbietet.

Willibaldswoche

Die heiligen Geschwister Willibald und Walburga sind Patrone des Bistums. Die Diözese veranstaltet jedes Jahr um den 7. Juli eine Festwoche zu Ehren des heiligen Willibald. Während der sogenannten Willibaldswoche wird jeder Festtag einer anderen Gruppe in der Diözese gewidmet. So gab es etwa 2013 einen „Tag der Frauen", der das große Engagement der Frauen in der Kirche würdigen sollte, oder einen „Tag der Trauernden". Höhepunkt der Festwoche ist die Reliquienauflegung im Dom. Das Gefäß

Der hl. Willibald ist im Bistum stets präsent.

Der hl. Willibald und die hl. Walburga im Mittelschrein des Hochaltars im Eichstätter Dom. In der Mitte ist die Gottesmutter Maria mit Kind dargestellt.

mit der Reliquie wird dabei den Gläubigen auf die Stirn gelegt. Damit soll die Verbindung mit dem heiligen Willibald spürbar werden.

Der Dom in Eichstätt

Die Baugeschichte der Eichstätter Bischofskirche zeigt die Spuren mehrerer Generationen, die an dem Bau gearbeitet haben. Die erste Kirche wurde wahrscheinlich von Gerhoh, dem Nachfolger des ersten Eichstätter Bischofs Willibald im 8. Jahrhundert errichtet. Der heutige Dom geht auf das 11. Jahrhundert zurück. Im Verlauf der Jahrhunderte haben mehrere Baumeister, Handwerker und Künstler an ihm gearbeitet. Die verschiedenen Baustile zeugen von der lebendigen Baugeschichte: Frühromanik in der Sakramentskapelle, Hochromanik an den Türmen, Frühgotik im Willibaldschor, Spätgotik in Langhaus und Querhaus sowie Spätbarock an der Westfassade.

Der Ingolstädter Messbund ist eine weltweite eucharistische Gebetsgemeinschaft mit rund 1,5 Millionen Mitgliedern, in der einer für den anderen betet und jedes Mitglied einmal jährlich eine heilige Messe nach Meinung des Messbundes zelebrieren lässt. Das geistliche Hauptziel des Bundes ist es, die Verehrung der Eucharistie zu fördern.

Der Dom zu Eichstätt

Bistum Eichstätt

Geschichte

741: Willibald wird von Bonifatius zum ersten Eichstätter Bischof geweiht. Willibalds Bischofsweihe und seine endgültige Niederlassung in Eichstätt markieren die Anfänge des Bistums.

752: Zur Unterstützung beim künftigen Ausbau der Diözese gründete Wunibald, der Bruder von Willibald, in Heidenheim ein Kloster. Nach dem Tod des hl. Wunibald führte seine Schwester Walburga das Doppelkloster (Mönche und Ordensfrauen) weiter.

Im Mittelalter hatte die Kirche von Eichstätt aufgrund ihrer Grenzlage im Schnittfeld der alemannisch-fränkisch-bayerischen Gebiete eine reichsgeschichtliche Bedeutung. Diese Entwicklung erreichte unter Bischof Gebhard I. (1042-1057) ihren Höhepunkt, der als Viktor II. von 1055 bis 1057 auch Papst war.

Um 1300 gelang es den Eichstätter Bischöfen, ihr weltliches Territorium auszubauen. Mit dem Aussterben der Linie der Grafen von Hirschberg im Jahr 1305 ging ein großer Teil des so genannten Hirschberger Erbes in den Besitz der Eichstätter Bischöfe über.

1472 wurde die Universität Ingolstadt gegründet. Erster Kanzler der Bildungsstätte wurde Bischof Wilhelm von Reichenau, 1464-1496. Seine Nachfolger hatten ebenfalls dieses Ehrenamt inne, bis die Universität 1800 nach Landshut verlegt wurde und schließlich nach München (heutige Ludwig-Maximilians-Universität).

Der selige Bischof Gundekar II.

Ende des 15. und Anfang des 16. Jahrhunderts ist Eichstätt unter den Bischöfen Johann II. von Eych, Wilhelm von Reichenau und Gabriel von Eyb ein Zentrum des Humanismus, u. a. durch enge Kontakte zu Willibald Pirckheimer, der gebürtiger Eichstätter ist.

In der Reformationszeit hing der Fortbestand der katholischen Konfession von der Entscheidung des Landesherrn ab. Weite Gebiete des Bistums wandten sich der neuen Lehre zu, so die Stadt Nürnberg und in dem Gebiet des Markgrafen von Ansbach. Nur das Gebiet, in dem der Bischof Landesherr war, blieb das katholische Bekenntnis zuerst erhalten. Als das Fürstentum Pfalz-Neuburg sowie die Oberpfalz, die evangelisch geworden waren, später einen katholischen Landesherrn erhielten, konnten sie, vor allem durch den Einsatz des jungen Ordens der Jesuiten,

Bischof Gabriel von Eyb

für die katholische Lehre zurückgewonnen werden. Die Reformation hatte für viele traditionsreiche Klöster, wie etwa das Kloster Heidenheim, die Auflösung zur Folge.

1564 wurde mit dem Collegium Willibaldinum in Eichstätt das erste Priesterseminar nach den Vorschriften des Konzils von Trient im deutschen Sprachgebiet gegründet.

Wiederaufbau nach dem Dreißigjährigen Krieg

Nachdem die Stadt Eichstätt während des Dreißigjährigen Krieges von den Schweden zu achtzig Prozent zerstört worden war, kam es ab 1670 unter den drei Baumeistern Jakob Engel, Gabriel de Gabrieli und Maurizio Pedetti zu einem prachtvollen barocken Wiederaufbau.

1802-03: Mit der Säkularisierung verliert der Eichstätter Bischof die Hoheit über das sog. Hochstift, d. h. die Gebiete, deren Landesherr er war. Zugleich werden die Klöster aufgelöst.

1817 kam erst ein Konkordat zwischen dem Vatikan und dem bayerischen Staat zustande, ein Jahr später wurden die Grenzen der bayerischen Bistümer neu bestimmt. Das Bistum Eichstätt wurde in seinen alten Grenzen belassen.

Mitte des 19. Jahrhunderts entstanden im Zuge der konfessionellen Gleichstellung von Katholiken und Protestanten zahlreiche Diasporagebiete, aber auch vereinzelt neue katholische Seelsorgsstellen wie z. B. Schwabach, Altdorf, Weißenburg und Gunzenhausen.

Widerstand gegen den Nationalsozialismus

Bischof Konrad von Preysing (1932-35) ist als entschiedener Gegner des Nationalsozialismus zu nennen. Er wurde 1935 als Bischof nach Berlin berufen.

Der Kapuziner Ingbert Naab (1885-1935) hat sehr früh auf die Unvereinbarkeit der Nazi-Ideologie mit dem Christentum hingewiesen Bereits ab 1923 warnte Naab vor der Rassenlehre und den Prinzipien des Nationalsozialismus. Er erkannte früh, dass diese Ideologie nicht mit dem Christentum und der allgemeinen Ethik vereinbar war. Mit seinen publizistischen Veröffentlichungen und seiner Denkschrift an die Deutsche Bischofskonferenz vom Juni 1934 erreichte Naab Millionen Bürger.

Nach dem Zweiten Weltkrieg siedelten sich zahlreiche Heimatvertriebene an, von denen der überwiegende Teil katholisch war. Der Zahl der Katholiken verdoppelte sich fast. Es kamen auch viele Priester, die aus den an Polen gefallenen Gebieten ausgewiesen worden waren. Der Bevölkerungsanstieg führte zur Errichtung einer Vielzahl neuer Pfarreien und Kirchen, vor allem in den mittelfränkischen Diasporagebieten und in den Ballungszentren Ingolstadt und Nürnberg.

Katholische Universität

1958 wird eine kirchliche Fachhochschule für Sozialberufe gegründet.

1972 wird aus der theologischen Hochschule und der pädagogischen Hochschule eine Gesamthochschule, 1980 wird diese zur Universität.

2001 Mit der wirtschaftswissenschaftlichen Fakultät in Ingolstadt ist der offizielle Name Katholische Universität Eichstätt-Ingolstadt

Papst Viktor II.

Bischof Michael Rackl

Bischof Joseph Schröffer

Bischof Gregor Maria Hanke

Bischöfe

■ **Papst Viktor II.** (1042-1057): Fünfzehneinhalb Jahre führte Gebhard I. Graf von Dollnstein-Hirschberg das Bistum des hl. Willibald. Als bisher einziger Eichstätter Bischof führte er von 1055 bis 1057 sogar für zwei Jahre die Geschicke der gesamten Kirche.

■ **Der selige Bischof Gundekar II.** (1057-1075) vollendete den romanischen Dom in Eichstätt und trug erheblich zum Aufbau der Diözese bei, indem er im Bistum an die 100 Kirchen weihte.

■ **Gabriel von Eyb** (1496-1535)
Er musste die schwierige Zeit der Reformation bewältigen. Auch wenn viele Pfarreien, entsprechend der Entscheidung ihrer Landesherrn, sich der Reformation anschlossen, konnte in dem Gebiet, in dem der Bischof auch Landesherr war, das katholische Bekenntnis erhalten bleiben.

■ **Marquardt II.**, Schenk von Stubenberg, 1636-1685, war Landesherr für das Hochstift und setzte sich als kaiserlicher Prinzipalkommissar für die Abwehr der Türken ein, er förderte mit vielen Maßnahmen den Wiederaufbau nach dem Dreißigjährigen Krieg.

■ **Josef Graf von Stubenberg** (1790-1818) erreichte nach der Säkularisierung den Neuaufbau des Bistums. Von 1818-1824 ist er als Erzbischof von Bamberg in Personalunion weiter Bischof von Eichstätt.

■ **Konrad Graf von Preysing**, ein entschiedener Gegner des Nationalsozialismus, war von 1932-1935 Bischof von Eichstätt und wurde dann auf den Bischofsstuhl von Berlin berufen.

■ **Michael Rackl** (1935-1948)
Er folgte Graf Preysing, ist ebenso ein Gegner des Nationalsozialismus. Nach dem Krieg waren es die vielen Flüchtlinge, denen das Bistum eine Heimat geben musste.

■ **Joseph Schröffer** (1948-1968)
Er wurde 1948 Bischof, nahm am Konzil teil und wurde als Sekretär der Bildungskongregation 1968 nach Rom berufen. 1976 wurde er Kardinal.

■ **Gregor Maria Hanke** (seit 2006) trat 1981 in das Benediktinerkloster Plankstetten in der Oberpfalz ein, wo er von 1993 bis 2006 Abt war. Hanke wandte sich schon früh gegen die Nutzung von Atomenergie und stellte das Kloster auf biologische Landwirtschaft um.

Bistum Eichstätt

Bistum Erfurt

Katholiken in Thüringen – das Bistum Erfurt

Der Dom und die Severikirche versammeln auf dem Platz unterhalb immer wieder Menschen: zur Kirmes, an Fronleichnam, bei der Diözesanwallfahrt am 3. Sonntag im September. Bereits zu Zeiten der kommunistischen Herrschaft konnten die Katholiken 1981 das erste große Treffen durchsetzen. Es war der 750. Todestag der Elisabeth von Thüringen.

Weil die Katholiken des Bistums in der Diaspora, der Zerstreuung, leben, brauchen sie Fixpunkte, diejenigen im Süden Thüringens, wo das Bistum, bedingt durch den Eisernen Vorhang, das Gebiet von Meinungen von der Würzburger Diözese mit betreut hat, das dann auch nach der Wende bei Erfurt geblieben ist, die Universitätsstädte Jena, Weimar und Erfurt sowie Gotha und Eisenach im Westen, Nordhausen und daran im Norden anschließend das katholische Eichsfeld, wo 60 % der Bevölkerung katholisch sind.

Das Mainzer Rad

Erfurt hatte im Mittelalter schon einen Dom. Die Region gehörte zu dem damals sehr großen Bistum Mainz, in Erfurt residierte ein Weihbischof. Dieser Dom ist nicht nur ein Raum für Katholiken und viele Touristen, sondern für besondere Feiern zum Jahreswechsel, für Jugendliche, wenn diese ähnlich wie mit der Firmung oder der Jugendweihe das Kindesalter hinter sich lassen und ermutigt werden, ihr Leben selbst in die Hand zu nehmen.

Noch harmonischer als der Dom ist die Kirche, die wie ein Schrein über die Gebeine des frühchristlichen Bischofs Severus gebaut wurde, eine spätgotische Hallenkirche. Erfurt hatte, auch wegen der vielen Klöster im Mittelalter, 38 Kirchen, von denen noch 27 erhalten sind, auch weil die Kriegsschäden gering waren.

Erfurt ist auch eine Stadt der Reformation. Luther hat im Augustinerkloster, heute ein Bildungs- und Tagungszentrum, eine Zeitlang als Mönch gelebt. An diesem Ort kam es 2011 zu einem Treffen zwischen Papst Benedikt XVI. und den evangelischen Kirchenleitungen.

Noch ein anderer bedeutender Theologe wirkte in Erfurt, der „Magister", Meister, genannte Dominikanermönch Eckart (um 1260-1328). Er stammte aus Thüringen, hat an theologischen Hochschulen des Ordens, u. a. auch in Köln und Paris, gelehrt. Seine Theologie war so mutig, dass sie manchen gefährlich erschien. Sie zeigten ihn beim Papst an, der damals in Avignon residierte. Die große Dominikanerkirche zeigt, welches Interesse die Erfurter daran hatten, dem Orden mit seinen theologischen Lehrern einen Platz in ihren Mauern zu geben.

Erfurt als theologischer Ort

Die Tradition der mittelalterlichen Universität ist wieder belebt worden. Jena hatte der 1392 gegründeten Erfurter Universität den Rang abgelaufen. In Erfurt gab es neben

Bistumswallfahrt vor dem Dom (links) und der Severikirche

STATISTISCHE DATEN

Thüringen:
2,24 Millionen Einwohner
Katholiken in Thüringen: 172 000,
das sind 7,9 %
Bistum Erfurt:
152 000 Katholiken,
einige Thüringer Pfarreien gehören
zu den Bistümern Dresden und Fulda

63 Pfarreien in 7 Dekanaten

73 Kindergärten,
7 Schulen
5 Bildungs- und Begegnungshäuser
5 Krankenhäuser, davon 2 in ökumenischer Trägerschaft

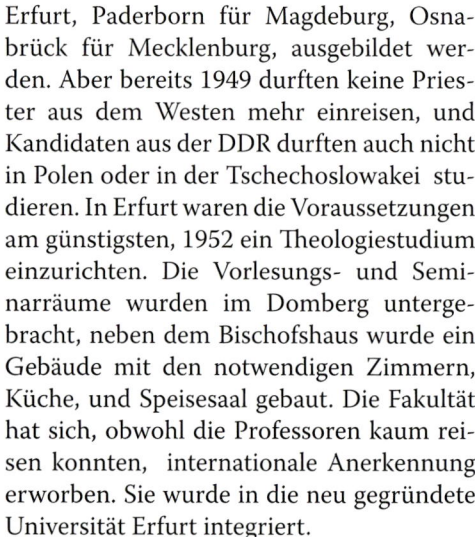

einer medizinischen Akademie nur eine Fakultät für katholische Theologie. Diese ist aus den Zwängen der deutschen Teilung entstanden.

Wie Mecklenburg, Magdeburg war auch Erfurt Teil eines Bistums auf der anderen Seite der Zonengrenze, nämlich Fuldas. Zuerst konnten die Priesteramtskandidaten an dem jeweiligen Bischofssitz, also Fulda für Erfurt, Paderborn für Magdeburg, Osnabrück für Mecklenburg, ausgebildet werden. Aber bereits 1949 durften keine Priester aus dem Westen mehr einreisen, und Kandidaten aus der DDR durften auch nicht in Polen oder in der Tschechoslowakei studieren. In Erfurt waren die Voraussetzungen am günstigsten, 1952 ein Theologiestudium einzurichten. Die Vorlesungs- und Seminarräume wurden im Domberg untergebracht, neben dem Bischofshaus wurde ein Gebäude mit den notwendigen Zimmern, Küche, und Speisesaal gebaut. Die Fakultät hat sich, obwohl die Professoren kaum reisen konnten, internationale Anerkennung erworben. Sie wurde in die neu gegründete Universität Erfurt integriert.

Das materialistische Menschenbild überzeugte nicht

In der Auseinandersetzung mit dem Marxismus spielten philosophische Fragen eine große Rolle. Mit einem Diplom dieser Hochschule waren die Kapläne gut auf die Fragen vorbereitet, die Jugendliche an eine Weltanschauung hatten, die in jedem Lehrplan und jedem staatlichen Studienprogramm Pflichtfach war. Viele Gespräche formten eine überzeugte Gruppe von Laien, die schon als Schüler kritisch fragen und denken gelernt hatten. Gerade die kritischen Köpfe bekamen in den Pfarrhäusern auch die Literatur, um sich profund mit den weltanschaulichen und philosophischen Fragen auseinanderzusetzen. Das erklärt nicht zuletzt, warum der kleinen Gruppe der Katholiken in den Parlamenten und Regierungen der neuen Länder so viel Verantwortung übertragen wurde. Die zur Machterhaltung geronnene marxistische

Vorlesung im Fach Theologie

Palmsonntagsprozession in Heiligenstadt

Lehre konnte am Ende selbst die meisten Parteimitglieder nicht mehr überzeugen, schon lange vorher waren die Christen in der geistigen Auseinandersetzung mit dem Materialismus von dem christlichen Menschenbild überzeugt. Daher hatte die Partei keine Chance, Christen vom Historischen und Dialektischen Materialismus zu überzeugen. Erreicht haben die Kommunisten allerdings, dass sich der Großteil der Bevölkerung überhaupt nicht mehr mit weltanschaulichen Fragen auseinandersetzt. Das Gespräch mit diesen Menschen ist für die Fakultät nach dem Ende des Kommunismus eine große Aufgabe, die sie in Zusammenarbeit mit den Fakultäten in Polen, Tschechien und Litauen angeht.

Mit Freude katholisch sein

Das Eichsfeld, eine hügelige Landschaft, die sich nach Westen ins Bistum Hildesheim fortsetzt und dort ihr Zentrum in Duderstadt hat, lässt sich seine nüchterne Frömmigkeit nicht nehmen – und noch weniger seine Wallfahrten. 8 000 Männer kommen an Christi Himmelfahrt in Klüschen Hagis zusammen, die Frauen pilgern zum Kerbschen Berg. Der bedeutendste Wallfahrtsort ist der Hülfensberg, er geht auf Bonifatius zurück. Er hat in Thüringen missioniert und nach der Überlieferung dort eine Donar-Eiche gefällt. Das war wohl die Missionspredigt, die die Thüringer damals verstanden. Dieser Wallfahrtsort hat eine DDR-Vergangenheit, denn er lag in der 5-km-Zone hinter dem Todesstreifen der Zonengrenze und konnte nur mit einem besonderen Passierschein besucht werden. So ist er nach der Wende zum Symbol für das Ende der innerdeutschen Grenze geworden. Die Franziskaner sind dem Ort treu geblieben.

Katholisch ist das Eichsfeld in der Reformationszeit deshalb geblieben, weil es direkt dem Mainzer Erzbischof unterstand, der dort ein Jesuitengymnasium einrichtete. Durch Katechesen und Wall-

Männerwallfahrt in Klüschen Hagis

fahrten konnten die Menschen von den guten Seiten des Katholischen wieder überzeugt werden.

Das Engagement der Laien

Eine Diasporakirche versammelt, außer bei Wallfahrten, keine große Zahl von Gläubigen. Wenn sich die Katholiken aber nicht treffen, dann halten sie nicht stand. Schon in den 60er-Jahren hat man daher auf Gottesdienste in kleinen Orten gesetzt, die auch ohne Priester stattfinden sollten. Laien wurden zu Diakonatshelfern ausgebildet. Sie gestalten bis heute Wortgottesfeiern mit Kommunionausteilung. Ohne diese engagierten Christen vor Ort kann man sich das Weiterleben einer Kirche mit kleinen Zahlen nicht vorstellen. Diese engagierten Christen versammeln nicht nur am Sonntag die Mitglieder der kleinen Filial-Gemeinden, sondern feiern auch Maiandachten, bereiten auf die Taufe, die Erstkommunion vor. Heute wird in anderen Diözesen neu um diese Frage gerungen. Grundgedanke in Erfurt war, dass jeder Christ durch die Taufe und die Firmung einen Auftrag für die Gemeinde und für die Verkündigung des Evangeliums hat. Der damalige Bischof, Hugo Aufderbeck, der diese Form der kleinen Gemeinde vorangetrieben hatte, erhielt von Rom ausdrückliche Zustimmung, nicht als katholische Ausnahmesituation, sondern als notwendige Praxis auch auf anderen Kontinenten.

Die Religiösen Kinderwochen sind für die Kinder und Jugendlichen ein intensives Erlebnis

Religiöse Kinderwochen

Um ein Gegengewicht gegen die vom Staat veranstalteten Ferienwochen zu setzen, entwickelten Pfarreien das Konzept der Religiösen Kinderwoche, in der Spiel und Zusammensein mit Beschäftigung mit der Bibel und religiösen Fragen verbunden wurden. Es wurden Materialien herausgegeben und für jedes Jahr ein Thema ausgewählt. Für die kleinen Gruppen der jungen Katholiken sind diese Gemeinschaftserlebnisse unentbehrlich und haben daher auch nach dem Ende der DDR ihre Anziehungskraft behalten.

Die Tauben-Kirche

Die Taube, lateinisch Columba, ist auf frühchristlichen Sarkophagen ein Symbol für die Seele. Kolumbarium oder Columbarium, eigentlich Taubenschlag, werden die Kirchen genannt, in denen die Urnen von Toten einen Platz finden. Wer in Erfurt vom Dom zum Rathaus geht, stößt auf eine kleine Kirche, die genau in die Fluchtlinien einer Straßenabzweigung gebaut ist. Die Allerheiligenkirche öffnet sich nach innen in zwei Schiffe, das eine dient als Gottesdienstraum mit Altar und Kniebänken, in dem anderen wurden im Jahr 2007 15 Stelen aufgestellt, in die 630 Urnen beigesetzt werden können. Nicht nur Christen wollen hier beigesetzt werden.

Stelen in der Allerheiligenkirche, in denen Urnen Verstorbener beigesetzt werden

Bistum Erfurt

Wartburg in Eisenach

Geschichte

742 missioniert Bonifatius in Thüringen und gründet in Erfurt ein Bistum.
755 wird Erfurt Teil des Erzbistums Mainz.
805 Karl der Große erklärt Erfurt zu einem Grenzhandelsplatz, es liegt am Rande des damaligen Frankenreiches.
1094 Bau einer Synagoge für die große jüdische Gemeinde in Erfurt.
13. Jh. In den Städten Thüringens gründen die Franziskaner, die Dominikaner, Karmeliten und Augustiner Klöster.
1211 Elisabeth von Thüringen kommt als vierjährige ungarische Königstochter auf die Wartburg.
1331 Erfurt wird Messestadt.
Im Mittelalter ist Erfurt als Handelszentrum viertgrößte Stadt des Reiches und wird durch die Universität zu einem kulturellen Mittelpunkt.
1392-1816 Universität in Erfurt.
1525 beginnt in Mühlhausen unter der Anführerschaft des Thüringers Thomas Müntzer der Bauernkrieg.
1531 schließen sich in Schmalkalden im Süden Thüringens die evangelischen Reichsfürsten zum Schmalkaldischen Bund zusammen.
1575-1773 Jesuitenkolleg in Heiligenstadt.
1577 entscheidet sich der Rat der Stadt Erfurt für das reformatorische Bekenntnis, die Stadt bleibt mit dem Eichsfeld aber unter der Fürstherrschaft des Mainzer Erzbischofs.
1616 Der Erzbischof gesteht der Stadt Religionsfreiheit zu, bleibt jedoch ihr Landesherr.
1642 Ernst der Fromme von Sachsen-Gotha führt als erster deutscher Herrscher die Schulpflicht für Jungen und Mädchen auch in Thüringen ein.
1815 Erfurt kommt nach dem Wiener Kongress zu Preußen, in Thüringen bleiben mehrere Fürstentümer bestehen, so Sachsen-Gotha und Sachsen-Weimar.
1869 gründen August Bebel und Wilhelm Liebknecht in Eisenach die Sozialdemokratische Arbeiterpartei, die sich 1875 in Gotha mit dem Allgemeinen Deutschen Arbeiterverein zur SPD zusammenschließt.
1929 kommt der größere Teil Thüringens im Zusammenhang mit dem preußischen Konkordat zum Bistum Fulda. Das Dekanat Meinungen im Süden kommt zum Bistum Würzburg.

1945 Durch den großen Flüchtlingsstrom wächst die Zahl der Katholiken von 160 000 auf 545 000.
1946 richtet Fulda in Erfurt ein eigenes Generalvikariat ein. Der Dompropst des Erfurter Doms, Joseph Freusberg, wird Generalvikar und 1953 zum Weihbischof geweiht. Auch im Gebiet Meiningen wird eine kirchliche Verwaltung eingerichtet.
1973 werden die Gebiete Erfurt und Meiningen zum Bischöflichen Amt Erfurt-Meiningen zusammengeführt.
1994 erhebt Rom das bisherige Bischöfliche Amt zu einem Bistum. Das Dekanat in der Rhön wird wieder Teil des Bistums Fulda.
1994 Neugründung der Universität.
2005 Die bisherigen Filialgemeinden und Pfarreien werden zusammengelegt. Die bisherigen Filialgemeinden bleiben als Gemeinschaften erhalten. 2020 sollen 32 Pfarreien die Organisation der Seelsorge sicherstellen, in diesen Pfarreien soll es weiter viele kleine Gemeinden und Gemeinschaften geben.
2009 aus den Landeskirchen Thüringens und Sachsen-Anhalts wird die Mitteldeutsche evangelische Landeskirche gebildet.
2011 Papst Benedikt XVI. besucht Erfurt und das Eichsfeld.

Joseph Freusberg

Hugo Aufderbeck

Weihbischöfe, bischöfliche Administratoren, Bischöfe

■ **Joseph Freusberg** (1953-1964)
Er war Paderborner Priester und wurde 1923 Dompfarrer. Am Ende des Krieges war er als Dompropst für den Erfurter Dom verantwortlich. Als die DDR die Grenze zum Westen verriegelte, wurde er Generalvikar für den Erfurter Teil des Bistums Fulda und später 1953 Weihbischof. Er baute das theologische Studium auf.

■ **Hugo Aufderbeck** (1962-1981)
In Paderborn 1936 zum Priester geweiht, war er seit 1938 in Halle, das zum östlichen Teil des Paderborner Erzbistums gehörte, als Studentenpfarrer tätig und hat im Krieg viele Soldaten betreut. Er sah früh die Notwendigkeit, die Kirche in der DDR auf die schwierigen Bedingungen einzustellen.
Er intensivierte die Bildungsarbeit, damit Priester und Laien in der Auseinandersetzung mit der kommunistischen Ideologie bestehen konnten. 1962 wurde er zum Bischof geweiht. Er hat die Seelsorge auf die schwierigen Bedingungen der Minderheit in einem atheistischen Staat umgestellt und die Christen ermutigt, im Glauben ein Gegengewicht gegen die Vereinnahmung durch den kommunistischen Staat und seine Geheimpolizei zu finden.

■ **Joachim Wanke** (1981-2012) hat es mit seiner schlesischen Familie nach dem Krieg nach Thüringen verschlagen. Er war ab 1968 zuerst als Seelsorger und dann ab 1969 an der Erfurter Hochschule im Fach Neues Testament tätig. 1980 wurde er Weihbischof und trat die Nachfolge des schwer erkrankten Bischofs Aufderbeck an. 1994 wurde Erfurt Bistum und Joachim Wanke der erste Bischof dieses Bistums, das schon einmal von Bonifatius eingerichtet worden war. Er hat die Kirche in Thüringen in die völlig andere Situation nach der Wiedervereinigung geführt. Der kirchlichen Seelsorge und der Verortung in einer säkularisierten Welt hat er als Vorsitzender der Pastoralkommission der Bischofskonferenz wichtige Impulse gegeben. Aus Gesundheitsgründen nahm Papst Benedikt 2012 sein Rücktrittsgesuch an.

■ **Ulrich Neymeyr** wurde am 19. September 2014 von Papst Franziskus zum Bischof von Erfurt ernannt. Er war vorher Weihbischof in Mainz. Die engen Bindungen zwischen Erfurt und Mainz finden darin Ausdruck. Denn Erfurt gehörte zum früheren Erzbistum Mainz, ein Mainzer Weihbischof residierte in Erfurt. Ulrich Neymeyr war Subregens des Mainzer Priesterseminars und als Weihbischof für die Jugendarbeit zuständig.

Joachim Wanke

Ulrich Neymeyr

Elisabeth – glühende Liebe

Sie ist nur 24 Jahre alt geworden. An ihrem Beispiel orientieren sich bis heute Menschen. Es gibt Elisabethkrankenhäuser, Elisabethschwestern und Frauengruppen, die sich der Nachbarschaftshilfe widmen und diese Heilige sich zum Vorbild nehmen. Die Ausstrahlung ihrer Person wird heute noch so unmittelbar erlebt, als sei sie noch in ihrem Hospiz um die Kranken besorgt.

Tochter aus europäischem Hochadel

Eigentlich sollte Elisabeth die Bande zwischen dem höheren Adel enger knüpfen und dem Landgrafen von Thüringen Nachkommen schenken. Als ungarische Königstochter war sie zuerst für den ältesten Sohn Hermann als Braut vorgesehen. Als dieser starb, heiratete sie dessen jüngeren Bruder Ludwig. Sie wuchs auf den verschiedenen Burgen des thüringischen Hauses auf, war dann auf der Wartburg, die ihr Mann zu einer Residenz ausbaute. In der Frau des regierenden Landgrafen fand sie eine neue Mutter. Diese zog sich nach dem Tod ihres Mannes in ein Kloster der Zisterzienserinnen zurück.

Das Feuer, das in ihr brannte, hatte sie mitgebracht. Schon als Kind verschwand sie aus dem Spiel heraus immer wieder in die Kapelle. Als verheiratete Frau verließ sie nachts das Ehebett, um zu beten. Von ihrer Nähe zu Gott sind ihre Handlungen zu verstehen. Sie spürte das Unrecht, das viele Menschen arm machte, und brachte von dem Überfluss des Fürstenhofes den Armen etwas zum Essen in die Stadt. Wer einmal zu Fuß zur Wartburg hochgestiegen ist, erfährt den Abstand, der zwischen der Stadt und dem Adelssitz allein schon räumlich bestand. Da ihr Mann sie unterstützte, konnte sie so handeln, wie sie es als Auftrag Gottes gespürt hatte. Beide gründeten in Gotha ein Hospital und statteten es mit Landbesitz aus, so dass die Gründung Bestand hatte. Mit ihm war sie auch unterwegs, wenn er seiner Aufgabe als Landgraf mit der dazugehörigen Gerichtsbarkeit nachkam. Beide haben sich innig geliebt. Er hielt ihr, anders als damals unter den Adeligen üblich, die eheliche Treue. Trotzdem hat er 1227 dem Ruf zum Fünften Kreuzzug Folge geleistet und sie mit den kleinen Kindern zurückgelassen. Weil sie sich nicht trennen wollte, begleitete sie ihn, schwanger mit dem dritten Kind, noch bis zur Grenze Thüringens. Er starb noch, bevor sich das Heer in Italien einschiffte. Jetzt konnte die Verwandtschaft durchgreifen.

Das Armutsideal als Reformbewegung

In Europa hatte sich inzwischen ein neues Bewusstsein für Gerechtigkeit und die religiöse Bedeutung der Armut entwickelt. Mit der Beginenbewegung entschieden sich Frauen, ehelos zu leben und caritativ tätig zu werden oder Kinder zu unterrichten. Die Bettelorden entstanden aus dieser Bewegung. Als Franziskaner 1223 nach Eisenach kamen, wählte die Landgräfin Bruder Rodeger zu ihrem geistlichen Begleiter.

Elisabeth beließ es nicht bei der für Christen anerkannten Pflicht, Almosen zu geben, sie gründete auch 1226 nicht nur ein Hospital, sondern pflegte als amtierende Landgräfin die Kranken und widmete sich besonders den Kindern. Ihr Handeln hatte auch eine politische Dimension. Sie stand aufseiten der Menschen, die durch immer höhere Abgaben den Lebensstil der Adeligen wie deren Kriege finanzieren mussten. Sie aß nur noch das an der landgräflichen Tafel, das nicht durch zu hohe Abgaben belastet war, und nahm auch nur das an, was der rechtmäßigen Abgabeordnung entsprach. Im Winter 1225/26, als ihr Mann in Italien verhandelte, kam es zu einer Hungersnot. Sie öffnete die Kornkammern des Landgrafen für die Armen.

Das unfürstliche Armutsideal

Elisabeth sollte eigentlich dazu beitragen, dass sich der Einfluss des thüringischen Landgrafengeschlechts vergrößerte. Ihre Mutter Gertrud hatte dafür gesorgt, die selbst aus einem damals einflussreichen Haus, das der Grafen

Statue der Hl. Elisabeth in der Marburger Elisabethkirche

Die Wartburg, eine Burg in Thüringen, über der Stadt Eisenach gelegen, wurde um 1067 von Ludwig dem Springer gegründet und gehört seit 1999 zum Weltkulturerbe. Zwischen 1211 und 1227 lebte die später heiliggesprochene Elisabeth von Thüringen einige Zeit auf der Burg.

von Andechs-Meran, stammte und mit dem ungarischen König verheiratet worden war. Hedwig von Schlesien war Schwester der Gertrud. Auch sie wurde von dem damaligen religiösen Aufbruch ergriffen und wird heute noch von den Schlesiern wie eine Mutter verehrt. Aber das waren Einzelpersonen. Für die thüringische Verwandtschaft erfüllte Elisabeth nicht ihre Aufgabe. Als sie dann noch begann, das „Tafelsilber" zu verkaufen, um mit dem Erlös die Armen zu unterstützen, erregte das nur noch den Zorn der Verwandten. Nach dem Tod ihres Mannes wurde sie zuerst von der Wartburg vertrieben, ihr Witwenanteil, die ihr von ihrem Mann zugesprochenen Ländereien, wurden ihr vorenthalten. Sie lebte in einem Schuppen in Eisenach. Offensichtlich fanden auch die Armen, die sie vorher versorgt hatten, ihr Verhalten so gegen die geltenden Regeln verstoßend, dass niemand sie unterstützte. Als junge Witwe war sie allerdings nicht aus dem Heiratskalkül ihrer Familie herausgefallen. Sie wurde von ihrer Tante Mechthild, einer Äbtissin, aus den Verstrickungen mit der Verwandtschaft ihres Mannes herausgeholt und zum Bruder der Mutter, Eckbert, dem Bischof von Bamberg gebracht. Dieser soll sie als Braut des Stauferkaisers Friedrich II. ins Gespräch gebracht haben. Sie lehnte das scharf ab und entwand sich dem Zugriff der mütterlichen Familie, als der Sarg ihres Mannes in Thüringen eintraf. Es kam dann zu einer Vereinbarung mit den Brüdern ihres Mannes. Sie erhielt zwar nicht ihr gesamtes Witwengut, aber Ländereien bei Marburg und einen Geldbetrag. Um sich ganz dem Armutsideal zu widmen, überließ sie ihre Kinder der Obhut der Familie und ging nach Marburg, das damals auch zu dem Gebiet der Landgrafen gehörte. Dort richtete sie ein kleines Hospital ein. Dort starb sie am 17. November 1231. Man hat ihr die erste gotische Kirche gebaut.

Das Rosenwunder

Im Gedächtnis ist eine Legende geblieben, die zu erzählen scheint, dass Elisabeth die Speisen, die sie zu den Armen brachte, vor ihrem Mann verheimlichen wollte. Er fragte sie, was sie in ihrem Korb trage: Sie antwortete ihm: „Rosen". Als sie das Tuch wegnehmen sollte, waren Rosen zu sehen. Nun widerspricht diese Deutung der Legende der Tatsache, dass ihr Mann sie an dem Almosen-Geben nicht hinderte. Deshalb liegt die Erklärung nahe, dass mit Rosen die Gaben bezeichnet wurden, die sie den Armen brachte.

Elisabeth von Thüringen

Bistum Essen

Kirche an der Ruhr und Lenne: Immer an der Seite der Menschen

Das Bistum Essen ist ein „junges" Bistum. Die Verhandlungen zwischen dem Vatikan und dem Land Nordrhein-Westfalen führten am 19. Dezember 1956 zu einem Vertrag über die Errichtung des Bistums Essen, welches zum 1. Januar 1958 aus bisherigen Gebieten der Bistümer Köln, Münster und Paderborn gegründet wurde. Das Bistum umfasst sowohl die Städte und Kreise entlang der Ruhr (mit Ausnahme von Dortmund und Recklinghausen) als auch das märkische Sauerland. Das Ruhrgebiet ist eine „Region im Umbruch". Auch die Kirche an der Ruhr und an der Lenne will den Umbruch wagen und sich der Zukunft stellen. Dabei will das Bistum Essen vor allem „nah bei den Menschen sein" und die Gläubigen bestärken, selbst aktiv zu werden.

Reich an Geschichte und Kunst

Das Bistum Essen ist trotz seiner „jungen Jahre" reich an Geschichte und Kunst. Im Mittelpunkt steht dabei das „altehrwürdige Münster am Hellweg". Die ehemalige Stiftskirche von Essen wurde 1958 zur Kathedrale des Bischofs von Essen. Der Essener Dom ist ein Zeugnis romanischer und gotischer Baukunst und hat eine über 1150 Jahre alte Geschichte vorzuweisen. Diese geht auf die Errichtung eines hochadeligen Damenstifts durch Altfrid (späterer Bischof von Hildesheim) zurück. Dom und Domschatzkammer in Essen beherbergen zahlreiche bedeutende Kunstwerke, darunter die Goldene Madonna, den Siebenarmigen Leuchter, das Essener Schwert und die Essener Krone.

Daneben gehört die St.-Ludgerus-Basilika in Essen-Werden zu den bedeutendsten spätromanischen Kirchenbauten des Rheinlandes. Im Osten der ehemaligen Abteikirche befindet sich die Krypta mit dem Schrein des heiligen Ludgerus. Ludgerus, der 805 erster Bischof von Münster wurde, hatte zuvor die Abtei in Werden gegründet. In der Schatzkammer St. Ludgerus befindet

Kreuzwegandacht auf der Halde Prosper Haniel

Essener Dom mit Domschatzkammer

Goldene Madonna

sich unter anderem eine Elfenbeinpyxis aus dem 5./6. Jahrhundert, diese zeigt die älteste Darstellung der Geburt Jesu in Deutschland.

Kirche an der Seite der Menschen

Seit der Gründung des Bistums Essen haben sich deren Bischöfe vor allem an die Seite der Menschen im Ruhrgebiet und im märkischen Sauerland gestellt. Angefangen von Dr. Franz Hengsbach, dem ersten Bischof von Essen, welcher ein Stück Steinkohle in seinem Bischofsring trug. Der 1988 zum Kardinal erhobene „Ruhrbischof" wollte mit dem neuen Bistum an der Ruhr dafür sorgen, „dass die Kirche den arbeitenden Menschen in dem ständig wachsenden Ballungsraum näherkommt und tiefer verwurzelt wird". In seine Bischofszeit fallen einerseits die Neugründung vieler Kirchen und kirchlicher Einrichtungen, andererseits aber auch die ersten Krisen des Strukturwandels im Ruhrgebiet. Kardinal Hengsbach hat wie seine Nachfolger Bischof Dr. Hubert Luthe, Bischof Dr. Felix Genn und Bischof Dr. Franz-Josef Overbeck immer „vor Ort" an der Seite der Menschen gestanden. Gerade auch in schlechten Zeiten, beispielsweise bei den Schließungen von Zechen und Industriezweigen (Nokia und aktuell Opel) sowie den Stahlkrisen, haben die Kirchen und die Ruhrbischöfe den Menschen der Region Halt und Hoffnung vermittelt.

Dies hat auch zu einer engen Verbindung zwischen Bergbau, Industrie und Kirche geführt. Belege dafür sind nicht nur die zahlreichen Knappenvereine, die christliche Traditionen, wie die Verehrung der heiligen Barbara (Schutzpatronin des Bergbaus), ins 21. Jahrhundert überführt haben. Auch der Initiativkreis Ruhr, ein Zusammenschluss von Spitzenvertretern aus Wirtschaft und Industrie, der von Kardinal Hengsbach initiiert wurde, trägt bis heute maßgeblich zur Gestaltung des Strukturwandels im Ruhrgebiet und Sauerland bei.

Die enge Verbundenheit zwischen den Menschen und der Kirche wird besonders an zwei Stellen im Bistum Essen deutlich: Einerseits auf dem Kreuzweg auf der Halde an der Zeche Prosper-Haniel in Bottrop. Anlässlich des Besuches von Papst Johannes Paul II. im Mai 1987 im Ruhrgebiet wurde von Auszubildenden des Bergwerks ein

Kapelle in der Arena auf Schalke

156 Meter hohes Holzkreuz gefertigt, das nach Fertigstellung des Kreuzwegs auf dem Haldengipfel errichtet wurde. Jedes Jahr nehmen mehrere Tausend Gläubige an der Karfreitagsprozession auf der Halde Prosper-Haniel teil. Andererseits in der Kapelle der „Arena auf Schalke". Dass Fußball und die Religion auch heute noch fest mit dem Leben der Menschen im Ruhrgebiet verbunden sind, zeigt der ökumenisch genutzte Gottesdienstraum in der Fußballarena in Gelsenkirchen. Ein Novum in der Bundesliga. Ein evangelischer und ein katholischer Pfarrer nehmen dort Trauungen sowie Taufen vor und sorgen dafür, dass die Kapelle ein würdiger Ort des Glaubens ist, der für alle Konfessionen offen ist.

Kirche in der Metropole Ruhr

In die Amtszeit des zweiten Essener Bischofs, Dr. Hubert Luthe, fällt der Abschluss des Partnerschaftsvertrages mit dem Erzbistum Kattowitz (Polen). Auch die Partnerschaft mit dem Bistum Hongkong, der Austausch mit den USA („crossing over") sowie die ausgeprägte Arbeit der fremdsprachigen Gemeinden zeigen, dass im Bistum Essen der Integration verschiedener Nationen ein besonderer Stellenwert eingeräumt wird. Sowohl die katholische als auch die evangelische Kirche haben dazu beigetragen, den Menschen an Ruhr und Lenne eine „Heimat im Glauben" zu geben. Dazu gehört auch die gute Partnerschaft mit den jüdischen und den muslimischen Gemeinden, die vor allem durch Weihbischof em. Franz Vorrath vorangetrieben wurde.

Das Gebiet des Bistums Essen umfasst rund 2,5 Millionen Menschen, und in einer der fünf größten Metropolen Europas

Weltjugendtagskreuz vor dem Förderturm der Zeche Prosper Haniel

STATISTISCHE DATEN

Bistumsstadt: Essen
Hauptkirche: Der Essener Dom
Bischof: Dr. Franz-Josef Overbeck
Weihbischöfe: Ludger Schepers und Wilhelm Zimmermann

Generalvikar: Msgr. Klaus Pfeffer

Gründungsjahr: 1958 (eines der jüngsten Bistümer Deutschlands)
Fläche: 1891 km² (eines der kleinsten Bistümer Deutschlands)
Pfarreien: 43 und Gemeinden: 174
Einwohner: 2 481 832

Katholiken: 830 623 (33,5 Prozent der Einwohner)

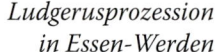

Ludgerusprozession in Essen-Werden

sind 33,5 Prozent der Bevölkerung katholisch (rund 830 000 Menschen). Rund die Hälfte des Bistums Essen bildet dabei das ländlich geprägte Sauerland mit dem Ankerpunkt Lüdenscheid. Und Europa war im Kulturhauptstadtjahr 2010 auch zu Gast an der Ruhr und an der Lenne. Die Kirche im Bistum Essen hat dabei gezeigt, dass sie – damals wie heute – Brücken zwischen den Nationen, Kulturen und Religionen schlagen kann.

Vom Strukturwandel zum Zukunftsbild – die Kirche im Wandel

Der Strukturwandel mit seinem demographischen Wandel und sinkenden Katholiken- sowie Priesterzahlen hat dazu geführt, dass Bischof Dr. Felix Genn im Jahr 2005 einen Umstrukturierungsprozess im Bistum initiierte. „Wir müssen diese große pastorale Herausforderung annehmen und den Umbruch der Kirche gestalten. Die Kirche als Gemeinschaft der Glaubenden hat eine Sendung zu erfüllen – auch mit weniger Mitteln", so Bischof Genn wörtlich. Dabei ging es dem dritten Bischof von Essen in seinem Hirtenwort vom 10. Januar 2005 aber nicht darum, das Ruhrbistum allein finanziell und strukturell handlungsfähig zu halten, sondern auch inhaltlich als „lebendige Kirche" neu aufzustellen. Dazu wurden die 259 Gemeinden im Ruhrgebiet und märkischen Sauerland zu 43 Pfarreien zusammengeschlossen sowie Personal und Angebote reduziert. Gerade die Aufgabe von Kirchengebäuden, die vielerorts erst nach dem 2. Weltkrieg wieder aufgebaut oder neu entstanden waren, betrübte die Gläubigen im Bistum Essen anfangs schwer. Bis heute sind diese „Wunden" noch mancherorts spürbar, wie Generalvikar Klaus Pfeffer betonte. Das Bistum Essen ist aber froh, für viele der sogenannten „weiteren Kirchen" eine gute Nutzung gefunden zu haben. „Die Kirche im Ruhrbistum ist weiterhin bei den Menschen vor Ort präsent", betonte Msgr. Pfeffer und blickt dabei optimistisch in die Zukunft.

Denn Bischof Dr. Franz-Josef Overbeck hat am 28. Januar 2012 den Dialogprozess „Zukunft auf katholisch" initiiert, in dessen Folge in thematischen „Bistumsforen", aber auch dezentral in Gemeinden, Pfarreien und Verbänden über die Zukunft des Ruhrbistums beraten wurde. Daraus entstanden ist ein „Zukunftsbild", mit dem die Kirche im Ruhrgebiet und Sauerland neu „modelliert" werden soll – und dies gemeinsam mit allen Gläubigen. Das Bistum Essen beschreibt sein Zukunftsbild mit sieben Eigenschaften: „Wir schlagen vor, eine Kirche sein zu wollen, die erfahren werden kann als: berührt, wach, vielfältig, lernend, gesendet, wirksam und nah", so Bischof Overbeck und Generalvikar Pfeffer, und sie verbinden mit dem Zukunftsbild den Wunsch, „dass wir gemeinsam eine Kirche ‚entfalten',

Impressionen vom ersten bistumsweiten Dialogforum

der man die Lust am Christsein siebenfach anmerkt!" Und das Bistum Essen ist bereit, dafür auch neue Wege zu gehen und dabei im Sinne des Zukunftsbildes alle Getauften, „die sich für den Glauben engagieren wollen", einzubinden, wie Generalvikar Msgr. Klaus Pfeffer betont. Es werden „überzeugte Christen" gesucht, die die Kirche mitgestalten wollen, auch wenn dies zuvor bedeutet „schmerzhaft Abschied nehmen zu müssen" (z. B. von Kirchengebäuden). Der Strukturwandel an der Ruhr und Lenne wird dabei noch einige Zeit und Kraft kosten, die „wandelerprobten" Katholiken im Ruhrgebiet und Sauerland sind aber bereits aufgebrochen, die Zukunft des Kirche im Bistum Essen aktiv mitzugestalten.

Impressionen von der Abschlussfeier der bistumsweiten Dialogforen mit der Vorstellung des Zukunftsbildes vor dem Essener Dom

Ludgerusfest in der Basilika in Essen-Werden

Geschichte

Die Anfänge der Stadt Essen und des Essener Doms

Das Bistum Essen ist das jüngste der fünf nordrhein-westfälischen Bistümer. Gegründet wurde das „Ruhrbistum" in seiner heutigen Form zwar erst 1958, jedoch blicken die Kathedrale des Bistums und die Stadt Essen auf eine wesentlich längere Geschichte zurück. Bereits in der Mitte des 9. Jahrhunderts entstand in Essen ein hochadeliges Damenstift, das um das Jahr 1000 unter seinen Äbtissinnen Mathilde und Theophanu seine Blütezeit erlebte.

Erste Pläne zur Bistumsgründung

Durch die päpstliche Bulle von Papst Pius VII. „De salute animarum" („Zum Heil der Seelen") wurden 1821 die Diözesangrenzen in Deutschland neu geordnet. Obwohl erste Pläne zur Bistumsgründung in Verhandlungen mit der preußischen Regierung scheiterten, hielt sich seit Beginn des 20. Jahrhunderts die Idee zur Gründung eines Bistums an der Ruhr.

Ausgangspunkt waren schließlich Verhandlungen zwischen dem Vatikan und dem Land Nordrhein-Westfalen, die am 19. Dezember 1956 zu einem Vertrag über die Errichtung des Bistums Essen führten, für das die Bistümer Köln, Münster und Paderborn einen Teil ihrer Gebiete abtreten sollten. Mit der Zirkumskriptionsbulle „Germanicae gentis" vom 23. Februar 1957 wurde das Bistum Essen durch Papst Pius XII. kanonisch errichtet.

Das Bistum in den 60er- und 70er-Jahren

Am 1. Januar 1958 wurde der Paderborner Weihbischof Franz Hengsbach als Bischof von Essen eingeführt. Zu den wichtigen Ereignissen, die in dieser Zeit angesiedelt sind, zählt sicherlich auch der 82. Deutsche Katholikentag, der 1968 in Essen stattfand. Im Laufe seiner Amtszeit sah sich Bischof Hengsbach mit großen Herausforderungen konfrontiert, die wesentlich aus dem beginnenden Strukturwandel im Ruhrgebiet resultierten und bei denen der spätere Kardinal Hengsbach zu einer Integrationsfigur des Bistums wurde. Auch Hengsbachs Nachfolger, Altbischof Dr. Hubert Luthe, wurde mit einem Strukturwandel konfrontiert. Allerding innerhalb der Kirche wegen schrumpfenden Mitgliederzahlen und gesunkenen Kirchensteuereinnahmen. In die Amtszeit von Bischof Luthe fallen der Partnerschaftsvertrag mit dem Erzbistum Kattowitz und die Gründung des Hilfsfonds der Priester im Bistum Essen.

Papstbesuch
Ein besonderer Höhepunkt in der jungen Geschichte des Bistums Essen war der Besuch von Papst Johannes Paul II. im Mai 1987 im Ruhrgebiet. Der Heilige Vater besuchte die Städte Bottrop, Essen und Gelsenkirchen, darunter auch die Zeche Prosper-Haniel, wo heute auf der Halde ein Holzkreuz an den Papstbesuch erinnert. Im Gelsenkirchener Parkstadion feierte Papst Johannes Paul II. mit 100 000 Gläubigen eine heilige Messe.

Neueste Zeit
Am 7. Oktober 2001 erfolgte die Seligsprechung von Nikolaus Groß durch Papst Johannes Paul II. Der 23. Januar ist der Gedenktag des aus Niederwenigern stammenden Bergmanns und Journalisten, der sich gegen das NS-Regime gestellt hatte und am 15. Januar 1945 ermordet wurde.

Am 6. Juli 2003 wurde Dr. Felix Genn als dritter Bischof von Essen in sein Amt eingeführt. Während seiner Amtszeit musste Genn aus finanziellen Gründen einen umfassenden strukturellen Wandel einleiten, in dessen Folge alle Gemeinden zu 43 Pfarreien zusammengelegt werden mussten.

Am 19. Dezember 2008 ernannte Papst Benedikt XVI. Dr. Felix Genn zum Bischof von Münster. Sein Nachfolger wurde Dr. Franz-Josef Overbeck, den Papst Benedikt XVI. am 28. Oktober 2009 zum vierten und heutigen Bischof von Essen ernannte.

Bischof Dr. Franz Hengsbach

Persönlichkeiten des Bistums

■ Kardinal Dr. Franz Hengsbach

Kardinal Hengsbach war der erste Bischof des Bistums Essen. Der Gründerbischof des Bistums an Ruhr und Lenne wurde am 10. September 1910 im Sauerland geboren. Mit seiner engen Verbundenheit zur Region stellte Hengsbach einen idealen Repräsentanten des Ruhrbistums dar. Zugleich genoss er bei der Bevölkerung aufgrund seiner freundlichen und offenen Art große Sympathien. Zu seinen zentralen Errungenschaften zählte vor allem der Aufbau des Bistums Essen. Aber auch die Zuversicht und Hoffnung, die er den Menschen während der Strukturkrise vermittelte, bleiben bis heute in Erinnerung. Die Nähe zu den Menschen und seine Präsenz „vor Ort" – während die Zechenstilllegungen in den 60er-Jahren die wirtschaftliche Situation im Bistum überschatteten – waren charakteristisch für das Leben und Wirken Hengsbachs.

In seiner über 30-jährigen Amtszeit als Bischof Essens hat er viel bewirkt. Als einer der Initiatoren des Briefwechsels zwischen der polnischen und der deutschen Bischofskonferenz trug er maßgeblich zur Aussöhnung zwischen den beiden Völkern bei. Zudem war Hengsbach Mitbegründer der Bischöflichen Aktion Adveniat im Jahr 1961, deren Vorsitz er bis zu seinem Tod innehatte.

Am 28. Juni 1988 würdigte der Papst das Wirken des Bischofs mit der Aufnahme in das Kardinalskollegium. Rund drei Jahre später – am 24. Juni 1991 – starb Dr. Franz Hengsbach. Eine prägende Figur für das Ruhrbistum wird er immer bleiben.

■ Bischof Dr. Franz-Josef Overbeck

Geboren wurde der aktuelle Bischof des Bistums Essen am 19. Juni 1964 in Marl. Damit ist er zurzeit der Jüngste unter den fünf nordrhein-westfälischen Bischöfen. Nach Abschluss des Studiums in Münster wurde Franz-Josef Overbeck am 10. Oktober 1989 in Rom durch Joseph Kardinal Ratzinger zum Priester geweiht. Overbeck promovierte ebenfalls in Münster und wurde im Jahr 2000 zum Leiter des Instituts für Diakonat und pastorale Dienste im Bistum Münster ernannt.

Franz-Josef Overbeck wurde am 1. September 2007 im St.-Paulus-Dom zu Münster zum Bischof geweiht. Zwei Jahre später erfolgte die Ernennung zum Bischof von Essen.

Am 24. Februar 2011 erfolgte seine Berufung zum Katholischen Militärbischof für die Deutsche Bundeswehr durch Papst Benedikt XVI.

Bischof Dr. Franz-Josef Overbeck

Erzbistum Freiburg

Caritasstadt und Diözese mit vielfältigen Ordenstraditionen

Südliches Flair, die Nähe zum Elsass, Oberrhein – in der Stadt mit den meisten Sonnentagen schlägt auch das Herz der Caritas. Eigentlich wäre die Caritas ein Großkonzern, etwa 600 000 Menschen arbeiten in den Krankenhäusern, Altenheimen, in Sozialstationen, in der Jugendwohlfahrt, Schuldenberatung, bei Firmen auf dem sog. Zweiten Arbeitsmarkt. Diese Vielfalt katholischen sozialen Engagements wird von Orden, Pfarreien, Bistümern und gemeinnützigen Gesellschaften getragen. Sie wird nicht zentral verwaltet, sondern von Freiburg aus koordiniert, die Stellungnahmen zur Sozialpolitik werden abgestimmt, die beruflichen Standards festgelegt.

Die Katholiken schätzen die Caritas, das Engagement für den Nächsten in Schwierigkeiten bleibt nicht nur von der Botschaft Jesu gefordert, sondern wird an vielen Plätzen stündlich verwirklicht.

An vielen Orten hatten sich im 19. Jahrhundert Frauen und Männer zusammengetan, um Kranken, Waisenkindern, alten Menschen, Kriegsheimkehrern, Alkoholkranken, Flüchtlingen und Reisenden unmittelbar zu helfen. Lorenz Werthmann, ein Freiburger Domkapitular, begann, diese vielen Initiativen zu vernetzen und politisch zu vertreten. Er hatte als Kaplan die Situation in der Großstadt kennengelernt, sich dann aber auch mit den sozialpolitischen Fragen auseinandergesetzt. 1897 kam auf seine Initiative hin ein erster Kongress, Caritastag genannt, in Köln zustande. 1916 wurde für die zentralen Aufgaben in Freiburg der Deutsche Caritasverband gegründet, der dann mit dem Krieg und den Nöten der Nachkriegszeit, so einer Grippe-Pandemie, gefordert war. Für Werthmann war die Caritas aber nicht nur die politische Vertretung der katholischen Sozialeinrichtungen, er wollte mit der Idee der Caritas die Gesellschaft durchringen:

„Und so nehmen Sie die besten sozialen Gesetze: alles ist in Ordnung – aber die Gesetzgebung wird sich nicht fortbewegen. Warum? Es fehlt die Caritas im Herzen des Fabrikanten …; es fehlt der weite Blick und das warme Herz bei dem Beamten, der die Ausführung dieser Gesetze überwachen soll. So ist also die Caritas der Dampf in der sozialen Maschine … Trägerin der sozialen Versöhnung und Pfadfinderin für staatliche und gesetzgeberische Maßnahmen."

Ohne diese Organisation, die die Verantwortung für die einzelnen Aktivitäten, das Heim, das Krankenhaus auf der jeweiligen Ebene belässt und diese vernetzt, um sie

Altenpflege gehört zu den wichtigsten Aufgaben der Caritas – und ist sichtbarer Ausdruck eines christlichen Glaubens- und Lebensverständnisses.

Das Freiburger Münster mit dem vielleicht „schönsten Turm der Christenheit" haben die Bürger der Stadt Maria gewidmet. Als das Bistum nach den Wirren der napoleonischen Kriege errichtet wurde, hatte die Kirche die Stürme der Zeit überstanden und dient seitdem als Bischofskirche.

politisch zu vertreten, wäre der große soziale Aufbruch im 19. Jahrhundert in eine nur staatlich organisierte Wohlfahrtspflege übergegangen. Mit dem Diakonischen Werk, der Zentralwohlfahrtsstelle der Juden in Deutschland, der Arbeiterwohlfahrt, dem Paritätischen Wohlfahrtsverband und dem Roten Kreuz bildet der Caritasverband das soziale Netz, das jeden auffangen kann.

Wurzeln des badischen Bistums

Als Lorenz Werthmann 1886 mit dem Studium der sozialen Frage begann, bestand das Bistum gerade einmal 65 Jahre. 1821 war es aus dem bisherigen Bistum Konstanz, rechtsrheinischen Teilen des früheren Bistums Speyer und Teilen der Bistümer Straßburg, Worms, Mainz und aus dem fränkischen Teil Badens auch des Bistums Würzburg entsprechend dem neuen Großherzogtum Baden zusammengefügt worden. Auch die Hohenzollern-Fürstentümer Sigmaringen und Hechingen gehören zum Erzbistum. Erst 1827 konnte sich der Vatikan mit dem Großherzogtum Baden auf einen Kandidaten für das Bischofsamt einigen, den bisherigen Münsterpfarrer in Freiburg. Bernhard Boll wurde erster Bischof.

Erzbistum Freiburg

Der Innenraum des Münsters zeigt die Bauidee der Gotik: Die hohen Gewölbe machen den Kirchenraum zu einem Abbild des Himmels.

Betrachtet man das Bistum auf der Landkarte, dann zieht es sich vom Bodensee über den Schwarzwald und den Rheingraben bis in die ehemalige Vorderpfalz mit Mannheim, umschließt im Norden das württembergische Bistum Rottenburg-Stuttgart und ragt noch nach Mainfranken.

Zusammengesetzt aus verschiedenen Landschaften

Das Erzbistum vereint viele Landschaften, Dialekte und mehrere Zentren, so die Stadt der Bundesgerichte und frühere Residenz, Karlsruhe, Mannheim, die frühere Residenz des pfälzischen Kurfürsten und heute Industriestandort mit Hafen, Heidelberg mit einer der ältesten Universitäten, Konstanz, die frühere Bistumsstadt am Bodensee mit einer großen Geschichte.

In Spannung mit den Landesfürsten

Die Bistümer, die im Verlauf der napoleonischen Kriege und der Säkularisierung aufgelöst wurden, haben nicht in den vorherigen Grenzen überlebt. Das gilt vor allem für das bestimmende Bistum des südwestlichen Raums, Konstanz am Bodensee. Hier fand zwischen 1414-1418 ein Konzil statt. Anlass für das Konzil war der Wille Kaiser Sigismunds, das Mehr-Päpste-System zu beenden, um so die Einheit der Christenheit wiederherzustellen und damit die Einheit des Reiches zu festigen. 1378 hatte eine Kardinalsgruppe einen Gegenpapst gewählt, 1409 eine weitere Gruppe einen dritten Papst. Das Kardinalskollegium konnte dieses Schisma nicht überwinden, war es doch selbst dessen Ursprung. 1417 konnte ein neuer Papst gewählt werden, er ging als Martin V. in die Geschichte ein. Dann setzte sich das Konzil mit den Lehren von John Wyclif, Jan Hus und Hieronymus von Prag auseinander. Eigentlich beginnt hier die Reformationsgeschichte. Die beiden Böhmen waren anwesend und wurden, trotz der Zusicherung freien Geleits, auf dem Scheiterhaufen 1415 als Ketzer hingerichtet. Wyclif war zur Zeit des Konzils bereits 30 Jahre tot.

Das Bistumsgebiet von Konstanz reichte weit in die heutige Schweiz. Als mit dem Wiener Kongress das Königreich Württemberg und das Großherzogtum Baden aus vielen Kleinstaaten zusammengefügt wurden, verlangten die jeweiligen Landesherren auch Kontrolle über die katholische Kirche und damit einen Bischofssitz in ihrem Gebiet. Dafür wurde meist nicht die jeweilige Hauptstadt gewählt – Karlsruhe für Baden –, sondern ein mehrheitlich ka-

Die Einbeziehung der Laien wird im Erzbistum Freiburg großgeschrieben: Ein sinnfälliger Ausdruck dafür war auch der Katholikentag 2012 in Mannheim.

tholischer Ort. So wurde Freiburg am Südende der Diözese und nicht Karlsruhe Sitz des Bischofs. In Freiburg gab es bereits ein gotisches Münster. Während Karlsruhe eine Technische Hochschule erhielt, wurde die 1457 in Freiburg gegründete Universität, neben Heidelberg eine der badischen Universitäten, mit einer katholischen theologischen Fakultät. In Heidelberg hatte die 1386 gegründete Universität bereits eine renommierte evangelische theologische Fakultät.

Wenn auch das neue Großherzogtum Baden viele katholische Gebiete dazu erhalten hatte, waren die Großherzöge erst einmal ihren protestantischen Untertanen zugetan. Als Landesherr waren sie auch deren Kirchenoberhaupt, sie blieben deren Bischof bis zum Ende des Ersten Weltkrieges, während die Katholiken als unsichere Kantonisten galten, weil sie ja noch einen Papst in Rom haben. Es ist kaum bekannt, aber in Baden wurden die Katholiken noch mehr unter Druck gesetzt als in Preußen. Der Handlungsspielraum des Erzbischofs wurde stark eingegrenzt, Personalentscheidungen mussten durch die Regierung abgesegnet werden. Die südwestdeutschen Katholiken waren dann auch wesentlich an der Revolution von 1848 beteiligt, die sich im Paulskirchenparlament ein Reformorgan schuf, über das die Katholiken und ihre Bischöfe mehr Rechte erkämpften.

Mit der wachsenden Demokratiebewegung, die auf die Ablösung des absolutistischen Herrschaftssystems drängte, forderten die Bischöfe von Freiburg, Rottenburg und Mainz sowie Limburg und Fulda, die damals zur Oberrheinischen Kirchenprovinz gehörten, 1851 mehr Selbstbestimmungsrechte für die katholische Kirche. Diese wurden weitgehend abgelehnt. Der Freiburger Erzbischof Hermann von Vicari erklärte daraufhin 1853, dass die Kirche die von ihr beanspruchten Rechte, vor allem die Besetzung der Pfarreien, wahrnehmen werde. Die badische Regierung reagierte hart, worauf höhere Beamte katholischer Konfession mit dem Kirchenbann belegt wurden. Doch wegen der öffentlichen Meinung mussten der Kirche Zugeständnisse gemacht werden. 1864 wurden durch ein Gesetz die Rechte der katholischen Kirche erneut eingeschränkt und der Kirchenkampf wieder entfacht. Der badische Staat verlangte u. a., dass die angehenden Priester für das badische Staatskirchenrecht und andere Gebiete ein Examen ablegen mussten. Der Streit ging in den von Preußen ausgelösten

Erzbistum Freiburg 111

STATISTISCHE DATEN

Erzdiözese Freiburg:

1,96 Millionen Katholiken, sie machen 38 % der Bevölkerung aus
In 26 Dekanaten und 225 Seelsorgeeinheiten ist die Seelsorge neu strukturiert
Freiburg ist reich an Orden,
41 Niederlassungen von Frauenorden und 22 von Männerorden werden gezählt
18 Gymnasien, 6 Realschulen
994 Kindertagesstätten
98 Sozialstationen
23 Krankenhäuser

Kulturkampf über und wurde 1876 beendet. Die volle Religionsfreiheit erhielten die katholischen Bistümer erst mit der Weimarer Verfassung.

So begann der Kulturkampf – mit Eingriffen in die Freiheit der Verkündigung, der Absetzung von Pfarrern und dem Verbot von Orden – in Baden. Was als Schwächung der katholischen Kirche angezielt war, bewirkte das Gegenteil. Obwohl von den Landschaften und den Menschen eher disparat, wuchs das Bistum durch den Kulturkampf zusammen und entwickelte eine besondere katholische Identität. Diese Identität war nicht rückwärtsgewandt, sondern verband sich mit dem südwestdeutschen Liberalismus. Nicht nur ist die grüne Bewegung im Bereich des Bistums weniger marxistisch geprägt, es gibt auch Brücken zum christlichen Verständnis der Schöpfung. Auch die Einbeziehung der Laien in die Entscheidungen der Diözese geschieht in großer Selbstverständlichkeit. Freiburg und die beiden anderen Bistümer der Oberrheinischen Kirchenprovinz, Rottenburg und Mainz, nahmen sich eines Problems an, für das die Kirchen der Orthodoxie schon längst eine Lösung gefunden haben: nämlich denen, die nach einer gescheiterten Ehe wieder heiraten, den Zugang zu den Sakramenten wieder zu öffnen.

Blick in die Zukunft

In der von Universitäten und innovativen Unternehmen geprägten Region sind wie auch anderswo in Deutschland neue Seelsorgskonzepte gefragt. Um diesen Entfaltungsmöglichkeiten zu bieten, wurde das großräumige Bistum neu gegliedert. Aus den bisher 1 075 Pfarreien werden entsprechend den Lebensräumen der Menschen 225 Seelsorgseinheiten zusammengefügt. Eine solche Einheit soll durchschnittlich 10 000 Katholiken zusammenführen. Jede Seelsorgseinheit wird von einem Pfarradministrator geleitet, die Seelsorgsteams werden größer und die einzelnen Mitglieder werden für mehrere Gemeinden eingesetzt. Die Seelsorgseinheit wird kirchen- und staatsrechtlich als Pfarrei eingerichtet und erhält den Status einer Körperschaft des Öffentlichen Rechts.

Region der Klöster und der spirituellen Aufbrüche

Die ersten Klostergründungen gingen auf iro-schottische Mönche zurück. Der irische Mönch Gallus gründet das nach ihm benannte Kloster St. Gallen. Auf der Reichenau gründete Primin 724 ein Benediktinerkloster, das neben Fulda und Lorch unter den Karolingern wie den Ottonen ein bedeutendes religiöses und kulturelles Zentrum war.

Mit der Reform, die vom burgundischen Cluny ausging, werden Abteien reformiert oder, wie St. Peter im Schwarzwald, heute das geistliche Zentrum des Erzbistums, neu gegründet. Die Zisterzienserinnenabtei, 1245 in Lichtenthal bei Baden-Baden gegründet, ist bis heute ein Ort des Gebets und des klösterlichen Lebens.

In allen Teilen des Erzbistums ist die Prägekraft der Orden zu spüren. Hier in unmittelbarer Nähe des Mannheimer Schlosses die Jesuitenkirche.

Es sind nicht nur die vielen gotischen Kirchen und Klosteranlagen, es sind auch die Personen, die an die Blüte mittelalterlicher Frömmigkeit am Oberrhein erinnern.

Meister Eckart, der große Dominkanertheologe des 14. Jahrhunderts, hielt hier vor Ordensfrauen seine deutschen Predigten. Seine Schüler, die Dominikaner Johannes Tauler und Heinrich Seuse, wirkten in Straßburg bzw. im Bodenseeraum.

Im 19. Jahrhundert kommt es zu vielen Neugründungen von caritativen und Schul-Orden. Beuron, ein Klostergebäude im Donautal, das bis zur Säkularisierung ein Augustinerstift war, wird 1863 wieder als Benediktinerabtei errichtet. Die Brüder Maurus und Placidus Wolter waren 1856 in die römische Benediktinerabtei St. Paul vor den Mauern eingetreten. Sie konnten in Beuron eine Gemeinschaft aufbauen. Von Beuron sind weitere Klöster, so 1892 Maria Laach, neu besiedelt worden. Beuron wurde zu einem Zentrum der Liturgischen Erneuerung. Der Mönch Schott gab 1884 ein Messbuch heraus, in dem die lateinischen Texte parallel mit der deutschen Übersetzung zu finden sind. Beuron fördert die Kunstrichtung, die sich nach den napoleonischen Kriegen der religiösen Bildgestaltung zuwandte. In der Abtei entstand eine der Schulen der Nazarener.

Gertrud Luckner

Nach den sog. Nürnberger Gesetzen 1935 gegen die Juden leitet Getrud Luckner beim Caritasverband eine Stelle für verfolgte Juden, um ihnen zur Ausreise zu verhelfen. Sie genießt die volle Unterstützung von Erzbischof Gröber und Caritaspräsident Benedikt Kreutz und baut ein Netzwerk auf. 1943 wird sie denunziert, festgenommen und ins Konzentrationslager Ravensbrück verbracht. Die Rote Armee befreit sie am 3. Mai 1945 aus dem Todesmarsch, zu dem die Insassen des KZ gezwungen wurden. Nach dem Krieg widmet sie sich der Verständigung mit den Juden. Sie gibt den „Freiburger Rundbrief zur Förderung der Freundschaft zwischen dem alten und neuen Gottesvolk – im Geist der beiden Testamente" heraus.

Geschichte

Im 6. Jahrhundert kommen die irischen Mönche Fridolin, Lanolin, Trudpert und Gallus zu den Alemannen an Rhein und Bodensee.

Um 585 wird das Bistum Konstanz als Missionszentrum für die Alemannen gegründet. Vom Bodensee reicht es bis in die heutige Schweiz, der Allgäu gehört dazu und große Teile der Nachfolgebistümer Rottenburg und Freiburg.

724 gründet der Wanderbischof Pirmin auf der Reichenau ein Kloster.

934 bis zu seinem Tod **975** missioniert Konrad als Bischof von Konstanz die Alemannen.

1054 Beginn des Baus des Münsters in Konstanz.

1414-18 Konzil von Konstanz. Auf Betreiben Kaiser Sigismunds kommt es zu einer Klärung der Papstamtes. Seit 1378 hatten zeitweise drei verschiedene Päpste das Amt unwirksam gemacht. Diese mussten zur Abdankung bewegt werden. 1417 wird in Konstanz von Kardinälen und Konzilsmitgliedern der Kardinal Oddo di Colonna zum Papst gewählt. Da seine Wahl auf den Martinstag fiel, nannte er sich Martin V.

1527 nimmt die Stadt das reformatorische Bekenntnis an. Der Bischof flieht nach Meersburg

1548 zwingen die Habsburger die Bevölkerung zurück zum katholischen Bekenntnis, indem sie den Status der „Freien Reichstadt" aufheben.

1803 wird das Fürstbistum aufgehoben, der Teil, über den der Bischof Landesherr war, fiel an Baden. Das Bistum als kirchliche Einheit blieb erhalten. Jedoch beanspruchen die neuen Staaten Baden und Württemberg die Oberhoheit wie über ihre evangelischen Untertanen auch über die Katholiken. Für das angestrebte „Kirchenregiment" richteten sie Abteilungen in ihren Kultusministerien ein.

1821 löst der Vatikan das Bistum Konstanz auf, die Schweizer Teile kommen zu Basel und Chur, im Kanton St. Gallen wird ein eigenes Bistum gegründet. Die Bistümer Freiburg und Rottenburg werden im gleichen Jahr errichtet.

1827 kommt es erst zur Einsetzung des Freiburger Münsterpfarrers Bernhard Boll als erster Bischof.

1916 erhalten die bisher nur durch Konferenzen zusammengehaltenen sozialen Initiativen im Caritasverband eine feste Struktur mit Sitz in Freiburg.

1933 kommt es auf der Basis der Weimarer Verfassung zu einem Konkordat mit Baden.

1932-1948 Erzbischof Konrad Gröber wird nach anfänglichen Sympathien zu einem entschiedenen Gegner des Nationalsozialismus.

2005 setzt Erzbischof Zollitsch die in mehrjähriger Arbeit entwickelten Pastoralen Leitlinien in Kraft.

2008-2014 Erzbischof Zollitsch, seit 2003 Erzbischof, ist für sechs Jahre Vorsitzender der Deutschen Bischofskonferenz.

Aus den bisherigen 372 Seelsorgseinheiten werden schrittweise 225 gebildet.

Das gotische Konstanzer Münster – das traditionsreiche Bistum Konstanz wurde zu Beginn des 19. Jahrhunderts aufgelöst. Große Teile des Bistums bilden heute die Erzdiözese Freiburg.

Erzbischof Hermann von Vicari

Erzbischof Konrad Gröber

Erzbischof Hermann Josef Schäufele

Erzbischof Robert Zollitsch

Bischöfe

■ **Hermann von Vicari**, von 1842-1868 Erzbischof, erkämpft für die Kirche Freiheitsrechte, so die Besetzung von Pfarrstellen und die Aufsicht über den Religionsunterricht. Als von Vicari 1868 im Alter von 94 Jahren stirbt, wird der Bischofsstuhl wegen des Badischen Kulturkampfes bis 1882 nicht besetzt.

■ **Konrad Gröber**, in Meßkirch geboren, wurde zuerst 1931 Bischof von Meißen und 1932 nach Freiburg berufen. Nach anfänglichen Sympathien für den Nationalsozialismus wird er 1935 zu einem entschiedenen Gegner. Er nimmt in Predigten und schriftlich Stellung und unterstützt Rettungsaktionen für Regimegegner und Juden. Er stirbt 1948.

■ **Hermann Josef Schäufele**, von 1958-1977 Erzbischof, nimmt am II. Vatikanischen Konzil teil und setzt die Konzilsbeschlüsse im Bistum um.

■ **Robert Zollitsch** ist ab 2003 Erzbischof; von 2008-2014 ist er Vorsitzender der Deutschen Bischofskonferenz. Er leitet die Neustrukturierung der Seelsorgsbereiche ein und hat 2005 Pastorale Leitlinien unter der Überschrift „Den Aufbruch gestalten" in Kraft gesetzt.

■ **Stefan Burger** ist der 15 Oberhirte des Erzbistums. Er wurde am 29. Juni 2014 zum Nachfolger von Robert Zollitsch in Freiburg zum Bischof geweiht. Nach verschiedenen Einsätzen als Pfarrer wurde er Offizial der Diözese, d. h. Vorsitzender des diözesanen Gerichts.

Erzbischof Stefan Burger

Bistum Fulda

Treffpunkt am Grab des heiligen Bonifatius

Bonifatius hebt den Grabdeckel nach oben. Damit wird sein Glaube an die Auferstehung von den Toten bildhaft dargestellt und auch seine bleibende Präsenz für die Kirche in Deutschland. Er hat 744 in Fulda eine Abtei gegründet, in der er auch begraben werden wollte. Neben dem Kölner Dom, Wallfahrtsorten wie Altötting oder Kevelaer ist dieses Grab mit dem heiligen Bischof zu einem Identifikationspunkt der deutschen Kirche geworden. Die Kraft dieses ersten Apostels Deutschlands ist noch wirksam und versammelt seit 1867 die deutschen Bischöfe. Auch hat keiner so viele Bistümer auf deutschem Boden gegründet und reorganisiert wie er. Würzburg, Eichstätt, Erfurt, Büraburg sind seine Gründungen. Die Bedeutung von Mainz als großem mittelalterlichem Erzbistum neben Köln geht darauf zurück, dass er dort seit 746 Bischof war (zur Person des Heiligen s. S. 11 ff.).

Das heutige Bistum Fulda umfasst auch einen guten Teil der Missionsgebiete des Heiligen. So Fritzlar, in dessen heutigem Vorort Geismar Bonifatius 723 die Donar-Eiche fällt, und zwei Klöster, Amöneburg und in Thüringen das Kloster Ohrdruf. Bei Fritzlar lag auch das von ihm gegründete Bistum Büraburg, das von 742 bis 755 bestand.

Fulda, ein alter Königshof, wurde Bonifatius 743 vom fränkischen König übertragen, schon mit einem erheblichen Grundbesitz, nämlich dem Land im Umkreis von vier Meilen. Mit sieben Gefährten begann 744 sein Schüler Sturmius mit dem Aufbau des Klosters. Bonifatius bestimmte selbst den

Der Dom zu Fulda mit der Bonifatius-Skulptur auf dem Grab des „Apostels der Deutschen"

Innenansicht der Michaelskirche in Fulda

Platz der Kirche, in der er ja begraben werden wollte.

Aus einem Brief des Bonifatius des Jahres 751 an den Papst sei hier zitiert: „Es ist ein Waldgebiet, eine Einöde von großer Weltverlassenheit mitten zwischen den Völkern meines Missionsgebietes. Dort habe ich ein Kloster gegründet und Mönche nach der Regel des hl. Benedikt angesiedelt." Die Völker sind die Franken, die Chatten (Hessen) und die Thüringer. Diese Mittellage hat Fulda durch die Wiedervereinigung zurückgewonnen, während es während der deutschen Teilung etwas am Rande lag.

Bischofskonferenz

Mit dem gesellschaftlichen und politischen Aufbruch im Zusammenhang mit dem Paulskirchenparlament konnten die Bischöfe sich auch aus den Beschränkungen lösen, die die absolutistischen Staaten ihnen auferlegt hatten. 1848 trafen sie sich ein erstes Mal in Würzburg. Dann wurde das Grab des Bonifatius Treffpunkt, so dass bis zur Einrichtung der Bischofskonferenzen durch das II. Vatikanische Konzil von der „Fuldaer Bischofskonferenz" gesprochen wurde. Anlass war der 1100. Todestag des Heiligen 1855. Zu den Feierlichkeiten war die Mehrzahl der Bischöfe gereist. Seit 1867 kommt es jährlich zu einer Zusammenkunft in Fulda.

Abtei- und dann Domkirche

Der Fuldaer Dom ist im Barock als Abteikirche für das große Benediktinerkloster gebaut worden. Der großzügige Bau mit einem weiträumigen Platz ersetzte eine Basilika, die unter Abt Ratgar 819 fertiggestellt worden war. Mit dem Barockbau wurde Johann Dietzenhofer betraut. Die Kirche wurde 1712 eingeweiht. In der Krypta unterhalb

Die moderne Elisabeth-Kirche in Kassel, dem Zentrum Nordhessens

des Hochaltars befindet sich der Sarkophag des hl. Bonifatius.

Michaelskirche

Die Atmosphäre des frühen Mittelalters lässt die Michaelskirche ahnen. Sie zählt zu den ältesten Kirchen Deutschlands, 822 fertiggestellt. Sie war die Begräbniskirche auf dem ehemaligen Mönchsfriedhof. Deshalb ist sie wie andere mittelalterliche Begräbniskirchen als Oktogon konzipiert. Die Zahl Acht ist nicht zuerst aus ästhetischen Gründen gewählt, sondern weil man vom achten Tag der Auferstehung Jesu spricht. Michael ist Patron vieler Friedhöfe, weil er die Toten ins ewige Licht führt.

Gebiete in Thüringen

Nicht nur Kurhessen mit seiner Residenzstadt Kassel bestimmt die Grenzen des Bistums, auch der größte Teil Thüringens mit Erfurt gehörte seit 1857 zu Fulda. Durch das Konkordat mit Preußen 1929 wurde das bestätigt. Bedingt durch die deutsche Teilung, musste dort ein eigenes Generalvikariat eingerichtet werden. Dessen Sitz wurde Erfurt. Die Stadt gehörte nach dem kurzen Bestehen des ersten dortigen, von Bonifatius gegründeten Bistums (742-755) zu Mainz. Der Dom war katholisch geblieben. Nach der Wende wurde Erfurt eigenständiges Bistum.

Fulda im Kurfürstentum Hessen

Kassel ist der Mittelpunkt Nordhessens, Sitz des Regierungspräsidenten. Napoleon hatte Kassel 1806 zur Hauptstadt des von ihm gegründeten Königreiches Westfalen gemacht. Die Gebiete des Fürstbistums Fulda wurden nach dessen Säkularisierung zunächst Oranien, dann Frankreich, dem Großherzogtum Frankfurt, Bayern und schließlich dem hessischen Landgrafen zugeschlagen. Kassel wurde dann die Hauptstadt eines der hessischen Fürstentümer, auch Kurhessen genannt. Die starke protestantische Prägung Nordhessens geht auf Philipp I. zurück, damals noch Landgraf dieser Region. Er war von 1524 an ein starker Förderer Luthers. Später war ein Landgraf katholisch, Friedrich II. Von ihm wurden ab 1776 wieder katholische Gottesdienste zugelassen. Als Kassel mit der Industrialisierung auch viele Katholiken anzog, bildeten diese eine nennenswerte Gruppe und bauten ihre Pfarreien auf.

Bonifatius-Weg

Auch wenn Kassel die größte Stadt in dem Bistum ist, orientiert sich das Fuldaer Land

STATISTISCHE DATEN

Bistum Fulda:
403 668 Katholiken, entsprechend
23,5 % der Bevölkerung
10 318 qkm umfasst das Bistum von Hanau im Süden, entlang der bayerischen und thüringischen Grenze, das Gebiet um Fulda und die Region Kassel sowie im Westen die Region Marburg.
10 Dekanate
305 Kirchengemeinden sind in 43 Pastoralverbünden zusammengefasst.
105 Kindergärten
3 Familienbildungsstätten
7 Höhere Schulen und eine Theologische Fakultät in Fulda
11 Sozialstationen
5 Krankenhäuser

Stand: 31. Dezember 2012

mehr zum Rhein-Main-Gebiet. Die Verbindung zwischen Fulda und der heutigen Wirtschaftsregion Rhein-Main hat auch noch andere geschichtliche Wurzeln. Durch die Einrichtung eines Bonifatius-Weges, der von Mainz nach Fulda führt, wird der Übertragung des Leichnams des Heiligen von Mainz nach Fulda zwischen dem 5. und 9. Juli 754 bzw. 755 gedacht. Der Weg geht von Mainz den Main entlang bis zur Mündung der Nidda, folgt diesem Fluss bis in den Vogelsberg, um von da Fulda zu erreichen. Da der historische Weg durch Autobahnen gekreuzt wird, hat man 2004 eine Bonifatius-Route als Wanderweg eingerichtet, die sich an die ursprüngliche Wegführung anlehnt.

Marburg – die hl. Elisabeth, Reformation, Universität

Marburg war die letzte Wirkungsstätte der hl. Elisabeth. Sie gründete dort mit ihrem Witwengeld ein Hospiz. Die gotische Kirche wurde ihr zu Ehren erbaut.
Philipp, 1518 bis 1567 Landgraf von Hessen, gründete 1527 die nach ihm benannte Universität. Sie war die erste protestantische Gründung und wurde durch die eingezogenen Klostergüter finanziert. Die evangelisch-theologische Fakultät ist bis heute bedeutsam. Die Katholiken bilden in der Stadt eine lebendige Gemeinschaft (zur Biografie der hl. Elisabeth s. S. 98 f.).

Fritzlar

Der Dom von Fritzlar bewahrt das Andenken des Bonifatius, der in der Nähe die Donareiche gefällt hat. Denn aus dem Holz der Eiche ließ Bonifatius eine Kapelle errichten.

Statue der hl. Elisabeth in Marburg

Der Dom zu Fritzlar mit der Statue des heiligen Bonifatius, der die Donar-Eiche fällt.

Geismar, wo die Eiche stand, ist heute ein Stadtteil von Fritzlar.

Theologische Hochschule in Fulda

An die große wissenschaftliche Tradition der Fuldaer Abtei, die bereits zu Zeiten Karls des Großen ein geistiges Zentrum war, knüpft die Hochschule an, an der man staatlich anerkannte Abschlüsse in Theologie, auch den Doktorgrad und die Habilitation, erwerben kann. Von 1734 bis zur Säkularisierung gab es eine Universität, die aus dem Hausstudium des Benediktinerklosters und dem Jesuitenkolleg hervorgegangen war. Nach dem damit einhergehenden Verlust wurde die Hochschule für die Priesterausbildung fortgeführt.

Altenberg an der Lahn

Von Wetzlar lahnabwärts liegt auf einer Anhöhe der Lahn das heute von Diakonissen bewohnte ehemalige Prämonstratenserinnen-Stift. Hier war die Tochter Elisabeths von Thüringen, Gertrud, 49 Jahre lang Äbtissin, von 1248-1297. Die Ordensfrauen schlossen sich nicht der Reformation an, trotz der Zerstörung durch die Schweden 1636 konnte das Kloster weitergeführt werden. Es wurde erst 1802 mit dem Reichsdeputationshauptschluss dem Haus Solms übereignet. In der Klosterkirche sind noch mittelalterliche Fresken, so eine Krönung Marias, umgeben von den zwölf Aposteln, erhalten. Altenberg liegt heute im Bistum Limburg.

Das Grab der seligen Gertrud in Altenberg

Geschichte

744 beginnt Sturmius mit sieben Mönchen den Bau der Abtei.

Bonifatius erbat vom Papst **751** die Unabhängigkeit der Neugründung. Kein König, Herzog noch Bischof konnte die Hand auf die Abtei legen. Fulda sollte den Geist seines Gründers bewahren.

779 Beim Tod des ersten Abtes Sturmius zählte die Abtei 400 Mönche.

822-842 Die Abtei wurde unter Rabanus Maurus, der von 822 bis 842 Abt war, immer bedeutender. Er wurde vom Kaiser abgesetzt und dann 847 Erzbischof von Mainz. Fulda wird zum geistigen Mittelpunkt des ostfränkischen Reiches.

1220 Das Kloster wird von Kaiser Friedrich II. zur Fürstabtei erhoben.

1752 Erhebung zum Bistum.

1802 wird das zum Fürstbistum gewordene Fulda durch den Reichsdeputationshauptschluss als Kleinstaat aufgelöst und fällt zunächst an das Haus Oranien, dann an Frankreich, danach ans Großherzogtum Frankfurt, an Bayern und schließlich an Hessen-Kassel. Das Bistum besteht kirchenrechtlich unter dem seit 1788 amtierenden Bischof Adalbert von Harstall fort. 1814 übernimmt der Benediktiner Heinrich Freiherr von Warmsdorf die Leitung des Bistums.

1827 werden durch ein päpstliches Breve die Grenzen des Bistums auf die Kurhessens abgestimmt. Der Bischofssitz kommt nicht in das evangelische Kassel, sondern nach Fulda.

1855 Bonifatiusjubiläum.

1857 wird das Bistum auf das Großherzogtum Sachsen-Weimar ausgedehnt.

1867 jährliches Treffen der deutschen Bischöfe

1946 wird in Erfurt eine kirchliche Verwaltung errichtet.

1980 Papst Johannes Paul II. besucht das Bonifatiusgrab.

1994 Erfurt wird abgetrennt und zu einem selbstständigen Bistum erhoben.

Bonifatiusdenkmal in Fritzlar, dem Ort, an dem Bonifatius die Donar-Eiche fällte

Bischöfe

■ Eduard Schick

Er war Professor an der Hochschule, wurde 1962 Weihbischof und war von 1975 bis 1982 Bischof der Diözese. Er hatte als Weihbischof am Konzil teilgenommen. Auf seine Initiative vor allem geht zurück, dass die Weihbischöfe bei Abstimmungen der Bischofskonferenz volles Stimmrecht genießen. Er setzte sich für den Ausbau der Hochschule ein, die 1978 den Titel „Fakultät" zuerkannt bekam. Als Fachmann für das Neue Testament war er maßgebend an der neuen Bibelausgabe, der „Einheitsübersetzung", beteiligt.

Bischof Eduard Schick

■ Johannes Dyba

Er war vor seiner Ernennung zum Bischof von Fulda im diplomatischen Dienst des Vatikans tätig. Er hatte 1952 ein Jurastudium mit dem Staatsexamen abgeschlossen. 1953 begann er als Priesteramtskandidat das Theologiestudium in Bonn und wurde 1959 von Kardinal Frings zum Priester geweiht. 1962 wurde er in Rom zum Doktor des Kirchenrechts promoviert und war dann in verschiedenen Nuntiaturen tätig. 1979 wurde er Nuntius für mehrere westafrikanische Länder mit Sitz in Liberia. Wie alle Nuntien empfing er die Bischofsweihe. 1983 wurde er Bischof von Fulda. 1990 wurde er Militärbischof. Er starb im Juli 2000. Johannes Dyba war in Berlin geboren und hatte sich die direkte Sprache dieser Stadt bewahrt. Er war einer der meinungsfreudigsten Bischöfe und von den Journalisten geschätzt, weil er prägnant seine Standpunkte vertrat.

Bischof Johannes Dyba

■ Heinz Josef Algermissen

Er ist seit 2001 Bischof von Fulda. Seit seiner Priesterweihe 1969 wirkte er im Erzbistum Paderborn, vor allem in dessen östlichem Teil Minden-Bielefeld. 1996 wurde er zum Weihbischof ernannt und empfing die Bischofsweihe. Er ist seit 2002 Präsident der katholischen Friedensinitiative „Pax Christi", im Dialog mit den Juden engagiert und seit 2003 Vizepräsident des Maximilian-Kolbe-Werkes, das die Beziehung zu Polen pflegt.

Bischof Heinz Josef Algermissen

Bistum Fulda

Bistum Görlitz

Görlitz – Brücke nach Polen

Die östlichste Stadt der Bundesrepublik ist Görlitz, die auf der anderen Seite der Neiße eine polnische Schwesterstadt hat. Mit Zgorzelec bildet Görlitz eine Europastadt. Görlitz ist Zentrum der Oberlausitz. Die Bischofsstadt liegt am unteren Rande des Bistums. In seiner Mitte liegt Cottbus, im Norden reicht das Bistum einige Kilometer an das Umland von Berlin heran. Obwohl Zwei Drittel des Bistumsgebietes in Brandenburg liegen, ist Görlitz nicht preußisch geprägt, sondern von Schlesien her. Und das hängt wieder mit Preußen zusammen.

Blick von Zgorzelec, dem polnischen Teil von Görlitz, auf das deutsche Görlitz mit der evangelischen Petrikirche

In die Geschichte der Lausitz eingebettet

Die ganze Region war in der Reformation zum größeren Teil protestantisch geworden. Jedoch blieb die Lausitz unter böhmischer Herrschaft, so dass das aufgegebene Bistum Meißen mit Bautzen als Zentrum in stark reduzierter Form weiterbestehen konnte und vor allem Klöster erhalten blieben.

Beim Wiener Kongress musste Sachsen, da es aufseiten Napoleons gestanden hatte, den größten Teil der Lausitz an Preußen abtre-

ten. Für die gesamte Region wurde Breslau das Bistum. Von dort wurden Priester und Ordensleute in den Norden geschickt. Allerdings gab es kaum Katholiken. Diese kamen dann später mit dem Beginn des Braunkohletagebaus aus Schlesien und Böhmen in das Gebiet zwischen Hoyerswerda und Cottbus. Diese brachten aus Oberschlesien die Kenntnis des Bergbaus mit. Ebenso waren die Böhmen für die sich entwickelnde Glasindustrie qualifiziert. Es konnten Pfarreien wie auch Ordensniederlassungen gegründet und Kirchen gebaut werden. Ein erneuter Zuzug von Katholiken war nach dem Zweiten Weltkrieg durch die Vertreibung gegeben. Neben Schlesiern kamen vor allem Sudetendeutsche.

Als 1972 die kirchlichen Verwaltungen in den ehemals deutschen Gebieten Polens im Zuge der Verträge der Bundesrepublik mit Polen formell zu Bistümern wurden, wurde der nördliche Teil des Erzbistums Breslau abgetrennt. In Görlitz wurde eine Apostolische Administratur eingerichtet und direkt dem Vatikan unterstellt. Mit Berlin, Dresden-Meißen, Erfurt, Magdeburg und Schwerin gehörte Görlitz zu DDR-Zeiten zur Berliner Bischofskonferenz. Nach der Wende wurde aus der Apostolischen Administratur 1994 das jetzige Bistum. Görlitz ist neben dem Berliner Erzbistum Brücke nach Polen. Nach Mähren hin bestehen zum Bistum Leitmeritz enge Kontakte.

Bischof Wolfgang Ipolt spendet Jugendlichen in Cottbus das Sakrament der Firmung.

Bischof Wolfgang Ipolt mit Firmlingen in Cottbus.

Bistum Görlitz 125

Die Kirche in Jauernick-Buschbach in einer kleinen Gemeinde im Landkreis Görlitz zeigt, wie die Kirchbauten auch heute noch das Bild der Landschaft prägen und nach dem Willen der Bevölkerung prägen sollen.

In der Diaspora mit den evangelischen Christen

Die Ober- wie die Niederlausitz haben nur wenige Einwohner. Unter 775 000 Bewohnern machen die etwa 30 000 Katholiken etwa 3,5 % der Bevölkerung aus. Von den Menschen, die im Gebiet des Bistums wohnen, sind noch 20 % Christen. Die Mehrheit von 80 % kann man nicht einfach als Atheisten bezeichnen. Sie sind auch nicht kirchenfeindlich eingestellt. Die vielen Kirchen in Dörfern und Städten, die nicht niedergerissen wurden, sondern dem Nationalsozialismus und dem Kommunismus standhielten und nach der Wende renoviert wurden, erinnern an die christliche Epoche dieser Region.

Wegen des Landschaftsbildes will die Mehrzahl der Menschen an diesen Kirchen festhalten. Sie sind jedoch nicht zu einem explizit religiösen Bekenntnis bereit. Die Kenntnis christlicher Glaubensinhalte hat sich verflüchtigt. Wenn die Presse von der Firmung und dem dafür angereisten Bischof berichtet, wird das, was für Katholiken zum normalen kirchlichen Leben gehört, zu einer Art Erscheinung aus einer anderen Welt. Dabei werden die Kirchen nicht wie zu Zeiten der DDR aus der Öffentlichkeit ausgeschlossen. Viele Christen wurden in politische Ämter gewählt. Weil sie nicht die Mehrheit sind, müssen die Christen persönlich überzeugen.

Das Christentum ist nicht selbstverständlich

Wie kommt es aber zu einem Wettstreit um weltanschauliche Fragen? War es in Zeiten des Kommunismus der Ausschluss aus der Öffentlichkeit, der nur der offiziellen Staatsdoktrin und nicht dem Christentum Zugang zu den Medien gab, konnten die Menschen sich jedoch über die Medien der Bundesrepublik, vor allem über den Deutschlandfunk und RIAS, Radio im Amerikanischen Sektor, alternativ informieren. Das Fernsehen war in Dresden und weiter östlich nur schwer zu empfangen. Heute gibt es Zugang zu allen Fernseh- und Radioprogrammen. Wurden die Gemeinden damals durch die vielen Ausreisen geschwächt, so heute durch die Arbeitslosigkeit, die gerade die Jungen zwingt, eine Arbeit vor allem in den westdeutschen Ballungsgebieten aufzunehmen. Schwer auszuhalten ist nicht die neue Freiheit, in die waren die Christen eingeübt. Es ist die Gleichgültigkeit gegenüber religiösen Fragen, die die Kirchen vor eine schwere Herausforderung stellt. Allerdings ist abzusehen, dass die Bistümer im Westen sich auf eine ähnliche Situation einstellen müssen. In den Neuen Bundesländern ist zu studieren, wie das aussieht und wie dem standzuhalten ist. Wenn dieses Buch zu einer größeren Solidarität und der gemeinsamen Annahme dieser Herausforderungen beiträgt, wäre das eine angemessene Fort-

setzung der Mission des Bonifatius. Denn dieser war auch nicht in ein religiös waches Deutschland gekommen. Die Menschen opferten den germanischen Göttern nicht zuletzt deshalb, weil die Verehrung dieser Gottheiten reiche Ernten und militärische Überlegenheit in Auseinandersetzungen versprach. Zudem stellten sie nicht so hohe Ansprüche wie das christliche Ethos. Eine Bereitschaft, die größeren Anforderungen der christlichen Religion spontan zu übernehmen, fanden Bonifatius und die Missionare, die später in die Region kamen, nicht vor. Als dann 300 Jahre später die Mission der Slawen begann, waren diese ebenfalls nicht offen für das Christentum. Es dauerte 200 Jahre, bis erste Missionserfolge erkennbar wurden. Damals wie heute kann Mission nur gelingen, wenn die Christen von der Guten Botschaft überzeugt sind, nämlich dass gerade das Evangelium die ganze Fülle des Lebens verspricht.

Klosterkultur

Zu dem Missionserfolg haben nicht zuletzt die Klöster beigetragen. In Brandenburg, in dem der größere Teil des Görlitzer Bistums liegt, gab es 33 Abteien der Zisterzienser und Zisterzienserinnen. In die kaum besiedelte Region kamen Mönche und Nonnen von Abteien, die jeweils zwölf ihrer Mitglieder losschicken konnten. Diese erhielten meist von einem Adeligen bisher unerschlossenes Land und legten nicht nur Felder und Fischteiche an. Der Bau einer Kirche und das Stundengebet zogen auch Menschen aus der Region an, sich der Gemeinschaft der Mönche und Nonnen anzuschließen.

Die Bistumswallfahrt in Neuzelle ist ein Zeugnis lebendigen katholischen Glaubenslebens und Treffpunkt der Gläubigen des Bistums.

Die Kreuzreiter von Wittichenau tragen die Osterbotschaft ins Land.

Kreuzreiten in Wittichenau

Wenn auch die Zahl der Katholiken nicht zunimmt, so doch die der Osterreiter, die in Wittichenau als Kreuzreiter bezeichnet werden. Es sind nicht nur die Reiter mit ihren Pferden im katholischen Sorbenland, auch aus anderen Gebieten kommen Reiter. Von 700 im Jahr 1960 wuchs ihre Zahl auf über 1 600, die zu einem der Treffpunkt kommen. In Wittichenau, einer Pfarrei des Bistums Görlitz, sind es über 400. Sie tragen jedes Jahr auf dem Rücken von Pferden die Osterbotschaft ins Land. Brauchtum verbindet sich mit der Hoffnung auf ein ewiges Leben. Die Reiter bringen diese Osterbotschaft nicht nur in die umliegenden Dörfer, sondern auch den Verstorbenen, indem sie um die Friedhöfe reiten, damit die Toten die Botschaft von der Auferstehung hören.

Neuzelle – Wallfahrtziel an der Oder

Der Name „Zelle" deutet bereits auf eine Klostergründung hin. 1286 wurde es von dem Markgrafen Heinrich dem Erlauchten aus dem Geschlecht der Wettiner als Missionskloster gegründet. Die Wettiner wurden sächsische Kurfürsten und später Könige von Polen. Das Kloster überstand sowohl die Hussitenkriege als auch die Reformation. Die Oberlausitz und Schlesien schickten Mönche. Im Barock erfuhr das Kloster eine neue Blüte. Als die Niederlausitz nach dem Wiener Kongress zu Preußen kam, wurde Neuzelle 1817 aufgelöst, die Ländereien wurden preußischer Besitz. Die Klosterkirche blieb katholisch.

Neuzelle ersetzte für den nördlichen Teil des ehemaligen Erzbistums Breslau die Wallfahrtskirche von Grüssau. Für die Schlesier war das Gnadenbild in der ehemals niederschlesischen Zisterzienserabtei Grüssau Ziel der Wallfahrt. Als die Grenze nur durch Visa überwindbar wurde, wählten die Katholiken der Lausitz 1947 Neuzelle als ihr Wallfahrtziel. Die von Grüssau vertriebenen Benediktinermönche ließen sich übrigens in der Nähe von Heidelberg nieder. Neuzelle konnte sich in die Herzen der Katholiken einschreiben. Ein Lied gibt die Empfindungen der Menschen dieser

Denkmal Paul Gerhardts vor der evangelischen Paul-Gerhardt-Kirche in Lübben

Zeit wieder. Es wurde von Gerhard Schröter 1948 verfasst. Der Friede ist Thema:

Maria, Mutter, Friedenshort, wir kommen in bedrängten Tagen und bitten dich, ein Mutterwort für uns bei deinem Sohn zu sagen.
Sei du um uns wie ein Gebet, vor dem die Stürme knien müssen.
Wenn deine Bitte mit uns fleht, kann sich dein Sohn uns nicht verschließen.

Du weißt, was uns im Herzen bebt an gläubigem und kühnem Wagen.
Wenn deine Hand die Schatten hebt, wird uns ein Fest der Gnaden tagen.
Dein Haus ist wie ein Lobgesang, in dem die stummen Steine beten.
All unser Bitten wird zum Dank und schweigt von seinen dunklen Nöten.
Dein Mantel ist ein goldnes Zelt, gewebt von mütterlicher Liebe.
Breit ihn als Heimat um die Welt, dass keiner ohne Mutter bliebe…

Lübben

Zum Bistum Görlitz gehört der Spreewald. Er ist nicht nur durch seine Gurken bekannt, sondern durch den bekanntesten lutherischen Lieddichter Paul Gerhardt. Da nicht wenige seiner Texte, meist vertont von Johann Crüger, Eingang in das katholische Gesangbuch Gotteslob gefunden haben, bildet er eine Brücke zwischen beiden Konfessionen. In Lübben gibt es einen ökumenischen Kirchenchor. Die Lieder entstanden weitgehend in Berlin, wo Gerhardt 1657 bis 1667 Pfarrer und Crüger Kantor war. Der Lieder „O Haupt voll Blut und Wunden", „Ich steh an deiner Krippen hier"; „Nun

STATISTISCHE DATEN

Bistumsstadt: Görlitz
30 000 Gläubige
Das sind 3,9 % unter
779 00 Einwohnern des Bistumsgebietes
20 Pfarreien

ruhen alle Wälder" seien hier nur genannt. Paul Gerhardt kam als Pfarrer in das abgelegene Lübben im Spreewald, weil er die Vereinigung der lutherischen mit der calvinistischen Konfession, die der Große Kurfürst durch ein Toleranzedikt 1664 nach dem Scheitern von Religionsgesprächen verfügt hatte, nicht unterschreiben konnte. Lübben gehörte damals zu Sachsen.

Bistum Görlitz

Geschichte

Das Gebiet von Görlitz wurde von Meißen wie von Polen aus missioniert. Schlesien war ab dem **9. Jahrhundert** unter mährischer und dann böhmischer Herrschaft. Anfang des **10. Jahrhunderts** errichtet der böhmische Fürst Vratislav I. in Breslau eine Burg.
990 wird Schlesien von dem polnischen Herzog Mieszko I. erobert.
1000 errichtet sein Sohn, Boreslaw der Tapfere, in Breslau ein Bistum.
1037 kommt es zu einem Aufstand gegen die Christianisierung.
1038-1054 gehörte Schlesien wieder zu Böhmen.
1138 wird Schlesien eigenständiges Herzogtum im Königreich Polen.
1186 wird Hedwig von Andechs mit Herzog Heinrich I. von Schlesien verheiratet. Das Ehepaar bemüht sich um eine Vertiefung des christlichen Glaubens in Schlesien.
1241 Mongoleneinfall – in der Schlacht bei Liegnitz fällt der Sohn Hedwigs in der Schlacht.
1243 stirbt Hedwig im Kloster Trebnitz, in das sie sich 1238 nach dem Tod ihres Mannes zurückgezogen hatte.
Zu Beginn des **13. Jahrhunderts** fördert Boleslaw die Ansiedlung von Deutschen und Holländern.
1348 wird Schlesien unter Karl IV. Teil des Heiligen Römischen Reiches, es wird böhmisch und gelangt somit über Erbgang später an das Haus Habsburg.
1742 Im ersten schlesischen Krieg fällt der größere Teil Schlesiens an Preußen, der südliche bleibt als Österreichisch-Schlesien bei Habsburg.
1815 fällt der größte Teil der Lausitz an Preußen, da Sachsen aufseiten Napoleons gekämpft hatte. Die Katholiken in diesem Teil der Lausitz kommen zum Erzbistum Breslau, das durch Entsendung von Priestern und Ordensleuten sowie durch Baumaßnahmen den Katholizismus konsolidiert.
1945 wird mit der Potsdamer Konferenz Schlesien unter polnische Verwaltung gestellt. Die Lausitzer Neiße bildet die neue Grenze zwischen Polen und Deutschland. Viele Schlesier finden im heutigen Gebiet des Bistums Aufnahme.
1972 Nach der Anerkennung der Oder-Neiße Grenze werden die Bistümer in den ehemals deutschen Gebieten formell zu Bistümern erhoben. Görlitz wird zu einer Apostolischen Administratur und direkt Rom unterstellt.
1994 wird Görlitz formell zum Bistum erhoben.

Die Heilig-Grab-Anlage in Görlitz ist ein beeindruckendes Zeugnis mittelalterlicher Frömmigkeit und Anziehungspunkt für zahlreiche Besucher.

Bischof Ferdinand Piontek

Bischof Gerhard Schaffran

Bischof Bernhard Huhn

Bischof Rudolf Müller

Die Bischöfe der Apostolischen Administratur und des Bistums

■ **Ferdinand Piontek** wurde nach dem Tod des Breslauer Erzbischofs im Juli 1945 zum Kapitelsvikar, also zum Bistumsverwalter, gewählt, musste dieses Amt aber nach wenigen Wochen abgeben. Er verließ Breslau und wurde für die durch die neue Grenze abgetrennte Lausitz der erste kirchliche Repräsentant. Er hatte vor dem Krieg bereits in Berlin als Priester gewirkt. Er kümmerte sich vor allem um die schlesischen Priester, die auf dem Gebiet der DDR wirkten. 1948 richtete er in Neuzelle ein Seminar für die praktische Ausbildung der zukünftigen Priester sowie in Görlitz und Cottbus katechetische Seminare ein. 1959 wurde er zum Weihbischof bestellt und erhielt im Alter von 80 Jahren noch die Bischofsweihe. Er starb 1963.

■ **Gerhard Schaffran** war bis 1970 Bischof, bis er nach Meißen als Bischof berufen wurde.

■ **Bernhard Huhn**
Nachdem der Görlitzer Weihbischof Gerhard Schaffran 1970 Bischof von Bautzen-Meißen geworden war, trat Bernhard Huhn seine Nachfolge an. Er stammte aus dem niederschlesischen Liegnitz und trug mehr als 20 Jahre die Last des Amtes unter kommunistischer Herrschaft, zuerst 1971 als Weihbischof und seit 1972 als Apostolischer Administrator. Er hat die Aussöhnung mit Polen vorangetrieben. 1991 konnte er nach dem Ende des Kommunismus eine gemeinsame Fronleichnamsprozession von Görlitz und dem polnischen Nachbarort Zgorzelec durchführen. Er reichte vor der Errichtung des Bistums 1994 seinen Rücktritt ein.

■ **Rudolf Müller**
In der Nachfolge von Bischof Huhn wurde Rudolf Müller 1994 erster Bischof des neu gegründeten Bistums. Bereits 1987 war er zum Weihbischof in Görlitz berufen worden. Als Görlitz 1994 Bistum wurde, war er der erste Bischof und blieb es bis zu seiner Emeritierung im Juni 2006. Er war in der Deutschen Bischofskonferenz der Verbindungsmann zur polnischen Kirche.

■ **Konrad Zdarsa** war nur drei Jahre Bischof von Görlitz und wurde dann nach Augsburg berufen.

■ **Wolfgang Ipolt**
Als Bischof Zdarsa 2010 zum Bischof von Augsburg berufen wurde, trat der Erfurter Priester Wolfgang Ipolt seine Nachfolge an. Er wurde 1954 in Gotha geboren, empfing am 30. Juni 1979 in Erfurt die Priesterweihe und wurde am 18. Juni 2011 zum Bischof von Görlitz ernannt, Bischofsweihe am 28. August 2011. Er war vorher, von 2004 ab, Regens des Priesterseminars in Erfurt.

Bischof Konrad Zdarsa

Bischof Wolfgang Ipolt

Erzbistum Hamburg

Ökumene im Norden

Ökumenischer Geist im nördlichsten Bistum Deutschlands

Die Lübecker Märtyrer sind eindrucksvolle Zeugen des christlichen Widerstands gegen die Nazi-Herrschaft. Die drei katholischen Kapläne Hermann Lange, Eduard Müller und Johannes Prassek sowie der evangelische Pastor Karl Friedrich Stellbrink sind ebenso ein überzeugendes Beispiel für die Bedeutung der Ökumene im Norden Deutschlands. Die vier Lübecker Gottesmänner waren seit Sommer 1941 befreundet. Sie einte neben dem gemeinsamen christlichen Glauben die Ablehnung des Nationalsozialismus. Nach der Bombardierung Lübecks Ende März 1942 predigte Pastor Stellbrink freimütig: „Gott hat mit mächtiger Sprache geredet. Die Lübecker werden wieder lernen zu beten." Daraufhin wurde zunächst Stellbrink, später die drei Priester und mehrere Laien festgenommen. Im Juni 1942 wurden die Lübecker Märtyrer zum Tode verurteilt. Am 10. November 1943 wurden sie schließlich nach einer langen Haftzeit im Untersuchungsgefängnis in Hamburg enthauptet. Die Vorbereitungen zur Seligsprechung der vier Glaubenszeugen stellte die Kirchen vor Herausforderungen: Die Katholiken mussten sich fragen, wie sie nach einer Seligsprechung der drei Kapläne das Andenken des Protestanten Stellbrink beibehalten konnten. Die evangelische Kirche hatte sich damit auseinanderzusetzen, wie sie mit ihren Märtyrern, die nicht offiziell kanonisiert werden können, aber dennoch Vorbilder sind, umgeht. Die 6 000 Teilnehmer von beiden Kirchen bei der Seligsprechungszeremonie am 25. Juni 2011 in Lübeck zeigen, dass diese Fragen eine gute ökumenische Antwort gefunden haben.

Ökumene ist im nördlichsten Bistum Deutschlands eine Selbstverständlichkeit. Die katholischen Christen stellen im hohen Norden eine Minderheit dar. Historisch sind die Protestanten in Hamburg, Schleswig-Holstein und Mecklenburg zahlreicher. Doch angesichts der großen Masse von Konfessionslosen arbeiten die Christen zusammen. Dabei können alte Schätze des

Seligsprechungsfeier der Lübecker Märtyrer

Glaubens, aber auch neue Wege der Verkündigung entdeckt werden.

Der Kreuzweg der Hansestadt Lübeck ist einer der ältesten Deutschlands und in den letzten Jahren zu einer ökumenischen Tradition geworden. Ein Lübecker Kaufmann soll im 15. Jahrhundert ins Heilige Land gereist sein und dort die Via Dolorosa, den Leidensweg Christi, vermessen haben. Nach seiner Rückkehr begann er mit dem Nachbau des Weges in seiner Heimatstadt. 1493 wurde der Kreuzweg mit sieben Andachtsmonumenten vollendet. Heute stehen nur noch die erste und die letzte Station des Weges. Im Zuge der Reformation verlor der Kreuzweg an Bedeutung und verfiel mit den Jahrhunderten. Anfang der 90er-Jahre erweckte der damalige Propst

Erzbistum Hamburg

Ökumenischer Kreuzweg in Lübeck am Karfreitag 2014

der katholischen Propsteikirche Herz Jesu in Lübeck den Kreuzweg zu neuem Leben. In ökumenischem Geist gehen Protestanten und Katholiken den Kreuzweg jedes Jahr am Karfreitag gemeinsam. Bis zu 650 Menschen nehmen regelmäßig an dieser jungen und doch alten Tradition teil.

Eine andere Form der christlichen Zusammenarbeit stellt das Ökumenische Forum HafenCity dar. Die christlichen Kirchen in der Freien und Hansestadt Hamburg wollen seit 2008 mit diesem Angebot gemeinsam Zeugnis von der Gegenwart Gottes in der Stadt geben. In der HafenCity werden sowohl 12 000 Menschen wohnen als auch rund 40 000 ihren Arbeitsplatz haben. Südlich der berühmten Speicherstadt Hamburgs befindet sich somit eines der größten Bauvorhaben Europas. Das Gebäude des Ökumenischen Forums soll ein sichtbares Zeichen des Glaubens sein und die Möglichkeit zu Begegnung und Austausch bieten. Zahlreiche religiöse und gesellschaftliche Veranstaltungen bringen die Menschen dort zusammen. Eine ökumenische geistliche Gemeinschaft aus Norddeutschland, der Laurentiuskonvent, prägt das Gebetsleben des jungen Hauses. In der von Wirtschaft und Konsum geprägten Metropole Hamburg wollen sie einen Raum für die Suche nach Gott bieten.

Der Marien-Dom – Mittelpunkt katholischen Lebens

Mit seinen 1,75 Millionen Einwohnern ist Hamburg die zweitgrößte Stadt Deutschlands und eine der größten Europas. Seit der Zeit der Hanse bis in die Gegenwart besitzt der Hamburger Hafen eine wichtige Bedeutung als Umschlagplatz für Waren und Güter. Die Wirtschaft hat die Stadt an Elbe und Alster im Laufe der Geschichte wachsen lassen und Menschen aus aller Welt zusammengeführt. Hamburg ist heute eine sehr internationale Stadt, was sich an

St.-Marien-Dom Hamburg, Kathedralkirche des Erzbistums Hamburg

einem Anteil ausländischer Mitbürger von rund 15 Prozent ablesen lässt. Hamburg ist der Sitz des Erzbischofs der nördlichsten Diözese Deutschlands. Das Erzbistum Hamburg erstreckt sich über die Gebiete der Bundesländer Hamburg und Schleswig-Holstein sowie den Landesteil Mecklenburg des Bundeslandes Mecklenburg-Vorpommern. Es ist damit das größte deutsche Bistum. Gemessen an der Katholikenanzahl ist es eines der kleineren in Deutschland. Der Mittelpunkt der weitläufigen Diözese ist der St.-Marien-Dom in Hamburg. Der neuromanische Kirchenbau wurde 1890 begonnen und 1893 geweiht. Es handelte sich um den ersten Neubau einer katholischen Kirche seit der Reformation in Hamburg. Seine zweitürmige Westfassade lehnt sich an den St.-Petri-Dom in Bremen an. Im Jahr 1995 wurde der St.-Marien-Dom zur Kathedralkirche des neugegründeten Erzbistums Hamburg erhoben und damit zum Bischofssitz. 2007 und 2008 wurde der Dom grundlegend renoviert und neu gestaltet. Neben einer neuen Raumgestaltung der Kirche und der Neukonzeption des Chorraumes wurde in der Unterkirche des Domes ein Kolumbarium eingerichtet. Die Urnengrablege ist seit 2012 die einzige ihrer Art in einer katholischen Bischofskirche in Deutschland. Sie kommt dem Wunsch vieler Gläubiger nach einer veränderten Form von Bestattung nach und gibt die Möglichkeit, bis in den Tod hinein eine Verbindung zur Hamburger Kathedralkirche zu halten.

Mission, Diaspora und Neubeginn – eine wechselvolle Geschichte

Die Anfänge der katholischen Kirche reichen in Hamburg bis ins 9. Jahrhundert zurück. 810 wurden die ersten Taufkirchen zur Mission in und um Hamburg gegründet. Im Jahr 831 wurde in Hamburg von Kaiser Ludwig dem Frommen ein Erzbistum errichtet. Drei Jahre später wurde der in Skandinavien missionserprobte Benediktinermönch Ansgar zum ersten Erzbischof geweiht. Seine Zeit in Hamburg währte jedoch nur kurz, da die Wikinger 845 auf ihren Raubzügen die Hammaburg plünderten und zerstörten. Ansgar hatte die Burg als Sitz und Ausgangspunkt für seine Mission bei den

Kolumbarium im St.-Marien-Dom

Tourismusseelsorge am Strand von St. Peter-Ording

germanischen Stämmen im Umland genutzt. Der Hamburger Bischof konnte nach Bremen fliehen und leitete sein Bistum fortan von der Stadt an der Weser aus. Einige Jahre später wurde das Erzbistum Hamburg mit dem Bistum Bremen vereint, wobei der Erzbischof seinen Sitz in Bremen behielt. Im Hamburg blieb jedoch ein eigenes Domkapitel mit besonderen Rechten bis zur Reformation bestehen. Mit der Etablierung der protestantischen Landeskirchen in Norddeutschland erloschen 1529 die katholischen Bistümer in Norddeutschland und Skandinavien. Sie wurden mit Ende des 16. Jahrhunderts der päpstlichen Nuntiatur in Köln unterstellt. Ab 1868 erhielt der Bischof von Osnabrück die Zuständigkeit für den Großteil der Gebiete, die heute das Erzbistum Hamburg bilden. Diese Verbindung mit dem Bistum Osnabrück, die bis in die Gegenwart spürbar ist, erreichte 1930 durch die Eingliederung der Regionen des heutigen Erzbistums in die Diözese Osnabrück ihren Höhepunkt. In jener Zeit, wie auch in den Nachkriegsjahren, kam die Idee auf, ein eigenständiges Nordbistum zu bilden. Der Vatikan verfolgte diese Pläne jedoch nicht weiter, da er eine damit verbundene staatsrechtliche Anerkennung der gerade entstandenen DDR vermeiden wollte. Nach dem Mauerfall wurde die Frage nach einem selbstständigen Bistum in Norddeutschland wieder aktuell. 1993 beschloss der Vatikan, das Erzbistum Hamburg in seiner heute bestehenden Form zu gründen. Es wurde Metropolitansitz einer neu errichteten Kirchenprovinz, zu der zudem die Bistümer Osnabrück und Hildesheim gehören. Am 7. Januar 1995 wurde die Errichtung des Erzbistums schließlich vollzogen und Hamburg seit vielen Jahrhunderten wieder Sitz eines katholischen Bischofs.

Die Katholiken im schleswig-holsteinischen und mecklenburgischen Teil des Erzbistums sind an die Diaspora gewöhnt. Nur 6 Prozent in Schleswig-Holstein und 3,5 Prozent der Bevölkerung in Mecklenburg sind katholisch. Im Flächenbistum Hamburg verteilen sich die Gläubigen, sodass teilweise weite Wege zur nächsten katholischen Kirche zu überbrücken sind. Doch da man sich untereinander kennt, sind die persönlichen Wege kurz und direkt. Auch zwischen Erzbischof und Gläubigen. In beiden Teilen hat das Bekenntnis zu Christus eine lange, aber oft gefährliche Geschichte. Um 700 gab es erste, jedoch erfolglose Missionsversuche in Schleswig-Holstein. Erst mehr als 250 Jahre später, 968, werden Bistümer in Oldenburg in Holstein und Mecklenburg gegründet. Doch das Christentum konnte sich nur schwer etablieren. 1066 wurde der Mönch und Slawenmissionar Ansverus mit seinen Gefährten von aufständischen Wenden bei Ratzeburg erschlagen. Hieraus entwickelte sich in der Nachkriegszeit eine Diözesanwallfahrt zum Ansveruskreuz. Im Jahr

STATISTISCHE DATEN

Erzbistum Hamburg:
397 331 Katholiken
19 Prozent der Katholiken haben ausländischen Pass
38 875 Gottesdienstbesucher (9,78 Prozent)
89 Pfarreien
16 Dekanate

(Stand: 31.12.2012)

1160 wurden die Bistümer nach Lübeck bzw. Schwerin verlegt. Aufgrund der Reformation wurden diese Bistümer aufgelöst und sind nach Jahrhunderten im Erzbistum Hamburg aufgegangen. Einen großen Anteil hieran haben die Katholiken in Mecklenburg, die sich vehement für die Zugehörigkeit zu Hamburg und damit zum Westen Deutschlands ausgesprochen haben. Eine Verbindung bestand schon vorher: In Schwerin residierte während der Zeit der DDR ein Apostolischer Administrator. Dieser war im Auftrag des Papstes und in Vertretung des zuständigen Osnabrücker Bischofs mit der Seelsorge in Mecklenburg betraut. Das Erzbistum Hamburg geht in seiner heutigen Form über die ehemalige deutsch-deutsche Grenze hinaus und leistet so einen Beitrag für das Zusammenwachsen Deutschlands nach dem Mauerfall.

Geistliche Einkehr und Touristenseelsorge

Ein geistliches Zentrum des Erzbistums ist das Kloster Nütschau im schleswig-holsteinischen Travenbrück. Das selbstständige Benediktiner-Priorat Sankt Ansgar auf halber Strecke zwischen Hamburg und Lübeck ist ein noch junges Kloster. 1951 erwarb der zu jener Zeit zuständige Bischof von Osnabrück, Erzbischof Wilhelm Berning, das Herrenhaus Nütschau. Er überließ es einer Abordnung von Benediktinern der Abtei Gerleve im Münsterland, um ein Exerzitienhaus zu eröffnen. Teile des Herrensitzes Nütschau gehen bis ins 16. Jahrhundert zurück. Das Äußere des ehemaligen Wasserschlosses ist über die Jahrhunderte weitgehend unverändert geblieben und seine drei Giebel sind bis heute das Erkennungszeichen Nütschaus. Mit einem Bildungshaus und einem weiteren Jugendhaus ermöglichen die rund 20 Mönche von Nütschau vielen Menschen und Jugendlichen geistliche Einkehr.

Jahr für Jahr zur Ferienzeit wachsen die katholischen Gemeinden in den Urlaubsgebieten des Erzbistums Hamburg auf das bis zu Zwanzigfache ihrer Mitgliederzahl an. Die Diaspora-Gemeinden an den Küsten von Nord- und Ostsee sowie an den Seenplatten in Mecklenburg und Ostholstein, in denen jeder jeden kennt, werden in den Sommermonaten zu Großpfarreien. Im Urlaub wollen die Besucher Kraft tanken und sich entspannen. Beim Kuraufenthalt suchen die Patienten Heilung. Das Erzbistum möchte die Menschen bei ihrem Unterwegssein und ihren Erfahrungen mit ihrer Gesundheit in der „wichtigsten Zeit des Jahres" begleiten. Im Urlaub und in der Kur haben Menschen die Chance, die Kirche anders als in ihrer Heimat kennenzulernen und auch für ihren Glauben neue Kraft zu schöpfen. So bieten die Touristenseelsorger beispielsweise Gottesdienste am Strand oder spezielle Angebote für Kinder an.

Benediktinerkloster Nütschau

Geschichte

810 Taufkirchen werden in Hamburg, Meldorf, Heiligenstedten und Schenefeld gegründet.
834 Der Benediktinermönch Ansgar wird zum ersten Bischof des neu errichteten Bistums Hamburg geweiht.
845 Die Wikinger zerstören Hamburg. Ansgar muss fliehen.
848 wird das Erzbistum Hamburg mit dem Bistum Bremen vereinigt. Sitz des Erzbistums wird Bremen. Mit Unterbrechungen besteht in Hamburg bis zur Reformation ein mit Sonderrechten ausgestattetes Domkapitel.
968 Erste Missionsversuche in Mecklenburg vom Bistum Oldenburg in Holstein aus.
968 wird das Bistum Oldenburg in Holstein gegründet (1160 nach Lübeck verlegt).
1062 wird das Bistum Mecklenburg gegründet (1160 nach Schwerin verlegt).
1529 In der Reformation erlöschen die katholischen Bistümer in Skandinavien und Norddeutschland. Ende des 16. Jahrhunderts ist die päpstliche Nuntiatur in Köln für Norddeutschland zuständig.
1670 Die Regionen Hamburg, Schleswig-Holstein und Mecklenburg werden dem „Apostolischen Vikariat der Nordischen Missionen" zugeordnet, zu dem ganz Nordeuropa gehört.
1886 Der Bischof von Osnabrück erhält die Zuständigkeit für die Gebiete des heutigen Erzbistums Hamburg.
1930 Hamburg (ohne Harburg und Wilhelmsburg), Schleswig-Holstein und Mecklenburg werden dem Bistum Osnabrück eingegliedert.
1990 Wiedervereinigung Deutschlands.
1995 Am 7. Januar werden die Errichtung des Erzbistums Hamburg und die Amtseinführung von Erzbischof Ludwig Averkamp in einem feierlichen Gottesdienst in der Hamburger Domkirche St.-Marien vollzogen.
2000 Der 94. Deutsche Katholikentag findet im Hamburg statt.

Hl. Ansgar

Sel. Niels Stensen

Bischöfe

■ Hl. Ansgar

Ansgar wurde um 800 in Nordfrankreich geboren und wuchs nach dem Tod seiner Mutter im Kloster Corbie auf. Dort wurde er Benediktinermönch und Schulmeister. Ab 822 übte er diese Aufgaben im neugegründeten Kloster Corvey an der Weser aus. Corvey war ein Zentrum der frühen Skandinavien-Mission, sodass Ansgar ab 826 als Glaubensbote bei den Dänen und Schweden wirkte. Um 834 wurde er zum ersten Erzbischof von Hamburg geweiht und zum päpstlichen Missionsdelegat für Skandinavien bestimmt. Seine Missionsbemühungen waren von Schwierigkeiten und Rückschlägen geprägt. Nach der Zerstörung Hamburgs 845 flüchtete Ansgar nach Bremen und wurde auch dort Bischof. In Bremen verstarb er am 3. Februar 865. Wegen seiner Missionsarbeit wird er als Apostel des Nordens verehrt. In Norddeutschland tragen zahlreiche Kirchen sein Patrozinium, und ihm zu Ehren wird alljährlich am 3. Februar die ökumenische Ansgar-Vesper in Hamburg gefeiert.

■ Sel. Niels Stensen

Der Naturwissenschaftler und Bischof Niels Stensen wurde 1638 in Kopenhagen geboren, wo er evangelisch getauft wurde. Dort ging er zur Schule und studierte danach an zahlreichen Universitäten in ganz Europa Medizin. Sein besonderes Interesse galt jedoch den Naturwissenschaften. Er gilt als Begründer der Geologie, Mineralogie sowie Paläontologie und machte mehrere grundlegende Entdeckungen auf diesen Gebieten. Aber auch Erkenntnisse im Bereich der Anatomie gehen auf Stensen zurück. 1666 begann er am Hof der Medici in Florenz als Arzt zu arbeiten. In Italien kam er mit dem katholischen Glauben in Kontakt und konvertierte 1667 zum Katholizismus. 1672 kehrte er nach Kopenhagen zurück, wo er als königlicher Anatom arbeitete. Da die konfessionelle Differenz jedoch nicht zu überbrücken war, fasste Stensen den Entschluss, sich wieder in Florenz niederzulassen. Hier wurde er 1675 zum Priester geweiht. Vom in Hannover residierenden Herzog Johann Friedrich, der ebenfalls katholisch geworden war, wurde er zum Bischofsamt vorgeschlagen und 1677 in Rom geweiht. Als Apostolischer Vikar wirkte er in der Seelsorge für die in der Diaspora lebenden Katholiken in Norddeutschland zunächst einige Jahre in Hannover. Stensen wurde 1680 zum Weihbischof im Bistum Münster berufen. Als Weihbischof pflegte Stensen einen asketischen Lebensstil. Er kritisierte wiederholt Pomp und Luxus der Geistlichen, was ihm Missgunst einbrachte. 1683 ging er nach Hamburg und verbrachte seine letzten Jahre als einfacher Seelsorger ohne bischöfliche Insignien in Mecklenburg. 1686 starb Niels Stensen in großer Armut in Schwerin. Sein Leichnam wurde in der Basilika San Lorenzo in Florenz bestattet. 1988 wurde Stensen durch Papst Johannes Paul II. seliggesprochen. Der selige Niels Stensen wird außer im Erzbistum Hamburg auch in den Bistümern Osnabrück und Hildesheim verehrt.

■ **Ludwig Averkamp** wurde 1927 in Velen im westlichen Münsterland geboren. Er machte 1947 sein Abitur und studierte Theologie und Philosophie in Münster und Rom, wo er 1954 zum Priester geweiht wurde. Nach Stationen in der Pfarrseelsorge und Theologenausbildung war er ab 1973 als Weihbischof im Bistum Münster zuständig für die Region Niederrhein. 1986 wurde er zum Koadjutor mit dem Recht der Nachfolge im Bistum Osnabrück ernannt und ein Jahr später Bischof von Osnabrück. Mit der Neugründung des Erzbistums Hamburg wurde er 1995 als erster neuzeitlicher Erzbischof der Hansestadt eingesetzt. Mit Vollendung des 75. Lebensjahres verzichtete Averkamp auf seinen Bischofsstuhl und wurde 2002 emeritiert. Am 29. Juli 2013 verstarb Erzbischof Averkamp in Hamburg.

■ **Erzbischof Wernder Thissen**
Im Jahre 1938 wurde Werner Thissen in Kleve geboren. Nach dem Studium der Theologie in Münster empfing er 1966 die Priesterweihe und wurde Kaplan. Nach einiger Zeit als Schulseelsorger und am Priesterseminar wurde Thissen 1977 Leiter der Hauptabteilung Seelsorge und Personal im Generalvikariat in Münster. 1986 erfolgte die Ernennung zum Generalvikar und 1999 die Weihe zum Weihbischof für das Bistum Münster. Nach dem Amtsverzicht seines Vorgängers Averkamp wurde Thissen 2003 als Erzbischof in Hamburg eingeführt. Er war Mitglied der Kommission Weltkirche der Deutschen Bischofskonferenz und als Vorsitzender der Unterkommission für Entwicklungshilfe zuständig für das Bischöfliche Hilfswerk Misereor. Im März 2014 hat Erzbischof Thissen dem Papst altersbedingt seinen Rücktritt angeboten und wurde in den Ruhestand versetzt. Diözesanadministrator ist seitdem Ansgar Thim.

Erzbischof Werner Thissen

Erzbischof Ludwig Averkamp

Bistum Hildesheim

Blühender Glaube

Die Rose – Symbol des unzerstörbaren Glaubens

Im Bistum Hildesheim blüht der Glaube. Und dies im ganz wörtlichen Sinn: Der Tausendjährige Rosenstock am Hildesheimer Mariendom zeigt seine Blüten alljährlich für zwei Wochen Ende Mai. Die berühmte Hildesheimer Rose, eine Hundsrose, ist nach wissenschaftlichen Erkenntnissen mindestens 700 Jahre alt. Die Legende vom Rosenwunder datiert sie sogar ins 9. Jahrhundert. Kaiser Ludwig der Fromme, der Sohn und Nachfolger Karls des Großen, fand zwischen den Blüten des Rosenstocks ein kostbares Reliquiar, das er bei der Jagd verloren hatte. Zum Dank ließ er an dieser Stelle eine Kapelle bauen und das Bistum Hildesheim errichten. Diesem legendären Rosenwunder steht jedoch ein reales aus der Neuzeit gegenüber. Bei der Zerstörung des Domes infolge eines Bombenangriffs im März 1945 verbrannte auch der Rosenstock. Acht Wochen danach sprossen zur Verwunderung der Gläubigen aus einer unter Trümmern verschütteten Wurzel 25 neue Triebe hervor. Der Tausendjährige Rosenstock hatte wider Erwarten den Zweiten Weltkrieg überstanden. Neben der Hildesheimer Rose gibt es weitere zahlreiche Beispiele für historische und gegenwärtige Glaubensblüten im Bistum.

Ein Bistum in der Diaspora

Die Stadt Hildesheim ist die Keimzelle und das Zentrum der Diözese. Die von Ludwig dem Frommen errichtete kleine Kirche wurde 872 unter Bischof Altfrid durch einen steinernen Dom ersetzt. Der Grund-

Jedes Jahr Ende Mai blüht die Rose zwei Wochen.

Mariendom in Hildesheim, unten: der Tausendjährige Rosenstock

riss der damaligen Kathedrale ist bis heute erhalten geblieben. Unter den heiligen Bischöfen Bernward und Godehard erlangte Hildesheim zur Zeit der Sachsenkaiser als geistliches Zentrum seine größte Bedeutung. Von 1235 bis 1802 war der Bischof von Hildesheim auch Reichsfürst und übte somit zudem die weltliche Gewalt aus. Hierbei war dieses Gebiet jedoch kleiner als das geistliche. Im 16. Jahrhundert nahmen die Territorien des Adelsgeschlechts der Welfen die Reformation an. Da große Teile des damaligen Bistums Hildesheim auf diesem Gebiet lagen, befanden und befinden sich bis heute die übrig gebliebenen Katholiken in der Diaspora. Lediglich das Gebiet um den Dom und einige Dörfer des Hochstiftes Hildesheim blieben katholisch. Das Bistum blieb jedoch bestehen und ging nicht, wie zahlreiche Bistümer in Norddeutschland

STATISTISCHE DATEN

Bistum Hildesheim:
616 210 Katholiken
17 Dekanate
170 Gemeinden
264 Priester

(Stand: 31.12.2012)

Lichterwallfahrt auf den Höherberg im Untereichsfeld

nach der Reformation, unter. Während des 18. Jahrhunderts wurde das damals relativ kleine Bistum Hildesheim in Personalunion mit anderen norddeutschen Bistümern geleitet. Seit 1612 wurde es für nahezu 200 Jahre von Wittelsbachern geführt, die neben Hildesheim u. a. Bischöfe von Köln und Münster waren. 1802 verloren die Bischöfe Hildesheims die weltliche Herrschaft über ihr Gebiet. Sie waren fortan ausschließlich für das Seelenheil der Gläubigen zuständig. Im Zuge der Säkularisation 1824 wurde das Gebiet des Bistums auf den gesamten östlich der Weser gelegenen Teil des Königreichs Hannover ausgedehnt und damit enorm vergrößert. Zehn Jahre später wurde das Herzogtum Braunschweig dem Bistum Hildesheim geistlich unterstellt. Hildesheims Diözesangebiet erstreckt sich seitdem größtenteils über die Landstriche, die auch heute das Bistum bilden: den östlich der Weser gelegenen Teil Niedersachsens und den Norden Bremens sowie Bremer-

Sühnewallfahrt auf dem Gelände des ehemaligen KZ Bergen-Belsen

haven. Nach dem Ende des Zweiten Weltkrieges wuchs die Zahl der Katholiken in dem von der Diasporasituation geprägten Bistum stark an, da viele Vertriebene aus den ehemaligen östlichen Teilen Deutschlands dort eine neue Heimat fanden. Besonders Flüchtlinge aus Schlesien und dem ostpreußischen Ermland verdreifachten die Zahl der Katholiken im Bistum Hildesheim. Das Flüchtlingsaufnahmelager Friedland wurde so zu einem wichtigen Ort des Neubeginns.

Die Regionen des Bistums sind sehr unterschiedlich und weitläufig. Die Landschaften des Hildesheimer Hochstifts und des Untereichsfelds im Süden Niedersachsens sind geprägt von der katholischen Frömmigkeit. Dass der Glaube hier eine lange Tradition hat, lässt sich daran ablesen, dass der Hildesheimer Mariendom und die Michaeliskirche seit 1985 zum Weltkulturerbe der UNESCO zählen. Eine Manifestation des Glaubens ist die Lichterwallfahrt auf den Höherberg im Eichsfeld, die seit 150 Jahren am Fest Mariä Himmelfahrt begangen wird. Die beeindruckende Kulisse des Berges und die andächtige Stimmung ziehen besonders auch junge Menschen an. Im nördlichen Teil des Bistums finden sich die Lüneburger Heide und die Nordseeküste. Katholiken findet man hier nur vereinzelt. Dies hält sie jedoch nicht davon ab, sich in die Gesellschaft einzubringen. Mit der Sühnewallfahrt auf das Gelände des ehemaligen Konzentrationslagers Bergen-Belsen im Dekanat Celle will das Bistum Hildesheim die Erinnerung an die Opfer des Nationalsozialismus wachhalten und sich gegen rechtsextreme Tendenzen aussprechen. In der niedersächsischen Landeshauptstadt Hannover machen die Katholiken einen

Anteil von 14,3 Prozent der Bevölkerung aus. Um mit der Gesellschaft im Gespräch zu bleiben, hat Bischof Josef Homeyer 1988 das Forschungsinstitut für Philosophie in Hannover gegründet. Eine deutschlandweit einmalige Einrichtung einer Diözese.

Vielfältige Glaubensimpulse

Das Bistum Hildesheim möchte die Zukunft der Gemeinden aktiv gestalten. Unter dem Stichwort der lokalen Kirchenentwicklung werden neue Wege des Christseins gesucht. Strukturelle und organisatorische Veränderungen, wie Gemeindefusionen und Kirchenschließungen, gehören dazu. Doch diese bilden nicht den Schwerpunkt des Prozesses der Erneuerung. Vielmehr sollen die je individuellen Chancen vor Ort wahrgenommen und genutzt werden. Ehrenamtliche Laien erhalten in einem Pilotprojekt die Möglichkeit, eigenverantwortlich Kirchengemeinden zu leiten. Angesichts des Priestermangels ist dies ein Weg, die Taufe als Grundlage des christlichen Lebens neu zu entdecken.

Bischof Josef Homeyer hatte die Idee, deutsche und osteuropäische Jugendliche zusammenzubringen. Er begründete vor 25 Jahren die internationale Jugendbegegnung Friedensgrund. Jedes Jahr findet dieses Zeltlager der besonderen Art in einem anderen osteuropäischen Land oder in Deutschland statt. Die jugendlichen Teilnehmer haben dort die Möglichkeit, sich über die nationalen und konfessionellen Grenzen hinweg kennenzulernen. Durch Gebet, Aktion und Gespräch soll darüber nachgedacht werden, wie ein friedliches Zusammenleben in Europa möglich ist.

Die katholische Kirche ist eine Weltkirche. Um dies nicht zu vergessen, wurde 1987 eine Partnerschaft zwischen dem Bistum Hildesheim und der Kirche Boliviens be-

Bischof Homeyer bei der Begründung der Bolivienpartnerschaft

Mühlenteich und Kloster Marienrode

gründet. Ein stetiger Austausch und eine Unterstützung der bolivianischen Kirche sollen die beiden Ortskirchen näher zusammenwachsen lassen. Es gibt vielseitige Kontakte zwischen Schulen, Gemeinden und Verbänden in Hildesheim und Bolivien, die sich in regelmäßigen Besuchen und kontinuierlicher Unterstützung niederschlagen. Die Partnerschaft entwickelte sich in den letzten Jahren auch zum Nachdenken über die Schöpfung und ihre Bewahrung.

Marienrode ist ein altes und zugleich junges Kloster. Es wurde 1125 in der Nähe von Hildesheim als Augustinerkloster gegründet, ab 1259 jedoch von Zisterziensern übernommen. Diese gaben ihm den Namen Marienrode. Nach der Säkularisation 1806 kam das Gebäude in den Besitz des Königreiches Westphalen. Nach dem Zweiten Weltkrieg diente das Kloster als Unterbringung für Vertriebene aus dem Osten Deutschlands. Auf Betreiben des Hildesheimer Bischofs ließen sich 1988 zehn Benediktinerinnen der Abtei St. Hildegard in Eibingen am Rhein im Kloster Marienrode nieder und gründeten dort ein Priorat. Dieses ist seit 1998 unabhängig. Die Nonnen leiten ein vom Bistum getragenes Gäste- und Exerzitienhaus und leisten somit einen wichtigen Beitrag für das geistliche Leben in der Diözese.

Hl. Godehard

Geschichte

815 Kaiser Ludwig der Fromme gründet das Bistum Hildesheim.
872 Der erste steinerne Dom entsteht.
1046 Wiedererrichtung des Domes nach einem verheerenden Brand.
1235 Hildesheimer Bischöfe sind Reichsfürsten.
1612 Fast 200-jährige Herrschaft der Wittelsbacher beginnt.
1824 Das Gebiet des Bistums Hildesheim wird auf den östlich der Weser gelegenen Teil des Königreichs Hannover ausgedehnt.
1834 Das Gebiet des Herzogtums Braunschweig wird dem Bistum Hildesheim hinzugefügt.
1945 Hunderttausende Vertriebene lassen Katholikenzahlen des Bistums anwachsen.
1985 Hildesheimer Mariendom und Michaeliskirche werden UNESCO-Weltkulturerbe.
1987 Bolivienpartnerschaft des Bistums wird begründet.
2015 Das Bistum Hildesheim feiert sein 1200-jähriges Jubiläum.

Persönlichkeiten des Bistums

■ Bernward

In der Hildesheimer Domschule hatte der Mitte des 10. Jahrhunderts geborene Adelige Bernward seine Studien absolviert und war danach ab 977 am kaiserlichen Hof beschäftigt. Zunächst als Notar und Schreiber, danach als Lehrer Ottos III., des späteren Kaisers. 993 wurde er zum Hildesheimer Bischof geweiht und machte durch eine rege Bautätigkeit auf sich aufmerksam. Durch repräsentative Kunstwerke wie die Bernwardstür des Mariendoms wollte der Bischof der Bedeutung seiner einflussreichen Stellung im Reich Ausdruck verleihen. Bernward verstarb 1022 und wurde 1192 heiliggesprochen.

■ Godehard

Um 960 soll Godehard oder Gotthard in Bayern geboren worden sein und die Klosterschule der Abtei Niederaltaich besucht haben. Er trat in das Kloster ein und wurde 996 zum Abt gewählt. In den folgenden Jahrzehnten wurde er zudem Abt weiterer Benediktinerklöster, u.a. in Hersfeld. Nach dem Tod Bischof Bernwards 1022 wurde Godehard von Kaiser Heinrich II. zum Nachfolger berufen und zum Bischof geweiht. Er führte die Bauvorhaben seines Vorgängers weiter, vollendete die von Bernward begonnene Michaeliskirche in Hildesheim und baute ein neues Westwerk für den Dom. Godehard war sehr um das geistliche Leben in seiner Diözese bemüht. 1038 starb er in Hildesheim, und 1131 erfolgte die Heiligsprechung. Godehard ist einer der bedeutendsten Heiligen des Mittelalters. Zahlreiche Kirchen im deutschen Sprachraum sowie der Sankt-Gotthard-Pass in der Schweiz tragen sein Patrozinium.

Hl. Bernward

Bischof Josef Homeyer

■ **Bischof Josef Homeyer**

Als Sohn von Landwirten wurde Josef Homeyer 1929 in Harsewinkel im Münsterland geboren. Nach dem Studium der Theologie und Philosophie wurde er 1958 in Münster zum Priester geweiht. Tätigkeiten als Kaplan in der Gemeindearbeit, Seelsorger für die Katholische Landvolkbewegung und im Schulreferat des Bistums Münster bestimmten die ersten Jahre Homeyers als Geistlicher. Als Sekretär der Deutschen Bischofskonferenz war er von 1972 bis 1983 auch für die Gemeinsame Synode der Bistümer zuständig. 1983 wurde Josef Homeyer schließlich zum Hildesheimer Bischof geweiht. Als Oberhirte prägte er das Leben seiner Diözese durch die Einrichtung der Bolivienpartnerschaft, des Forschungsinstituts für Philosophie in Hannover und die Einberufung der Diözesansynode von 1989 bis 1990. Seit 1993 war Homeyer Präsident der Kommission der Europäischen Bischofskonferenzen. Er erklärte 2004 Papst Johannes Paul II. seinen altersbedingten Rücktritt. 2010 verstarb der emeritierte Hildesheimer Bischof Josef Homeyer.

■ **Bischof Norbert Trelle**

Seine Kindheit und Jugend verbrachte der 1942 geborene Norbert Trelle in Kassel und Bonn. Bis 1968 studierte er Theologie in Bonn und Innsbruck und wurde im selben Jahr in Köln zum Priester geweiht. Nach Stationen in der Pfarrseelsorge als Kaplan, Pfarrer und Stadtdechant von Wuppertal folgte 1992 die Bischofsweihe als Weihbischof im Erzbistum Köln. 2005 wurde Trelle zum 70. Hildesheimer Bischof ernannt und 2006 in sein Amt eingeführt. Er ist Vorsitzender der Kommission für Migration der Deutschen Bischofskonferenz und Mitglied der Kommission für gesellschaftliche und soziale Fragen. Seit 2011 ist Bischof Norbert Trelle zudem stellvertretender Vorsitzender der Deutschen Bischofskonferenz.

Bischof Norbert Trelle

Erzbistum Köln

1700 Jahre Kirche am Rhein

Der Kölner Dom ist mit 157,38 Metern Höhe nach dem Ulmer Münster das zweithöchste Kirchengebäude Europas sowie das dritthöchste der Welt.

Die Geschichte des Erzbistums Köln reicht zurück bis in die Spätantike und beginnt mit der Erwähnung des ersten Bischofs, des hl. Maternus, in den Jahren 313 und 314. Damit ist Köln das zweitälteste Bistum Deutschlands. Mit dem Kölner Dom besitzt das Erzbistum eine der beeindruckendsten Kathedralen im Land, die zugleich einen wichtigen Identifikationspunkt nicht nur für die Katholiken in Stadt und Erzbistum darstellt. Mit 10 000 Besuchern täglich ist der Dom die meistbesuchte Sehenswürdigkeit Deutschlands.1996 erklärte ihn die UNESCO zum Weltkulturerbe.

Zur Geschichte des Erzbistums Köln

Die Anfänge
Römische Soldaten, Beamte und Kaufleute waren die ersten Christen am Rhein, zumal in Köln, der Hauptstadt einer römischen Provinz. Die Teilnahme des hl. Maternus an Synoden in Rom und Arles belegt die Bedeutung des Bistums Köln in der damaligen Weltkirche. Ab dem ausgehenden 6. Jahrhundert kam es zu einer Verdichtung des kirchlichen Lebens und damit zum Ausbau der Bistumsstrukturen. In dieser Zeit dürften die Anfänge des Netzes von Pfarrgemeinden liegen, das sich bis zum Ende des 20. Jahrhunderts kontinuierlich weiterentwickelte und seitdem einen Rückbau erfährt. Das Gebiet der Kölner Kirche reichte seinerzeit und bis 1801/21 weit nach Westfalen sowie in die heutigen Niederlande und ins heutige Belgien.

Das Erzbistum im Mittelalter
Bischof Hildebold führte seit 794/795 als erster den Titel eines Erzbischofs. In der gleichen Zeit konstituierte Karl der Große (768-814) die Kölner Kirchenprovinz, welche den gesamten Nordosten des damaligen Reiches umfasste. Die Erzbischöfe standen in enger Beziehung zum deutschen König bzw. Kaiser, gehörten als Kurfürsten über ca. 600 Jahre zu den Wählern der Kaiser und agierten seit dem 12. Jahrhundert auch als Landesherren. Diese Doppelfunktion als geistliche Oberhirten und weltliche Herrscher blieb bis zur Aufhebung des alten Erzbistums Köln bestehen. Bis dahin zählten die Kölner Erzbischöfe zu den wichtigsten kirchlichen Akteuren im Deutschen Reich. Über die als „Heiliges Köln" angesehene Kathedralstadt aber verloren sie im 13. Jahrhundert faktisch die Stadtherrschaft. Erzbischof Reinald von Dassel brachte 1164 von einem Kriegszug Kaiser Friedrichs I. gegen Mailand die Gebeine der Hl. Drei Könige mit nach Köln – eine wichtige Voraussetzung für den Bau des gotischen Kölner Domes ab 1248 sowie für die Entwicklung Kölns zum Wallfahrtsort.

Reformation, Revolution, Säkularisation
Zeitweise war es unklar, ob in der Reformation des 16. Jahrhunderts das Erzbistum Köln katholisch blieb oder sich der Reformation zuwenden würde. Zwei Versuche (1543-1547; 1583-1584), das Erzbistum zu reformieren und zu säkularisieren, scheiterten. Dass eine Reihe von Erzbischöfen des 16. Jahrhunderts weder Priester- noch Bischofsweihe empfangen hatte, markiert gleichwohl einen Tiefstand der Bistumsgeschichte.
Der Französischen Revolution von 1789 folgte eine Umbruchzeit für die Kirche im Rheinland. 1801 wurde das Erzbistum im nunmehr zu Frankreich gehörenden linksrheinischen Gebiet aufgehoben und ein –

bis 1821 bestehendes – Bistum in Aachen errichtet. Nur im Rechtsrheinischen blieb das Erzbistum bestehen – allerdings ohne bischöfliches Oberhaupt, Domkapitel und Bistumssitz. 1802/1803 erfolgte die Aufhebung fast aller Klöster und Stifte. Ihr Besitz wurde säkularisiert, d. h. in staatliches Eigentum überführt.

Neugründung des Erzbistums
Nach Verhandlungen zwischen Papst und preußischem König kam es 1821 zur Wiedererrichtung des räumlich verkleinerten Erzbistums Köln, das in seiner Bedeutung an frühere Zeiten anknüpfen konnte. Die Erzbischöfe ließen sich nun ganz vom Interesse für den Glauben und die Seelsorge leiten. Ab

Der Dreikönigenschrein im Kölner Dom, der zwischen 1190 und 1225 durch den Goldschmied Nikolaus von Verdun gefertigt wurde, gilt als das größte und künstlerisch anspruchsvollste Reliquiar, das aus dem Mittelalter erhalten ist. Er dient der Aufbewahrung von Gebeinen, die Erzbischof Rainald von Dassel 1164 nach Köln brachte und die als Reliquien der Heiligen Drei Könige verehrt werden.

Zwischen der eng am Papst orientierten Kirche und dem protestantisch geprägten preußischen Staat erwuchsen heftige Gegensätze, die 1837 und 1874 zur Verhaftung der Erzbischöfe Clemens August Graf Droste zu Vischering („Kölner Ereignis") und Paulus Melchers („Kulturkampf") führten. Zugleich stand die Kirche durch rasante Industrialisierung, Mobilität und Verstädterung vor neuen Herausforderungen, auch jene Menschen zu erreichen, deren Lebensumstände nicht mehr in die althergebrachten Traditionen eingebettet waren wie Industriearbeiter, aber auch Künstler und Intellektuelle.

Die Zeit des Nationalsozialismus brachte ab 1933 eine Unterdrückung aller nach außen wirkenden kirchlichen Initiativen. Selbst die eigentliche Seelsorge unterlag einengenden Kontrollen durch die Staatspolizei. Nicht wenige der führenden katholischen Laien mussten ebenso wie Priester KZ-Haft und Martyrium erleiden (Bernhard Letterhaus, sel. Nikolaus Groß, Theodor Babilon u. a.). Es war für Christen nicht leicht, ihrer religiösen Überzeugung und den Geboten der Menschlichkeit treu zu bleiben; vielen fehlte der Mut. Insgesamt überstand die katholische Kirche als Großorganisation die Schreckensjahre 1933-1945 mit weitgehend intakten Strukturen, gerade im Bereich der Seelsorge.

etwa 1850 kam es zu zahlreichen Ordensgründungen für Krankenpflege und Schule sowie zur Entstehung eines in dieser Form weltweit einzigartigen Netzes katholischer Verbände und Vereine, in denen Laien und Geistliche die Gesellschaft christlich prägen. Auch die liturgische und theologische Besinnung und Erneuerung sind hier zu nennen.

Die letzten Jahrzehnte ... und heute

Nach dem Krieg herrschte Aufbruchsstimmung in der Kirche, doch blieben nicht wenige innerlich distanziert. Der Prozess einer sog. „Säkularisierung" der Gesellschaft wurde ab den 1960er-Jahren immer deutlicher sichtbar. In seiner räumlichen Gestalt erfuhr das Erzbistum im 20. Jahr-

Erzbistum Köln

Gebet in Köln, Groß St. Martin

hundert durch die Neugründung der Bistümer Aachen (1930) und Essen (1958) eine Verkleinerung. Im Bereich der Pfarrgemeinden setzte um die Jahrtausendwende ein epochaler Wandel ein: Nach mehr als einem Jahrtausend stetiger Verdichtung des Pfarrnetzes und Ausbaus der kirchlichen Organisation muss die Kirche nun im Zuge der gesellschaftlichen Entwicklungen diese Strukturen den Gegebenheiten anpassen. Neben der Zusammenführung von Pfarrgemeinden in neuen, größeren Einheiten sind weitere Veränderungsprozesse noch keineswegs abgeschlossen. So wird derzeit mit der Einführung von Verwaltungsleitern begonnen, um die Pfarrer zu entlasten, damit mehr Zeit für die eigentlichen Tätigkeiten als Priester und Seelsorger bleibt, insbesondere für die Weiterentwicklung der Pastoral. Daneben fördert das Erzbistum in den Seelsorgebereichen Innovationen, z.B. Projekte zur Gewinnung und Begleitung von Ehrenamtlichen oder die Entwicklung eines eigenen Zertifikats „Kath. Familienzentrum" für Kindertageseinrichtungen. Die inhaltliche Orientierung des Erzbistums wird aber auch auf anderen Gebieten deutlich. So fanden weit über die Grenzen des Bistums hinaus das Konzept und der von Peter Zumthor geschaffene, 2007 vollendete Bau von „Kolumba. Kunstmuseum des Erzbistums Köln" Beachtung. Das 1947 gegründete „Katholisch-Soziale Institut" (KSI) ermöglicht kirchliche Bildungsarbeit auf der Grundlage der katholischen Soziallehre. In den nächsten Jahren wird das KSI von Bad Honnef auf den Siegburger Michaelsberg umziehen und dort nach Aufhebung der dortigen Benediktinerabtei (2011) die Tradition kirchlichen und kul-

STATISTISCHE DATEN

Erzbistum Köln

Bistumsstadt: Köln
Bistumskirche: Kölner Dom
Bischof: Rainer Maria Kardinal Woelki
Weihbischöfe: Manfred Melzer,
Dr. Dominikus Schwaderlapp, Ansgar Puff
Generalvikar: Stefan Heße
Fläche: 6 181 km2
Katholiken: ca. 2 056 000 (38 Prozent Bevölkerungsanteil)
Aufbau: 50 Dekanate mit 529 Pfarreien
Besonderheit: Das Erzbistum Köln ist Metropolit für die Suffraganbistümer Aachen, Essen, Limburg, Münster und Trier.

turellen Lebens fortsetzen. Das Wirken des Erzbistums in der Weltkirche beschränkt sich nicht nur auf die Tätigkeit seiner Erzbischöfe als Kardinäle in den Gremien der römischen Kurie. Vielmehr unterstützt das Erzbistum in nahezu allen Teilen der Erde Projektarbeit der Entwicklung und Mission sowie Partnerschaften von Gemeinden und lässt so das geschwisterliche Miteinander von Ortskirchen lebendig werden. Unmittelbar im Erzbistum selbst wird Weltkirche in den mehr als 50 fremdsprachigen Seelsorgestellen und Missionen erfahrbar. Ein jährliches wiederkehrendes Ereignis für Tausende junger Christen ist das Treffen in Altenberg im Bergischen Land. Im dortigen Dom der katholischen Jugend wird das „Altenberger Licht" als ein Zeichen des Friedens angezündet und von den jungen Menschen in ihre Gemeinden und Gemeinschaften in Deutschland und ganz Europa mitgenommen.

Daneben erlebte das Erzbistum Köln in den vergangenen Jahrzehnten große und eindrucksvolle Ereignisse, etwa die Papstbesuche 1980 und 1987 – letztere mit Seligsprechung der in Auschwitz ermordeten Kölner Karmeliterin Edith Stein –, die Kölner Domfeste 1980 (100 Jahre Vollendung des Doms) und 1998 (750 Jahre Grundsteinlegung). Beim Weltjugendtag 2005 in und um Köln machten rund 1 Million junger Menschen die Lebendigkeit der Kirche spürbar. Der kurz zuvor gewählte Papst Benedikt XVI. kam als Pilger auf dem Schiff in die alte Bischofsstadt am Rhein und feierte mit den Menschen den Glauben.

Weitergabe des Altenberger Lichtes bei der Aussendungsfeier (Bild oben)

Weltjugendtag 2005

Lux Eucharistica im Kölner Dom zum nationalen Eucharistischen Kongress 2013

Erzbischöfe und Weihbischöfe

Durch seine letzten drei Bischöfe erfuhr das Erzbistum entscheidende Prägungen.

■ **Erzbischof Josef Kardinal Frings** (1942-1969). Mitten im Krieg wurde Frings zum Erzbischof gewählt und fand in seiner rheinischen Art, seiner volksnahen und klaren Sprache schnell die Zuneigung der Menschen. 1942/44 predigte er öffentlich gegen jede Unmenschlichkeit des NS-Regimes. 1946 wies er in der Silversterpredigt darauf hin, dass in absoluten Notfällen Selbsthilfe durch Mundraub moralisch erlaubt sei. Bis heute ist das vielen als „Fringsen" in Erinnerung. In den Jahren der Not war Frings als Vorsitzender der deutschen Bischöfe (1945-1965) eine Zeitlang Sprecher und „Anwalt" des regierungslosen deutschen Volkes gegenüber den Besatzungsmächten. Seit 1954 machte Frings Köln zum Ausgangspunkt weltkirchlicher Initiativen, wie der Partnerschaft Köln – Tokyo, dem Bischöflichen Werk „Misereor" gegen Hunger und Krankheit in der Welt (1958) und der Bischöflichen Aktion „Adveniat" zugunsten der Kirche in Lateinamerika (1961). Im Zweiten Vatikanischen Konzil spielte Frings eine hoch angesehene und einflussreiche Rolle, nicht zuletzt auf Grund kompetenter Beratung durch den jungen Theologen Joseph Ratzinger.

■ **Erzbischof Joseph Kardinal Höffner** (1969-1987). Eine wegweisende Persönlichkeit war auch Kardinal Höffner. Sohn eines Landwirtes, machte er eine steile Wissenschaftlerkarriere, erwarb vier Doktortitel und wurde 1951 Professor sowie Leiter des Instituts für christliche Sozialwissenschaften in Münster. Er war ein gefragter Experte für Politik, Gesellschaft und Kirche. Als Bischof von Münster (seit 1962) nahm er am Zweiten Vatikanischen Konzil teil. 1969 zum Kardinal erhoben, übernahm er wichtige Aufgaben in der Weltkirche. 1976 wurde er zum Vorsitzenden der Deutschen Bischofskonferenz gewählt. Die Kirche konnte er besonders in gesellschaftspolitischen Fragen, wie etwa zum § 218, eindeutig positionieren. Schon 1980 war er persönlich gegen jede Nutzung der Kernenergie. 1978 war er einer der einflussreichsten Wähler des Krakauer Erzbischofs Wojtyla zum Papst. 2003 wurde Höffner von der Gedenkstätte Yad Vashem in Israel posthum als „Gerechter unter den Völkern" geehrt, weil er in der NS-Zeit unter hohem Risiko für das eigene Leben jüdischen Menschen das Überleben ermöglicht hatte.

■ **Erzbischof Joachim Kardinal Meisner** (1989-2014). Der aus Breslau stammende Meisner kam bereits als Kardinal (seit 1983) nach Köln und war vorher wichtigster Kirchenführer im Bereich der atheistisch regierten DDR. Er hatte den politisch schwierigen Bischofsstuhl von Berlin inne, ein Bistum, das West und Ost über den „Eisernen Vorhang" hinweg verklammerte. Papst Johannes Paul II. wollte die Transferierung des Berliner Bischofs nach Köln, was zu Konflikten bei der Wahl durch das Domkapitel führte. Wie seine Vorgänger war Kardinal Meisner als Kardinal stark mit weltkirchlichen Aufgaben betraut. Vor allem zur Kirche in Osteuropa pflegt er gute Kontakte; das Hilfswerk Renovabis (seit 1993) ist mit seinem Namen verbunden. Der offenherzig-direkte Einsatz als leidenschaftlicher und die Konfrontation nicht scheuender Mahner in Fragen des Glaubens und christlicher Grundwerte haben Kardinal Meisner viele Sympathien eingebracht, aber auch Kritik.

■ **Erzbischof Rainer Maria Kardinal Woelki** (seit 2014). Kardinal Woelki ist gebürtiger Kölner und war seit 2003 Kölner Weihbischof, bis er 2011 zum Erzbischof von Berlin ernannt wurde. 2012 erfolgte die Erhebung zum Kardinal. Im September 2014 wurde Kardinal Woelki in Anwesenheit vieler Gläubigen in sein neues Amt als Erzbischof von Köln eingeführt.

■ **Die Kölner Weihbischöfe:**
Dr. Klaus Dick, Weihbischof seit 1975, entpflichtet 2003; Manfred Melzer, Weihbischof seit 1995; Dr. Dominikus Schwaderlapp, Weihbischof seit 1967; Ansgar Puff, Weihbischof seit 2013.

Bischöfe in anderen Diözesen wurden folgende Kölner Weihbischöfe: Friedhel Hofmann, Bischof von Würzburg seit 2004; Norbert Trelle, Bischof von Hildesheim seit 2005; Heiner Koch, Bischof von Dresden-Meißen seit 2013.

Erzbischof Rainer Maria Kardinal Woelki

Petrus Canisius – Verfasser von Katechismen, Prediger, Reformator, Gründer eines neuen katholischen Bildungssystems

Petrus Canisius (1521-1597)

Er war der erste deutsche Jesuit und ein Fels in der Brandung des kirchlichen Zusammenbruchs. Es war das Jahr 1536, fünfzehn Jahre nach dem Thesenanschlag Luthers, als er, in Nimwegen als Sohn des Bürgermeisters aufgewachsen, nach Köln kam. Er macht zuerst ein Grundstudium und entschließt sich vier Jahre später, Priester zu werden. Er hatte sich bewusst für das ehelose Leben entschieden.

Die Reformation war dabei, eine morsche Kirchenstruktur hinwegzufegen und die jahrhundertelange Bindung der deutschen Reichskirche an den Papst aufzulösen. Auslöser war eine Sammelkampagne für den Renaissancebau des Petersdomes, der heute als selbstverständlicher Mittelpunkt der katholischen Kirche gilt. Reform war das eine Anliegen, die Loslösung der deutschen Kirche von Rom ein anderes, das die meisten Fürsten unterstützten. Nur der Kaiser und der bayerische Herzog hielten von den großen weltlichen Fürsten an der überkommenen engen Bindung mit Rom fest. Selbst viele Bischöfe wussten nicht mehr, ob sie sich der neuen Bewegung anschließen sollten oder bei der Papst-Kirche bleiben sollten, die die dringend notwendigen Reformen verschleppt hatte, weil die Päpste sich weigerten, ein Reformkonzil einzuberufen. So tendierte der Kölner Erzbischof Hermann von Wied zum reformatorischen Bekenntnis. Auf dem Reichstag von Worms 1546 erreichte Canisius als Sprecher der Kölner Priester dessen Absetzung.

In Rom, Stein des Anstoßes, war 1538 eine Gruppe Pariser Studenten um Ignatius von Loyola aufgetaucht, die schon zu Priestern geweiht worden waren. Eigentlich wollten sie von Venedig aus ins Heilige Land aufbrechen, um dort zu leben und zu arbeiten. Da wegen der ständigen Spannung mit dem Sultan in Istanbul keine Schiffe fuhren, wanderten die zehn, aufgeteilt in kleinen Gruppen, nach Rom, um sich vom Stellvertreter Christi beauftragen zu lassen. Dort hatte man langsam begriffen, dass Luther mit seinen Anhänger nicht ein vorübergehendes Ketzer-Phänomen war, sondern das bisherige Kirchenregiment infrage stellte. Aber bis aus den Männern ein Orden geworden war und der Vatikan erkannte, welches Potenzial sie mitbrachten, vergingen noch Monate. Erst einmal mussten sie sich einigen. Dann mussten sie bis zum Papst durchdringen, damit dieser erst einmal eine Testphase für die neue Gemeinschaft ermöglichte. Die Ordensregel war noch nicht verfasst. Aber sie brachten die Exerzitien als geistlichen Weg mit, sich neu auszurichten und die Berufung zu entdecken. Mit einem kurzen Text wurde die Zielsetzung des Ordens formuliert. Diese Formula Instituti, sozusagen der Entwurf für ein neues Ordensinstitut, wurde von allen unterschrieben und von Papst Paul III. am 27. September 1540 bestätigt. Das war die Geburtsstunde der Societas Iesu, des Jesuitenordens.

Kaum waren die Beratungen abgeschlossen, sandte der Papst zwei, die den Doktorgrad der Theologie erworben hatten, als seine Theologen zum Konzil, das in Trient tagte. Einer, der Savoyarde Peter Faber, kam nach Deutschland, und ihm lief der junge Nimweger in Mainz über den Weg. Er machte die dreißigtägigen Exerzitien. Peter Faber wurde im Dezember 2013 von Papst Franziskus heiliggesprochen. Canisius wird vor ihm, 1925, heiliggesprochen und zum Kirchenlehrer erhoben.

Canisius hatte seine Studien 1543 abgeschlossen und war im selben Jahr zum Priester geweiht worden. Direkt nach den Exerzitien wird er in den Orden aufgenommen und gründet in Köln die erste Niederlassung des Ordens.

Dann beginnt seine rastlose Tätigkeit, die ihn durch ganz Europa führen wird. Er trifft die wichtigen Vertreter der katholischen Seite, wird vom Augsburger Bischof, der der Reform aufgeschlossen gegenübersteht, zum Konzil von Trient entsandt.

Inzwischen hatte der Ordensgründer erkannt, dass erst eine solide Ausbildung der dringend notwendigen katholischen Reform die notwendige Basis geben kann, denn es brauchte nicht nur gut ausgebildete Priester und Bischöfe, sondern auch im christlichen Glauben verankerte Fürsten und Herzöge. Das Konzil von Trient beschloss ein Dekret zur Priesterausbildung, das die Jesuiten maßgeblich umsetzten – indem sie sogenannte Kollegien gründeten, höhere Schulen mit je nach Größe der Einrichtung weiteren Fakultäten mit den Schwerpunkten Philosophie und Theologie. Für die Gründung eines solchen Kollegs ergab sich in Messina die erste Möglichkeit. Canisius gehörte zu ersten zehn Jesuiten. Wie immer zu Fuß erreichte er Sizilien im März 1548.

Warum wird er aber Zweiter Apostel Deutschlands genannt und finden sich über das ganze Land verteilt Kirchengemeinden, die ihn zum Patron gewählt haben?

Er hat die Reform zu seinem Programm gemacht. Er wird zwar als Gegenreformator bezeichnet, aber er hat nicht so sehr die protestantischen Lehren bekämpft, sondern die marode gewordene römische Kirche in

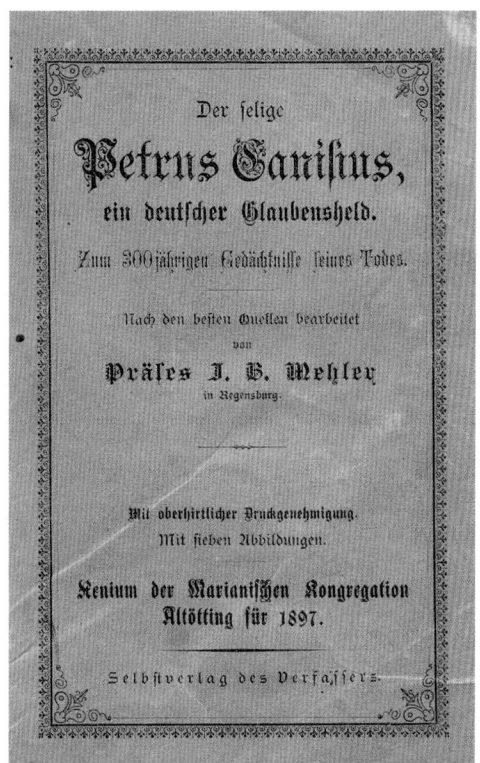

Im Titel dieser Schrift zum 300-jährigen Todestag wird Petrus Canisius als „deutscher Glaubensheld" gefeiert. Auch wenn in heutiger Zeit meist weniger emotional geurteilt wird, hat sich an der Bewertung seiner großen Lebensleistung wenig geändert.

Deutschland wieder auf die Beine gestellt. Als Gerüst verfasste er für die verschiedenen Altersstufen Katechismen: 1555 den „Großen Katechismus" für die Abschlussklassen von Kollegien und Universitäten; im selben Jahr erscheint sein „Kürzester Katechismus" für den Religionsunterricht von Kindern und für das einfache Volk, 1558 der „Kleine Katechismus für Katholiken" für Jugendliche in der mittleren schulischen Laufbahn.

Was auf evangelischer Seite Melanchthon geleistet hat, war auf katholischer Seite zuerst der Initiative des Jesuiten zu verdanken: Bildung als entscheidende Methode für die Reform. Als Provinzial der deutschen Jesuiten-Provinz gründete Canisius an wichtigen Stellen Ausbildungsstätten, Kollegien: Im deutschsprachigen Bereich gründet Canisius Jesuitenkollegien in Ingolstadt (1555), Prag (1556), München (1560), Innsbruck (1562), Dillingen (1563), Tyrnau (1561), Würzburg (1567), Hall in Tirol (1569).

Ab 1580 lebt er in dem neu gegründeten Kolleg in Fribourg in der Schweiz. Dort stirbt er 1597 im Alter von 76 Jahren. Er ist dort begraben. Sein Todestag ist der 21. Dezember, im deutschsprachigen Raum liegt sein Gedenktag auf dem 27. April.

Bistum Limburg

Eine Perle der Vielfalt im Herzen Deutschlands

Durch seine einzigartige Lage auf einem Kalkfelsen hoch über der Lahn wirkt der Limburger Dom von Weitem wie ein Krone über der Stadt und dem Land.

Wer über die hohe Autobahnbrücke an Limburg vorbeifährt, sieht den siebentürmigen Dom mit der markanten farbigen Außenfassade auf einem Felsen hoch über der Lahn thronen. Fast hat man den Eindruck, als sei diese Perle des Bistums ein Wegweiser Gottes, der heraus aus dem Chaos und hinein in die Stille der erhabenen Kirche führt. Ein Abstecher lohnt sich, denn der prächtige Sakralbau besticht auch in der Nähe durch seine harmonische und spirituelle Ausdruckskraft. Das Gotteshaus, heute Bischofskirche und auch geografisches Zentrum der Diözese, wurde in seiner jetzigen Form 1235 als Pfarr- und Stiftskirche dem heiligen Georg und dem heiligen Nikolaus geweiht. Jährlich treten unzählige Besucher durch das mächtige Portal, genießen die Ruhe im Inneren und bewundern die einzigartige Eleganz, mit denen die Bauherren den spätromanischen Stil mit frühgotisch beeinflussten Elementen zu vereinen wussten. Zum internationalen Bekanntheitsgrad der Bischofskirche hat auch die Limburger Dommusik maßgeblich beigetragen: Der Domchor, die Mädchenkantorei und die Domsingknaben übernehmen abwechselnd die musikalische Gestaltung der Gottesdienste im Limburger Dom.

Mischung aus Ballungsgebieten und ländlichen Gegenden

Der Gegensatz zwischen tosendem Verkehr und Gotteshaus steht sinnbildlich für die kontrastreiche Vielfalt im ganzen Limburger Bistum. Es gehört zur Kirchenprovinz Köln und ist eine der jüngeren Diözesen mit Gebieten in Hessen und Rheinland-Pfalz. Mit einer vergleichsweise eher kleinen Fläche von rund 6 182 Quadratkilometern liegt das Bistum in einer dicht besiedelten, wirtschaftlich hoch entwickelten Region, die sich von der niederländischen Grenze am Niederrhein bis zum Rhein-Neckar-Raum im Südwesten erstreckt. „Für mich ist das ganze Bistum Limburg eine Perle in der Mitte Deutschlands, da es in sich einen großen Reichtum aus ganz verschiedenen Lebenskulturen birgt", sagt Pfarrer Wolfgang Rösch, der Ständige Vertreter des Apostolischen Administrators. Es sei diese Mischung aus eher säkular orientierten Ballungsgebieten und traditionell geprägten Gegenden, die diese Perle so liebenswert mache. Tatsächlich wird das 1827 gegründete Bistum heute in seinen elf Bezirken,

Die feierlichen Gottesdienste im Hohen Dom zu Limburg werden abwechselnd von dem Domchor, der Mädchenkantorei und den Domsingknaben musikalisch gestaltet.

Der Wetzlarer Dom, Wahrzeichen und gleichzeitig größter Sakralbau der Stadt, wird seit der Reformation von katholischen und evangelischen Christen gleichermaßen genutzt.

Der Frankfurter Dom vor der Skyline der multikulturellen Banken- und Börsenmetropole, die mit ihren Gegensätzen und Widersprüchen Arbeitsfeld für eine offene und innovative Stadtkirche ist.

zum Beispiel von der Bankenmetropole Frankfurt am Main und der hessischen Landeshauptstadt Wiesbaden im Rhein-Main-Gebiet, von kleineren Städten wie Limburg, Bad Ems, Bad Homburg, Montabaur oder Wetzlar, vom Rheingau sowie von großen ländlichen Gebieten im Westerwald und Taunus mit Diasporasituationen, geprägt.

Der Frankfurter „Kaiserdom" war Wahl- und Krönungsort

Der größte Sakralbau der Diözese ist die gotische Kirche St. Bartholomäus in Frankfurt, die – obwohl sie nie als Bischofskirche diente – wegen ihrer bischöflichen Bedeutung im Heiligen Römischen Reich dennoch als (Kaiser-)Dom bezeichnet wird (ebenso wie der Wetzlarer Dom, eine der ältesten Simultankirchen Deutschlands für katholische und evangelische Christen). Das imposante Gotteshaus war lange Zeit Schauplatz bedeutender west- und mitteleuropäischer Ereignisse: Seit 1356 fungierte es zum Beispiel als Wahlort der deutschen Könige und ab 1562 als Krönungsort der römisch-deutschen Kaiser und Könige. Das moderne Frankfurt präsentiert sich dagegen als bunte Banken- und Börsenmetropole und ist – ne-

St. Bonifatius, die katholische Stadtkirche von Wiesbaden mit zwei 65 Meter hohen markanten Türmen auf der Portalseite wurde am 19. Juni 1849 durch den Limburger Bischof Peter Josef Blum geweiht.

STATISTISCHE DATEN

Bistum Limburg:
648 570 Katholiken

Eckdaten (Stand 2012)
71 739 Gottesdienstteilnehmer
115 Eintritte
285 Wiederaufnahmen
4 062 Taufen
11 Bezirke
281 Pfarreien (2014: 232)
293 Kirchengemeinden (2014: 249)
16 katholische Schulen
21 Krankenhäuser in kirchlicher Trägerschaft
253 Kindertagesstätten in gemeindlicher und sonstiger Trägerschaft
30 Kindertagesstätten in Trägerschaft der Caritasverbände
Textquelle: www.bistumlimburg.de

ben Wiesbaden – einer der beiden Stadtbezirke der Diözese. Hier leben allein 145 000 Katholiken, von denen mehr als ein Drittel zu den 24 katholischen Gemeinden anderer Muttersprachen gehört. Ein multikulturelles Miteinander, das nach einer offenen und innovativen Kirche fragt. Die Schwerpunkte der Frankfurter Stadtkirche liegen deshalb besonders im Bereich der Sozial- und interkulturellen Pastoral.

Jugendarbeit und Weltkirche haben große Bedeutung

„In den insgesamt 34 katholischen Gemeinden anderer Muttersprachen, die vor allem in den Städten des Bistums zu finden sind, zeigt sich immer wieder, dass die Kirche eine ganz hohe Integrationskraft hat", bemerkt Rösch und verweist auch auf das Engagement für die Weltkirche, das vor allem durch die Initiative von Bischof Franz Kamphaus (1982-2007) stark ausgebaut wurde. Das Bistum hält heute Kontakte zu katholischen Diözesen in der ganzen Welt und pflegt eine intensive Zusammenarbeit mit seinen sechs Partnerdiözesen in Afrika, Asien und Osteuropa: Mit den Bistümern Kumbo, Ndola, Alaminos, Košice, Olomouc und Sarajevo haben sich freundschaftliche Beziehungen entwickelt und etabliert, die sich auf verschiedensten Ebenen ausgestalten. „Vieles trennt uns, mehr aber eint uns

Aktives Glaubensleben in der Partnerdiözese Ndola in Sambia: Die Kontakte zu dem südafrikanischen Bistum, das durch die Entwicklung der kleinen christlichen Gemeinschaften (Small Christian Communities) bekannt wurde, sind mittlerweile bereits 30 Jahre alt.

Eine Prozession in Marienthal (Rheingau), einem der ältesten Wallfahrtsorte Deutschlands, der seit 1873 von Franziskanern spirituell begleitet und instandgehalten wird.

und führt uns zusammen zu einer großen Familie", heißt es in dem entsprechenden Partnerschaftsgebet. Auch die Gründung der drei großen Jugendkirchen „Kana" in Wiesbaden, „Crossover" in Limburg und „Jona" in Frankfurt im Jahr 2005 geht auf Bischof Kamphaus zurück. Die Jugendarbeit ist bis heute ein wichtiger Bereich im Bistum.

Kreuzfeier mit der Verehrung der Kreuzreliquie als jährlichem Höhepunkt

Aus dem Herzen heraus katholisch leben und im Gespräch sein mit einer säkularen Gesellschaft – so fasst Rösch das Glaubensleben im Bistum zusammen. „Als junges Bistum, das erst 1827 nach der Säkularisation entstanden ist, hat es natürlich eine ganz andere Prägung als Diözesen, die auf eine sehr lange katholische Tradition zurückblicken." Umso wichtiger seien für Limburg identitätsstiftende Feste und Wallfahrten, betont er. 1959 rief Bischof Wilhelm Kempf zum Beispiel das Kreuzfest ins Leben, das jedes Jahr ausgerichtet wird. Sein Höhepunkt ist die Kreuzfeier mit der Verehrung der Kreuzreliquie (eine Holzpartikel vom Kreuz Jesu Christi), die in der Staurothek aufbewahrt wird. Während diese kostbare Lade mit Schubdeckel und der Petrusstab Teile des Limburger Domschatzes sind, den man zusammen mit den Beständen des Diözesanmuseums im „Leyenschen Haus" am Domplatz bewundern kann, wird die Kreuzreliquie selbst im Dom gezeigt und verehrt. Überregional bekannt sind beispielsweise die Marienwallfahrten von Bornhofen und Marienthal im Bezirk Rhein-Lahn sowie von Marienstatt im Bezirk Westerwald. Unter den Bistumsheiligen sticht die heilige Hildegard (1098-1179) hervor. Die Reliquien der Kirchenlehrerin werden in der gleichnamigen Pfarrkirche in Eibingen bei Rüdesheim (Bezirk Rheingau) aufbewahrt und beim alljährlichen Hildegardisfest am 17. September mit einer Prozession geehrt.

Die Staurothek aus dem 10. Jahrhundert, eine kostbare Lade mit Holzpartikeln vom Kreuz Jesu Christi, befindet sich im Limburger Domschatz- und Diözesanmuseum, das die bedeutendste Kunstsammlung zwischen Köln und Frankfurt am Main besitzt.

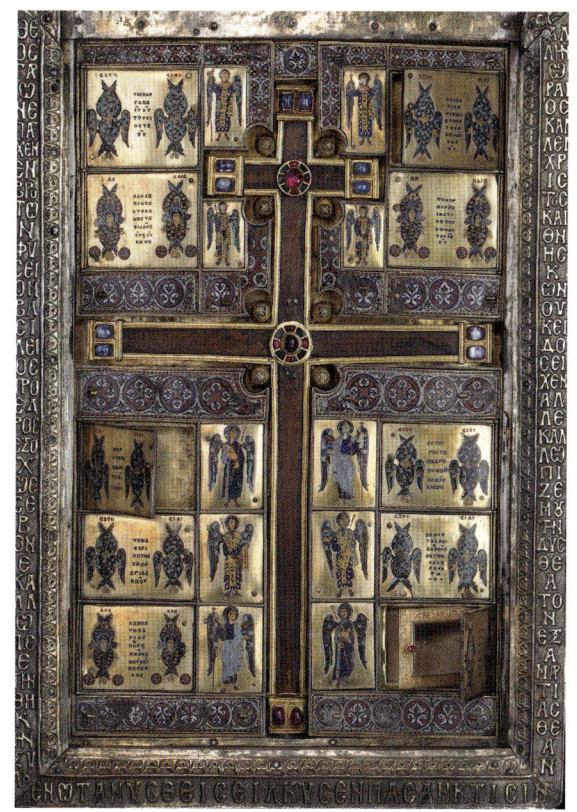

Bildung mit katholischem Profil hat lange Tradition

Der Limburger Katholizismus ist nicht nur sozial ausgeprägt, auch Bildung mit katholischem Profil hat im Bistum eine große Bedeutung und lange Tradition. In der Tat gibt es zahlreiche renommierte und beliebte Bildungseinrichtungen: Von überregionaler Bedeutung ist zum Beispiel die in Frankfurt ansässige Philosophisch-Theologische Hochschule Sankt Georgen, die in der Bildungstradition und Verantwortung des Jesuitenordens steht. Im ihr angeschlossenen überdiözesanen Priesterseminar werden Männer ausgebildet, die aus verschiedenen deutschen Bistümern stammen und das Berufsziel Priester verfolgen. In Frankfurt befindet sich auch das katholische Kultur- und Begegnungszentrum Haus am Dom, das sich als Brücke zwischen Kirche und Gesellschaft versteht. Im Bezirk Wiesbaden mit rund 57 000 Katholiken beherbergt das Roncalli-Haus (sein Namenspatron ist der 1963 verstorbene Angelo Roncalli, eher bekannt als Papst Johannes XXIII.) die katholische Erwachsenenbildung – Bildungswerke Wiesbaden-Untertaunus und Rheingau. Als geistliches Zentrum im ganzen Rhein-Main-Gebiet fungiert das Exerzitienhaus in Hofheim am Taunus, ein franziskanisches Zentrum für Stille und Begegnung.

„Bereitschaft zur Bewegung" als innere Erneuerung von Kirche

Die jüngste Einrichtung des Bistums im Bildungsbereich ist das im September 2011 eröffnete Bischof-Blum-Kolleg in Limburg. Als „Schule des Glaubens, des Gebetes und der Gemeinschaft" bietet das Kolleg auf diözesaner Ebene zum Beispiel geistliche Tage, Wallfahrten und Veranstaltungen zur spirituellen Orientierung und Ausbildung an. Außerdem möchte es mit den Pfarreien neuen Typs beziehungsweise mit den pastoralen Räumen, die sich derzeit noch im Prozess der Pfarreiwerdung befinden, individuelle Formen der Zusammenarbeit entwickeln. Es unterstützt damit die 2008 von Bischof Franz-Peter Tebartz-van Elst angestoßene Umstrukturierung. Unter dem Leitwort „Bereitschaft zur Bewegung" will die Bistumsleitung eine innere Erneuerung von Kirche auf den Weg bringen, die dem gesellschaftlichen Wandel und dem Rückgang der Katholikenzahlen Rechnung trägt. In allen elf Bezirken der Diözese werden Kirchengemeinden zu unterschiedlich großen pastoralen Räumen zusammengefasst, aus denen jeweils eine Pfarrei neuen Typs mit einer Pfarrkirche, einem zentralen Pfarrbüro sowie einem Pfarrgemeinde- und Verwaltungsrat hervorgehen soll. Die ehemaligen Pfarr- und Filialgemeinden werden im Zuge dieses Prozesses zwar aufgehoben, bleiben aber als miteinander vernetzte „Kirchorte" innerhalb der jeweiligen Großpfarrei weiter bestehen.

Geschichte des Bistums

18. Jh. Die Geschichte des Bistums beginnt mit dem Zusammenbruch der kirchlichen und politischen Ordnung des Heiligen Römischen Reiches und der Reichskirche im Zuge der Französischen Revolution und der Säkularisation.
1803 Mit dem Reichsdeputationshauptschluss fallen die Gebiete der alten geistlichen Erzbistümer Mainz, Trier und Köln (darunter auch große Teile um Limburg herum) an das Herzogtum Nassau, das mit der Freien Stadt Frankfurt die Errichtung eines eigenes Landesbistums plant.
1827 Am 23. November wird das Bistum Limburg (mit dem Limburger Dom als Zentrum) gegründet. Der erste Bischof, Jakob Brand, nimmt seine Amtsgeschäfte auf. Die neue Diözese leidet deutlich unter dem spannungsreichen Verhältnis zum nassauischen Staatskirchentum.
1842 Peter Joseph Blum tritt sein Amt als Bischof von Limburg an (bis 1884) und setzt sich offensiv für die Freiheit von staatlicher Bevormundung ein. Als er sich im Rahmen des preußischen Kulturkampfes aktiv widersetzt, sind sieben Jahre Exil im böhmischen Haidt die Folge.
1866 Das Herzogtum Nassau wird zusammen mit Hessen-Kassel und der Freien Stadt Frankfurt in die preußische Provinz Hessen-Nassau eingegliedert.
1898 Willi Dominicus wird Bischof von Limburg (bis 1913). Er gilt als bedeutende Integrationsfigur in der Zeit nach dem Kulturkampf und holt die Jesuiten nach Frankfurt sowie die Franziskaner nach Kelkheim.
Ab 1918 Erst nach dem Ersten Weltkrieg erhält das Bistum in vielen protestantischen Gebieten die Möglichkeit, Pfarreien zu gründen. Diese werden oft Ordenskommunitäten anvertraut.
1930 Bischof Antonius Hilfrich wird Bischof von Limburg (bis 1947). Im Kampf der Nationalsozialisten gegen die katholische Kirche protestiert er gegen die Ermordung geistig behinderter Menschen in der Heilanstalt Hadamar.
1947 Ferdinand Dirichs wird zum Bischof von Limburg (bis 1948) geweiht. Er proklamiert am Pfingstsonntag 1948 im Limburger Dom die Laienbewegung „Katholische Aktion".
1949 Bischof Wilhelm Kempf tritt sein Amt an (bis 1981). Unter ihm werden unter anderem die synodalen Strukturen im Bistum ausgebaut.
1982 Franz Kamphaus wird Bischof von Limburg (bis 2007). In seiner Ära stehen Themen wie der Schutz des menschlichen Lebens, Fragen der Bioethik, die Option für die Armen und die Verantwortung für eine gerechte Welt auf der Agenda.
2008 Franz-Peter Tebartz-van Elst wird als neuer Bischof eingeführt: Mit 48 Jahren ist er der jüngste deutsche Diözesanbischof. Noch im selben Jahr initiiert er in seiner Diözese den Umstrukturierungsprozess „Bereitschaft zur Bewegung".
2012 Am 1. Januar werden die ersten beiden Pfarreien neuen Typs (St. Bonifatius in Wiesbaden sowie St. Ursula in Oberursel und Steinbach) errichtet: Bis 2019 sollen aus 84 pastoralen Räumen insgesamt 45 Pfarreien neuen Typs werden.

Bischof Franz Kamphaus

Persönlichkeiten des Bistums

■ **Peter Joseph Blum** (1842-1884)
Peter Joseph Blum kam am 18. April 1808 in Geisenheim am Rhein zur Welt. Im Alter von erst 34 Jahren wurde er 1842 vom Domkapitel zum dritten Bischof von Limburg gewählt (zuvor war er Domvikar und Pfarrer im nassauischen Oberbrechen). Blum war zeitlebens ein charismatischer und politisch engagierter Seelsorger, der sich nicht nur für eine Wiederbelebung des religiösen Lebens im säkularisierten Umfeld einsetzte, sondern auch für die Freiheit der Kirche vom Staat kämpfte. Der Bischof verstarb – nach 42 Jahren im bischöflichen Dienst – am 30. Dezember 1884 in Limburg.

■ **Wilhelm Kempf** (1949-1981)
Wilhelm Kempf wurde am 10. August 1906 in Wiesbaden geboren. Im Limburger Dom empfing er am 8. Dezember 1932 die Priesterweihe und am 25. Juli 1949 die Weihe zum Bischof von Limburg. Als einer der fünf Konzilsuntersekretäre war Kempf eine wichtige Gestalt des Zweiten Vatikanischen Konzils. Auch in seiner Diözese setzte er sich für deren Erneuerung im Geiste des Konzils ein. Als Bischof förderte er die Kirchenmusik, ließ die Kreuzreliquie und den Petrusstab restaurieren und rief 1959 auch das Kreuzfest ins Leben. Kempf emeritierte 1981 und verstarb ein Jahr später. Heute ist das zentrale Tagungs- und Bildungshaus des Bistums Limburg in Wiesbaden-Naurod nach ihm benannt.

■ **Franz Kamphaus** (1982-2007)
Franz Kamphaus wurde am 2. Februar 1932 in Lüdinghausen (Münsterland) geboren und 50 Jahre später, am 13. Juni 1982, von Joseph Kardinal Höffner zum elften Limburger Bischof geweiht. Kamphaus, der sich als „Anwalt der Armen und Schwachen" verstand, wurde durch sein Wirken sowie durch Vorträge und Artikel zu Gegenwartsfragen weit über das Bistum hinaus bekannt. Schwerpunkte seiner Arbeit waren zum Beispiel sein Eintreten für die Rechte von Flüchtlingen und Asylbewerbern. Von 1986 bis 1991 war er im Auftrag der Deutschen Bischofskonferenz als „Jugendbischof" tätig und gründete 2005 in seinem Bistum drei Jugendkirchen. Seine Amtszeit endete zu seinem 75. Geburtstag am 2. Februar 2007.

■ **Franz-Peter Tebartz-van Elst** (2008-2014) kam am 20. November 1959 in Kevelaer-Twisteden zur Welt. Die Priesterweihe empfing er am 26. Mai 1985 im Dom zu Münster. Seit 2002 war Tebartz-van Elst Universitätsprofessor für Pastoraltheologie und Liturgiewissenschaft an der Universität Passau. Ab 2004 war er als Weihbischof in Münster tätig. Am 20. Januar 2008 wurde er im Limburger Dom in sein Amt als Bischof eingeführt. In seiner Diözese hat Tebartz-van Elst die Anpassung der Seelsorgestrukturen an die neuen Gegebenheiten zügig in die Wege geleitet. Seit 2011 war er zudem Vorsitzender der Kommission Ehe und Familie der Deutschen Bischofskonferenz.

Weihbischof Manfred Grothe, Apostolischer Administrator

Pfarrer Wolfgang Rösch, Ständiger Vertreter des Apostolischen Administrators

BISTUMSKRISE 2013/2014

Nach zweijähriger Bauzeit wird am 29. Juni 2013 in Limburg das „Diözesane Zentrum Sankt Nikolaus" eingeweiht: Es soll als geistliches Zentrum, Konferenz- und Begegnungsstätte und Arbeitsplatz des Diözesanbischofs und seiner unmittelbaren Mitarbeiter dienen. Die erhebliche Überschreitung der deklarierten Bausumme führt zu einer Vertrauenskrise. Am 23. Oktober gewährt der Heilige Stuhl Bischof Tebartz-van Elst eine Zeit außerhalb der Diözese. In der Zwischenzeit führt Generalvikar Wolfgang Rösch die Amtsgeschäfte. Eine von der Deutschen Bischofskonferenz eingesetzte Prüfungskommission im Bistum Limburg klärt die Kosten, die Finanzierung und die Entscheidungswege rund um die Bauprojekte auf dem Limburger Domberg. Der Bericht der Kommission wird dem Präfekten der Bischofskongregation im Vatikan, Kardinal Marc Ouellet, am 3. März 2014 übergeben. Papst Franziskus nimmt das Rücktrittsangebot von Bischof Tebartz-van Elst am 26. März 2014 an. Weihbischof Manfred Grothe wird zum Apostolischen Administrator und der bisherige Generalvikar Wolfgang Rösch zum Ständigen Vertreter ernannt.

Wappen des Bistums Limburg

Bistum Magdeburg

Katholiken im Ursprungsland der Reformation

Nur einen Steinwurf voneinander entfernt stehen der mittelalterliche Dom und die dem hl. Sebastian geweihte Kathedrale des katholischen Bischofs. Dem hl. Mauritius sind sowohl der Dom als auch das katholische Bistum geweiht. Die Reliquien dieses Heiligen kamen nach Magdeburg. Hingerichtet wurde dieser Soldat in der Schweiz, weil er sich weigerte, Christen hinzurichten. Er stammte wohl aus Ägypten, das eines der ersten christlichen Länder war. Mit Mauritius, im Dom mit schwarzer Hautfarbe dargestellt, verbindet sich Magdeburg mit der frühen Kirche. Aber ist es auch das Land Luthers und die Stadt mit tausenden Toten einer der schlimmsten Orte des Dreißigjährigen Krieges.

St. Sebastian

Die Bischofskirche in Magdeburg ist ein gotischer Bau. Damals war sie der Gebetsraum für eine Priestergemeinschaft. Später verwaiste das Stift, die Kirche wurde als Lager und Fabrikhalle genutzt. Als die Industrie in Magdeburg auch viele Katholiken anzog, erwarb die Kirche diesen Raum. Neben der restaurierten Kirche liegt das Bildungszentrum des Bistums, das Roncalli-Haus.

Das Jubiläumsjahr der Reformation lenkt den Blick nach vorne

Wittenberg, die Universitätsstadt Luthers, die 2017 mit dem 500 Jahrestag des Thesen-

Ökumenisches Miteinander: Katholiken feiern Fronleichnam vor dem evangelischen Dom in Magdeburg.

anschlags im Lichtkegel der Aufmerksamkeit stehen wird, liegt 86 km von Magdeburg entfernt. Eisleben, Geburtsort Luthers, liegt 88 km entfernt. Hier heißt Christsein erst einmal, sich „evangelisch" zu verstehen. Evangelisch verbindet sich mit den vielen romanischen Kirchen. Katholisch sind die von anderswoher, die mit der Industrialisierung Arbeit suchten, dann die Flüchtlinge nach dem Krieg. Viele von ihnen sind weiter nach Westen gezogen, als 1953 die Arbeiter gegen die Leistungsnormen rebellierten und bevor 1961 die Mauer gebaut wurde. Jetzt sind beide Konfessionen eine Minderheit von weniger als 18 % der Bevölkerung. Die Erinnerung an den Beginn der Reformation vor 500 Jahren kann nicht mehr als Demonstration der Trennung, sondern nur gemeinsam gefeiert werden. Das schon allein deshalb, weil die meisten Menschen in Sachsen-Anhalt den Unterschied von evangelisch und katholisch nicht mehr kennen. Dieses Gemeinsame ist langsam gewachsen. Beide Konfessionen waren dem gleichen ideologischen Druck des kommunistischen Regimes ausgesetzt. In der Schulklasse war es entscheidend, ob man sich als gläubig bekannte, nicht, ob evangelisch oder katholisch. Zwar haben die Katholiken Kirchen gebaut, aber für größere Feiern stehen ihnen die evangelischen Kirchen zur Verfügung, so der Magdeburger Dom an Fronleichnam. Es gibt viele Chöre, in denen beide Konfessionen singen und natürlich dann in den Gottesdiensten beider Konfessionen. Bei einer Firmung spielt nicht selten der evangelische Posaunenchor.

Diaspora heißt in Sachsen-Anhalt, dass beide Konfessionen mit einer Bevölkerungsmehrheit konfrontiert sind, für die das Wort „Gott" keine Bedeutung mehr hat. Ein Rückzug in die eigene Kirchlichkeit und ein gutes Miteinander unter Christen scheinen nahezuliegen. Jedoch fordert die Gesellschaft die Christen. Die Katholiken, obwohl nur eine kleine Zahl, haben sich in einem synodalen Prozess entschieden, schöpferisch in die Gesellschaft hineinzuwirken. Als Leitbild wurde formuliert:

„Wir vollziehen eine Wende: Wir verharren nicht mehr in der Mentalität eines Diaspora-Bistums, zu dem es fast schicksalhaft zu gehören scheint, dass es klein ist und immer mehr schrumpft. Stattdessen nehmen wir die Herausforderung an, ein missionarisches Bistum zu sein, weil wir zutiefst davon überzeugt sind, dass unsere Kirche eine Mission für die Menschen unserer Zeit hat."

Die gotische katholische Bischofskirche St. Sebastian liegt in unmittelbarer Nähe des evangelischen Doms von Magdeburg – in Magdeburg ein Bild mit Symbolkraft.

Bild unten: In Kloster Helfta, in unmittelbarer Nähe Eislebens, des Geburtsortes Martin Luthers, pflanzten Bischof Gerhard Feige und Bischöfin Ilse Junkermann einen „Lutherbaum" als Zeichen christlicher Verbundenheit in einem weitgehend nicht gläubigen Umfeld.

Ob die Menschen dieses größere Leben, das ihnen versprochen ist, erfahren können, hängt nicht zuletzt von der Präsenz christlicher Gemeinschaften ab. Da das Bistum weder über die Finanzen noch die Personen verfügt, diese Präsenz durch einen Stab von Hauptamtlichen zu gewährleisten, setzt man auf die Gruppen von Christen, die sich vor Ort versammeln, um die Botschaft Jesu auf sich wirken zu lassen, gemeinsam zu beten und offen zu sein für die Nöte der anderen. Deshalb ist es für das Bistum wichtig, dass sich die meist kleinen Gemeinden am Sonntag treffen. Wenn möglich, soll Eucharistie gefeiert werden. Da es auch im Bistum Magdeburg immer weniger Priester gibt, werden es immer mehr Wort-Gottes-Feiern sein, zu denen sich die Katholiken am Sonntag zusammenfinden."
Bewusst wurden, nachdem sich das kommunistische System aufgelöst hatte, Schulen gegründet. Eine Elterninitiative hat das ökumenische Domgymnasium auf den Weg gebracht. Kindergarten und begleitende Sozialarbeit sind schon allein deshalb von den Kirchen gefordert, weil zwei Drittel der Kinder keine verheirateten Eltern haben und zwei Drittel der Ehen wieder geschieden werden. Caritas und Diakonie sind ein unentbehrliches Zeugnis für die christlichen Überzeugungen.

Geistliche Zentren

Huysburg
Eine Benediktinerabtei aus dem 11. Jahrhundert auf einer Anhöhe oberhalb von Halberstadt wurde noch zu Zeiten der DDR wieder besiedelt. Das Kloster war mit der Reformation nicht untergegangen, sondern wurde erst mit der von Napoleon verfügten Enteignung der Kirchengüter 1804 aufgehoben und fiel an Preußen. 1972 trauten sich einige Priester und Laien, wieder eine Benediktinerabtei aufzubauen. In DDR-Zeiten und bis heute ist die jährliche Wallfahrt auf die Huysburg für viele Familien ein festes Datum im September. Die Geschichte der Abtei beginnt mit drei Frauen, die sich dort als Einsiedlerinnen einmauern ließen: Pia von Quedlinburg, Adelheid aus Gandersheim und Ida aus Quedlinburg. Als Inkluse zu leben war im 11. Jahrhundert ein re-

Ein Ort großer Vergangenheit mit ebenso großer Bedeutung für die Gegenwart: Die Benediktinerabtei Huysburg aus dem 11. Jahrhundert ist heute wieder ein Zentrum für Fortbildung und Spiritualität.

Die Kirche des Benediktinerklosters Huysburg mit barocker Ausstattung.

Das zum Ende des 2. Jahrtausends wieder aufgebaute Zisterzienserinnenkloster Helfta ist heute eines der wichtigsten geistlichen Zentren.

liöses Ideal. Die kirchliche Autorität ließ diese Frauen jedoch nicht allein. Bischof Burchard II. von Halberstadt sandte 1080 den früheren Halberstädter Domkapitular Eckhard zur Gründung einer Benediktinerabtei auf den Berg, so dass die Frauen eine Betreuung fanden.

Prämonstratenser und Franziskaner

Die Prämonstratenser sind nach der Wende an den Ort zurückgekehrt, an dem ihr Gründer Norbert von Xanten nicht nur das Bistum Magdeburg geleitet, sondern mit seinen Ordensbrüdern die Mission unter den Slawen vorangetrieben hat.

Franziskaner haben in Halle und Halberstadt eine Niederlassung.

Helfta – Zentrum der deutschen Frauenmystik

Die Zisterzienserinnenabtei in einem Vorort der Lutherstadt Eisleben ist ein Zeichen des religiösen Aufbruchs. Eigentlich standen nur noch die Chorwand der Klosterkirche und ein Gebäude, die anderen Klosteranlagen waren zerfallen. Das Kloster mit seiner Landwirtschaft war 1804 preußische Staatsdomäne geworden und von der DDR als Landwirtschaftliche Produktionsgenossenschaft weitergeführt worden. Eigentlich hätten die letzten Reste eines der religiösen und intellektuellen Zentren Mitteldeutschlands verschwinden sollen. Als aber die letzten Mauerreste abgetragen werden sollten, bildete sich eine Initiative zur Rettung der Klosteranlage. Damals ein aussichtsloses Projekt. Dann kam die Wende. Wie andere Ordensgemeinschaften engagierten sich die Zisterzienserinnen von Seligenthal von Landshut und wählten dafür Helfta. Die Äbtissin von Seligenthal, Maria Assumpta Schenkl, ging mit einigen Mitschwestern nach Helfta. 1998 konnte mit dem Wie-

Die schlichte Kirche in Helfta ist ein Raum für das Stundengebet und die Feier der Eucharistie.

deraufbau der Kirche und der Gebäude begonnen werden. 1999 wurde die Kirche eingeweiht. Die Abtei entwickelt eine solche Anziehungskraft, dass nicht nur Frauen aus Deutschland sich der Gemeinschaft anschlossen.

Die 1229 gegründete Abtei hatte in den Jahren 1251-1291 eine weitsichtige Äbtissin, Getrud von Hackeborn, die das Kloster zu einem Ort theologischer Studien machte. Das Kloster zog viele hochbegabte und von tiefer Religiosität geprägte Frauen an. Die Nonnen dichteten und komponierten. Sie standen in regem geistigem Austausch mit den Dominikanern in Halle. Durch diese ermutigt und aufgrund der hohen Bildung der Ordensfrauen kam es überhaupt dazu, dass die mystischen Erfahrungen aufgeschrieben wurden. Die Aufzeichnungen von drei Nonnen aus dem 13. Jahrhundert sind in die deutsche Literatur eingegangen. Es waren unterschiedliche Charaktere. Gertrud von Helfta war bereits mit fünf Jahren dem Kloster übergeben worden, damals die einzige Möglichkeit für eine Frau, Lesen und Schreiben zu lernen. Es sind Gespräche mit Gott, die im „Gesandten der Göttlichen Liebe" aufgeschrieben sind. Sie stehen in Zusammenhang mit dem Gebetszeiten des Stundengebets und geben auch Einblick in das Leben des Klosters, oft wird von der Krankheit und dem Sterben von Mitgliedern der Klostergemeinschaft gesprochen.

Mechthild von Magdeburg wurde um 1208 geboren. Sie schloss sich erst im Alter von 70 Jahren der Gemeinschaft in Helfta an und lebte dort noch 16 Jahre. Vorher war sie Begine in Magdeburg und war empört über den Lebenswandel einiger höherer Kleriker. Sie musste Magdeburg verlassen und wurde ein inspirierendes Mitglied der Abtei. Ihre Aufzeichnungen haben den Titel „Das fließende Licht der Gottheit". Die dritte der drei Frauen, die ihre spirituellen Erfahrungen niedergeschrieben haben, ist die jüngere Schwester der Äbtissin, Mechthild von Hackeborn. Helfta ist zu einem Zeichen für den Neuanfang christlichen Lebens nach der kommunistischen Kälteperiode geworden.

STATISTISCHE DATEN

Bistum Magdeburg:

87 000 Katholiken
etwa 3,3 % der Bevölkerung
44 Pfarreien
34 Kindertagesstätten mit 2 430 Plätzen
16 Sozialstationen
19 Altenpflegeheime mit 1 336 Plätzen
5 Kinderheime und 4 Kinderhorte
4 Krankenhäuser
60 Einrichtungen für Behinderte
3 Gymnasien
1 Sekundarschule
4 Grundschulen

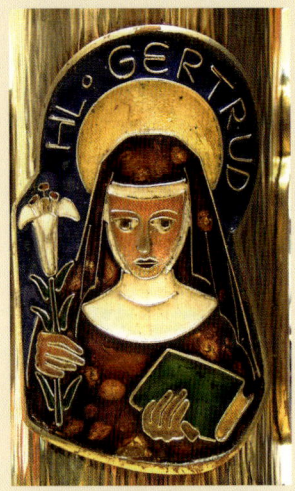

Die heilige Gertrud und der heilige Norbert auf dem Bischofsstab von Johannes Braun

Geschichte

Das Bistum Magdeburg wurde **968** von Kaiser Otto I. unter Zustimmung des Papstes mit dem Blick nach Osten gegründet. Es sollte Ausgangspunkt der Slawenmission werden. Als Erzbistum wurden ihm die bereits 948 gegründeten Bistümer Brandenburg und Havelberg und die im gleichen Jahr errichteten Bistümer Zeitz, Merseburg und Meißen unterstellt. Das südwestlich gelegene Bistum Halberstadt musste Pfarreien an das neue Erzbistum abtreten. Weitere, noch zu gründende Bistümer sollten hinzukommen.
968 Adalbert wird erster Erzbischof und gründet eine bedeutende Bischofsschule.
983 kommt es zu einem Aufstand der Slawen an Elbe und Ostsee, die Burgen wie auch die bereits bestehenden Bistümer mussten aufgegeben werden. Ab der **Mitte des 12. Jahrhundert** begannen Sachsen, östlich der Elbe zu siedeln. War das Bistum zuerst nur eine kirchliche Größe, wurde es durch Übernahme von Ländereien langsam zu einem Fürstbistum.
1126 Norbert von Xanten, Gründer des Prämonstratenserordens, wird Erzbischof. Der Orden beginnt eine intensive Missionstätigkeit.
1209 Neubau des abgebrannten Domes.
1503 wird die Moritzburg Aufenthaltsort des Erzbischofes, der die Stadt 1478 dem Fürstbistum einverleibt hatte.
In der Reformation wandte sich die Mehrzahl der Gläubigen dem neuen Bekenntnis zu.
1541 fällt das Erzbistum an das Kurfürstentum Brandenburg.
1561 schließen sich Erzbischof und Domkapitel der Reformation an.
1561 wird mit dem Tod des letzten Bischofs das Bistum Merseburg Teil Sachsens. Das Gebiet gehört heute zum Bistum Magdeburg.
1564 geht das Bistum Naumburg zur Reformation über.
1587 wird ein weiteres Bistum auf dem Gebiet der heutigen Diözese evangelisch: Halberstadt. Es blieben einige Gruppierungen von Katholiken. Auch Klöster und Konvente blieben bestehen.
1631 erobern kaiserliche Truppen unter Tilly Magdeburg und richten ein Massaker an. Damit war eine Rekatholisierung der Bevölkerung aussichtslos. Nur zweitweise konnte ein Erzbischof installiert werden.

Bischof Wilhelm Weskamm

1648 Mit dem Westfälischen Frieden wurde aus dem Fürstbistum endgültig die Grafschaft Magdeburg, die an Brandenburg fiel. Vorher war das Fürstbistum schon von protestantischen Administratoren verwaltet worden. Durch den Westfälischen Frieden wird der Fortbestand von 17 Klöstern und Abteien und den ehemaligen Bistümern Magdeburg und Halberstadt ermöglicht. Dadurch konnten auch Gemeinden im Umfeld der Klöster fortbestehen. Diese werden erst mit der Säkularisierung 1803 aufgelöst, der preußische Staat erlaubt die Weiterführung der Gemeinden.
1811 wird ein katholisches Kommissariat errichtet, dem die Gemeinden zugeordnet werden.
1821 wird dem Erzbistum Paderborn die Sorge für die Region übertragen.
Erntehelfer aus dem Eichsfeld, Schlesien und Polen und weitere Zuzüge von Katholiken, die im Maschinenbau Arbeit finden, ermöglichen die Gründung weiterer Gemeinden.
1914 hat sich die Zahl der Gemeinden von 17 auf 100 erhöht.
1945 Etwa 470 000 katholische Flüchtlinge kommen in das Gebiet des Kommissariats. 108 neue Seelsorgestellen werden eingerichtet.
Als DDR-Behörden dem Paderborner Erzbischof ab 1953 die Einreise verweigerten, wurden die Pfarreien direkt dem Vatikan unterstellt und durch einen Weihbischof geleitet.
1953 Errichtung eines Priesterseminars auf der Huysburg. Gründung des Nobertuswerkes,

Bischof Friedrich Maria Rintelen

um jungen Männern, die von staatlichen Oberschulen ausgeschlossen waren, den Zugang zur Hochschulreife zu ermöglichen.

1973 wird ein bischöfliches Amt errichtet, das ein bischöflicher Administrator mit dem Titel Bischof leitet.

1994 errichtet Papst Johannes Paul II. wieder formell das Bistum.

2003-2004 Pastorales Zukunftsgespräch.

2004 wird das Bistum in 44 Pfarrverbünde neu gegliedert.

2010 werden aus den Gemeindeverbünden 25 Pfarreien gebildet.

Im Gebiet der heutigen Diözese liegen drei ehemalige Bistümer, Halberstadt nördlich des Harzes, Merseburg an der Saale und weiter südlich an dem gleichnamigen Fluss Naumburg. Halberstadt wurde bereits 804 von Karl dem Großen als Missionsstützpunkt zur Christianisierung der Sachsen – so wie Verden an der Aller und Hildesheim – gegründet. Der Dom und andere mittelalterliche Kirchen prägen bis heute das Stadtbild.

Merseburg wurde nicht zuletzt deshalb Bischofssitz, weil es auf einem Felsen über der Saale liegt und durch eine Burg geschützt war. Der Dom ist erhalten.

Naumburg wurde durch Verlegung des Bischofssitzes von Zeitz 1029 Bistum. Zeitz war im gleichen Jahr wie Magdeburg 968 gegründet worden. Der Naumburger Dom ist Zeugnis dieser Geschichte.

Meißen, das Nachbarbistum von Naumburg, wurde ebenfalls 968 unterhalb einer Burg errichtet.

Weibischöfe und Bischöfe nach dem Krieg

■ **Wilhelm Weskamm** (1949-1951)
Er war Paderborner Priester und gegn Ende des Krieges Propst an der St.-Sebastian-Kirche in Magdeburg. 1949 wurde er zum Paderborner Weihbischof mit Sitz in Magdeburg. 1951 wurde er zum Bischof von Berlin berufen. Er starb dort 1955.

■ **Friedrich Maria Rintelen** (1952-1970)
Er war Paderborner Priester und wurde 1952 zum Weihbischof mit Sitz in Magdeburg geweiht. Als 1961 die Mauer beide Teile Deutschlands endgültig trennte, setzte er auf eine eigenständige Kirchenverwaltung und die Gewinnung des Nachwuchses aus dem Gebiet des Bistums. Er eröffnete auf der Huysburg ein Priesterseminar. Durch religiöse Kinderwochen, Wallfahrten und Predigten setzte er ein Gegengewicht gegen die atheistische Propaganda. Mit vielen Kirchbauten gab er den durch die Flüchtlinge gewachsenen Gemeinden eine religiöse Beheimatung.

■ **Johannes Braun** (1970-1990)
Er musste die graue und düstere Zeit der SED-Herrschaft durchstehen. Er war vor seiner Ernennung zum Weihbischof und Leiter des Erzbischöflichen Kommissariates Magdeburg Leiter des Nobertuswerkes, das jungen Männern, die von dem Besuch eines staatlichen Gymnasiums ausgeschlossen waren, den Zugang zu einem kirchlich anerkannten Abitur eröffnete. 1970 wurde er zum Weihbischof geweiht. Er war ein entschiedener Gegner des Kommunismus und hat das Machtmonopol der SED öffentlich in Frage gestellt.

■ **Leo Nowak** (1990-2004)
Er stammt aus Magdeburg. 1970 wurde er Leiter des dortigen Seelsorgeamtes und 1990 Nachfolger von Johannes Braun. Er hat die Umstellung auf die neue Situation der Kirche in Sachsen-Anhalt vor allem durch das „Pastorale Zukunftsgespräch" in den Jahren 2003-2004 vorangetrieben. 1994 wurde das Gebiet von Magdeburg, das bisherige Bischöfliche Amt, zu einer eigenständigen Diözese.

■ **Gerhard Feige**
Seit 2005 Bischof, setzt er die Ergebnisse des pastoralen Zukunftsgespräches um und ist innerhalb der Bischofskonferenz Vorsitzender der Ökumene-Kommission. Vielfältige Kontakte verbinden ihn sowohl mit der Orthodoxie als auch mit den Kirchen der Reformation.

Bischof Johannes Braun

Bischof Leo Nowak

Bischof Gerhard Feige

Bistum Mainz

Die ansteckende Leichtigkeit des Glaubens

Blick von den Markthäusern auf die Altarbühne vor dem Mainzer Dom: Beim Gottesdienst zur feierlichen Eröffnung des Bistumsfestes am 22. Mai 2011 blieb kein Platz frei.

„Der christliche Glaube braucht eine Heimat mit Orten der Verbundenheit, der Lebensfreude und der Frömmigkeit", ist Generalvikar Prälat Dietmar Giebelmann überzeugt. Im Bistum Mainz finden über 750 000 Katholikinnen und Katholiken heute eine solche Heimat, die so vielfältig ist wie die Regionen, die sie umfasst. In der Tat ist die Diözese geografisch gesehen kein einheitlicher Raum. Sie gehört heute zur Oberrheinischen Kirchenprovinz und erstreckt sich über ein Gebiet von 7 692 Quadratkilometern in den Bundesländern Hessen und Rheinland-Pfalz (und den Ort Bad Wimpfen in Baden-Württemberg). In diesem verbinden sich multikulturelle Städte mit Dörfern sowie ländlich gewachsene Strukturen im Weinland Rheinhessen und in der hessischen Wetterau mit Ballungszentren an der Rhein-Main-Linie. Aufgrund der wechselvollen Geschichte der verschiedenen Gebiete des Bistums ist auch der prozentuale Anteil der Katholiken an der Bevölkerung in den einzelnen Landstrichen sehr unterschiedlich: Während es vor allem im Osten und Süden des Bistums (etwa an der Bergstraße oder rund um Offenbach/Main) mehrere Gemeinden mit mehrheitlich katholischer Bevölkerung gibt und zum Beispiel in der Stadt Mainz knapp 40 Prozent der Bewohner katholisch sind, ist besonders der nördliche Teil des Bistums von einer starken Diasporasituation geprägt (seit der Ansiedelung katholischer Heimatvertriebener nach dem Zweiten Weltkrieg bilden die Katholiken hier nur eine kleine Minderheit).

Fröhliche Frömmigkeit beim Bistumsfest anlässlich des 75. Geburtstages von Bischof Karl Kardinal Lehmann am 22. Mai 2011: Die Trommelgruppe vor dem Dom animierte die Besucher zum Mitmachen – mit großem Erfolg.

Lebendige Bistumsfeste und Wallfahrten

„Die Diözese profitiert von dieser bunten, regional sehr unterschiedlichen Mischung, weil sie gleichzeitig ein starkes Zentrum hat: die Stadt Mainz als Bistumssitz und ihren Dom, dessen Patron der heilige Martinus, Bischof von Tours, ist", bringt es Giebelmann auf den Punkt. Vor allem im rheinhessischen Teil spüre man noch eine französische Prägung, was sich in einer gewissen „Leichtigkeit des Glaubens" niederschlage. Eine Leichtigkeit, die begeistert und ansteckt, die überzeugt, weil sie authentisch ist. Schon 1848 fand der erste deutsche Katholikentag in Mainz statt. Und auch heute

Seit dem 17. Jahrhundert findet in Bingen jährlich am Sonntag nach Mariä Himmelfahrt eine große einwöchige Wallfahrt zu Ehren des Pestheiligen Rochus statt.

Als Mainzer Oberhirte prägt Bischof Karl Kardinal Lehmann das Bistum seit 1983 in vielfältiger Weise.

noch ziehen die großen Bistumsfeste (zum Beispiel 2002 das Jubiläum „200 Jahre Bistum Mainz" mit dem Diözesan-Katholikentag als Höhepunkt) und die regelmäßigen Wallfahrten viele Menschen jedes Alters an. Zu nennen sind hier unter anderem die Ministrantenwallfahrten nach Rom, an der zuletzt über 1 500 Jugendliche teilnahmen, sowie die Wallfahrten zur Rochuskapelle bei Bingen (sie geht auf ein Gelübde der Binger Bürger im Jahr 1666 in der Zeit der großen Pest zurück), zur Gnadenkapelle in Dieburg mit dem Gnadenbild der „Schmerzhaften Gottesmutter" sowie zur Kapelle auf der Liebfrauenheide im Wald von Klein-Krotzenburg, einem Ortsteil von Hainburg.

Aufgeschlossenes Klima und geerdete Frömmigkeit

Toleranz, Offenheit und eine fröhliche, geerdete Frömmigkeit prägen das Glaubensleben im Bistum. Ein aufgeschlossenes Klima, das die Diözese auch zwei großen Bischöfen, beide hoch renommierte Theologieprofessoren, verdankt: Hermann Kardinal Volk (im Amt von 1962 bis 1982) und seinem Nachfolger, Karl Kardinal Lehmann (Jahrgang 1936), der am 2. Oktober 1983 die Bischofsweihe im Mainzer Dom empfing. Er ist der 87. Nachfolger des heiligen Bonifatius, der von 746 bis 754 Erzbischof in Mainz war und auch „Apostel der Deutschen" genannt wird. Bei seiner Vorstellung als Bischof von Mainz sagte Lehmann am 23. Juni 1983 im Rahmen einer Pressekonferenz im Mainzer Haus am Dom: „Ich komme gerne, um mit Ihnen allen auf einem altehrwürdigen Stück Boden der europäischen Christenheit den Glauben der Kirche in unverbrüchlicher Treue zu seinen Ursprüngen und zu seiner großen Geschichte, aber auch in Treue zu den Menschen, die hier und heute mit ihren Fragen und Nöten leben, zu bezeugen und weiterzugeben bis an die Schwelle des dritten Jahrtausends und darüber hinaus, wie und solange Gott es will."

Ein menschennaher Bischof

Eine Haltung, mit der Kardinal Lehmann das Bistum seit drei Jahrzehnten in vielfältiger Weise prägt. Als Diözesanbischof sucht er stets die Nähe zu den Menschen und Gemeindemitgliedern, denen er in unzähligen Gesprächen begegnet ist. „Inzwischen kenne ich jede Scheune im Bistum", hat er einmal seine Erfahrungen bei den Pfarreibesuchen zusammengefasst. In Lehmanns Amtszeit fallen wichtige Ereignisse, die einen lebendigen Eindruck vom katholischen Glauben und seiner Bedeutung in der Diözese vermitteln: zum Beispiel der 93. Deutsche Katholikentag in Mainz 1998, das Jubiläumsjahr anlässlich des 900. Geburtstages der heiligen Hildegard von Bingen (mit der feierlichen Eröffnung im September 1997 in Bingen und einer großen Ausstellung im Bischöflichen Dom- und Diözesanmuseum Mainz), die Heiligsprechung der Hildegard von Bingen und ihre Ernennung zur Kirchenlehrerin durch Papst Benedikt XVI. 2012 sowie die Eröffnung der 180 Kilometer langen Bonifatius-Route von Mainz nach

Der gewaltige Hohe Dom zu Mainz, Hauptkirche und Zentrum des Bistums, ragt stolz über die Dächer der Stadt.

Detail aus: "Die fünfte Schau: Die Stätten der Läuterung". Hl. Hildegard von Bingen, in: Liber Divinorum Operum (Lucca-Codex), Rheinland (Kloster Rupertsberg?) um 1220/30, Lucca, Biblioteca Statale, Codex 1942.

STATISTISCHE DATEN

Bistum Mainz:
ca. 2,8 Millionen Einwohner insgesamt
757 380 Katholiken (Stand 2012 – veröffentlicht 7/2013)

Eckdaten 2012:
76 692 Gottesdienstteilnehmer
125 Eintritte
304 Wiederaufnahmen
4 584 Austritte
4 836 Taufen
20 Dekanate
319 Pfarrgemeinden
24 Gemeinden mit Katholiken anderer Muttersprache
27 katholische Schulen
197 Kindertagesstätten
12 Krankenhäuser in kirchlicher Trägerschaft
Textquelle: www.bistummainz.de

Fulda im Bonifatius-Jahr 2004. Mit dem Jubiläumsjahr „1000 Jahre Willigis-Dom" erinnerte das Bistum 2009 darüber hinaus an den Abschluss der Bauarbeiten am Mainzer Dom unter Erzbischof Willigis im Jahr 1009.

Einst Erzbistum und ranghöchster Metropolitansitz

Lehmanns Ansprache vom 23. Juni 1983 war auch eine „verbale Verneigung" vor der großen Geschichte des Bistums. In der Tat kann die Diözese, die seit dem 4. Jahrhundert Bischofssitz ist, auf eine lange und be-

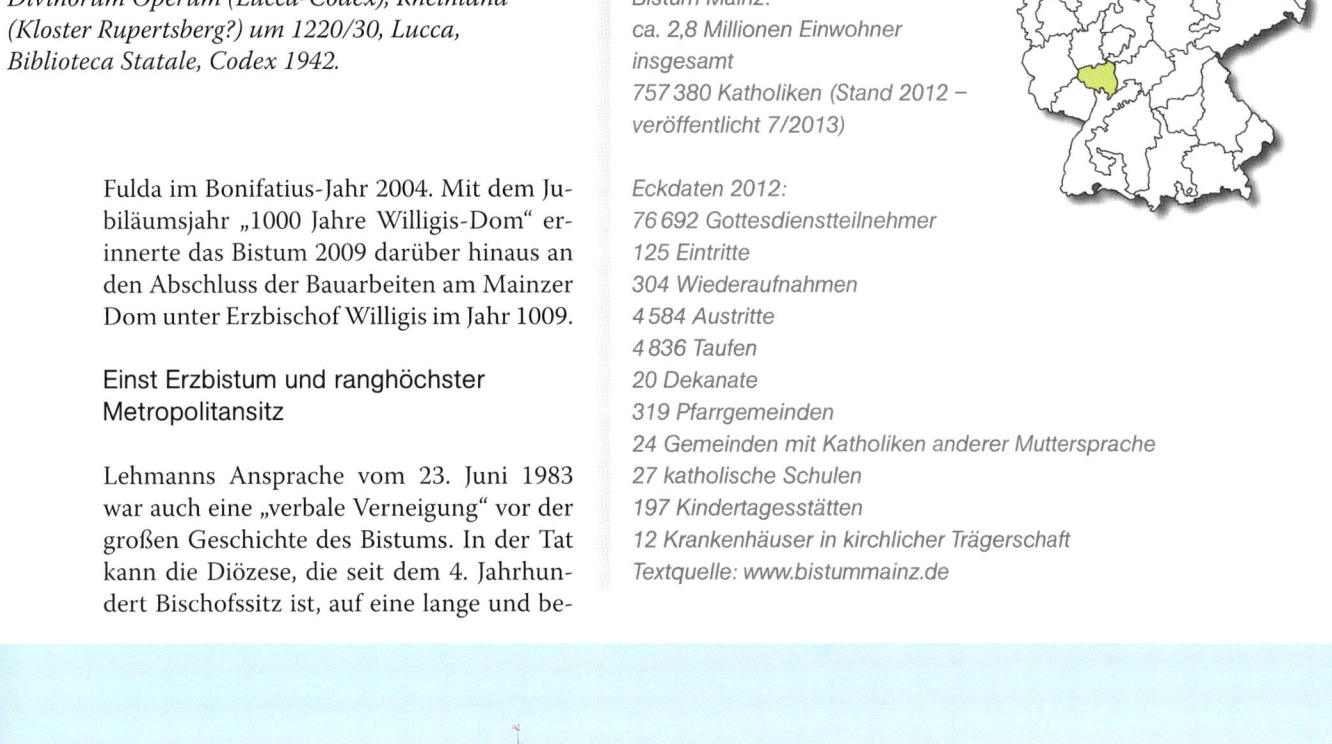

Der Blick von Nordost auf den Ostchor und die Türme des Wormser Doms unterstreicht die Größe und Pracht des romanischen Gotteshauses.

Der barocke Hochaltar im Wormser Dom, ein Werk von Balthasar Neumann, entstand nach der Stadtzerstörung 1689 im „Pfälzischen Erbfolgekrieg".

deutungsvolle Tradition zurückblicken, die jedoch um die Wende zum 19. Jahrhundert eine einschneidende Zäsur erlebte. Mit dem stolzen Titel „Heiliger Stuhl von Mainz, besondere Tochter der römischen Kirche" war sie seit dem 8. Jahrhundert Erzbistum und ranghöchster Metropolitansitz im westlichen Abendland. Das Erzbistum reichte damals vom linken Mittelrhein bis nach Thüringen (Erfurt) mit Gebieten am Neckar, im Odenwald und in Norddeutschland bis nördlich von Göttingen (Einbeck). Im Zuge der Französischen Revolution wurden die alten politischen und kirchlichen Gegebenheiten zerschlagen. Die rechtsrheinisch gelegenen Gebiete wurden vom Generalvikariat Aschaffenburg verwaltet und der „Stuhl von Mainz auf die Domkirche zu Regensburg übertragen". Ein Erzbistum Mainz gab es nicht mehr. Im April 1802 erfolgte schließlich die Wiedererrichtung: Unter Napoleon wurde Mainz als nunmehr französisches Bistum territorial neu umschrieben und der französischen Kirchenorganisation eingefügt. Mit der Neuerrichtung der oberrheinischen Kirchenprovinz 1821 wurde schließlich auch das Bistum Mainz neu umschrieben. Es umfasst seither das Gebiet des einstigen Großherzogtums Hessen-Darmstadt, darunter auch Teile des unter Napoleon aufgelösten Bistums Worms. Deshalb hat die Diözese heute gleich zwei romanische Bischofskirchen, den Dom St. Martin in Mainz und den Dom St. Peter (12. Jahrhundert) in Worms.

Mainzer Dom hat 1000-jährige Geschichte

Der Hohe Dom zu Mainz ist die Hauptkirche des Bistums. Erzbischof Willigis (975 - 1011) ließ die gewaltige Basilika mit einer Grundfläche von 4 600 Quadratmetern errichten, um die herausragende Stellung des Bistums sichtbar zum Ausdruck zu bringen. Wer den dreischiffigen Sakralbau heute betritt und zum Beispiel die zahlreichen Grabdenkmäler der Mainzer Erzbischöfe betrachtet, atmet in jedem seiner Winkel 1 000 Jahre Geschichte. Der Bau der ehemaligen Stiftskirche St. Stephan auf einer Anhöhe über der heutigen Mainzer Altstadt wurde 990 ebenfalls von Erzbischof Willigis veranlasst. Renommiert ist St. Stephan vor allem wegen der weltberühmten Glasfenster von Marc Chagall (1887-1985). Der jüdische Künstler hat deutschlandweit nur dieses Gotteshaus mit seinen Werken bereichert und es so zum Symbol der christlich-jüdischen

Verständigung gemacht. Weitere bedeutende Zeugnisse der hiesigen Glaubenstradition sind unter anderem die Liebfrauenkirche in Worms, die Basilika St. Marcellinus und Petrus in Seligenstadt, die Pfarrkirche St. Ludwig in Darmstadt, die Basilika St. Martin in Bingen sowie die Basilika Maria, St. Petrus und Paulus in Ilbenstadt mit dem Hochgrab des heiligen Gottfried von Cappenberg.

Heute ein Mitmach-Bistum

„Wir sind heute ein ‚Mitmach-Bistum', das auf die Veränderungen in der Gesellschaft in vielfältiger Weise antwortet", betont Giebelmann. Zu den pastoralen Schwerpunkten zählen 2013 unter anderem die Sozialpastoral in den Ballungsgebieten sowie die Übertragung der wichtigsten Beschlüsse des Zweiten Vatikanischen Konzils auf die Pastoral – ein Thema, das Kardinal Lehmann besonders am Herzen liegt, da er das Konzil unter anderem während seines Studiums als Hilfskraft des Konzilstheologen Karl Rahner miterlebte. Außerdem blickt die Diözese auf die 2007 abgeschlossene Strukturreform „Lebendige Gemeinden in erneuerten pastoralen Einheiten" zurück. Die über 300 Pfarreien des Bistums wurden in neue pastorale Einheiten – Pfarrgruppen (mehrere Pfarreien bilden unter der Leitung eines Pfarrers jeweils eine Gruppe) und Pfarreienverbünde (jeder Verbund besteht aus mehreren selbstständigen Gemeinden, die jeweils einen eigenen Pfarrer haben) – eingeteilt. Ein Seelsorgerat sorgt dabei für die Koordinierung und Kontinuität in der durch einen Kooperationsvertrag verbindlich geregelten Zusammenarbeit der zusammengeschlossenen Pfarreien. „Trotzdem definiert sich unser Bistum nicht über die Strukturen, sondern über die Inhalte", resümiert Giebelmann. „Wir möchten auf die Sehnsucht der Menschen nach Gott und nach Religiosität eine Antwort geben."

Die Kirche St. Stephan bei Nacht: Sie ist vor allem für ihre einzigartigen Chagall-Fenster bekannt.

Das Bronzekreuz über dem Hochaltar des Mainzer Doms ist ein Werk des Speyrer Malers und Bildhauers Georg Günther Zeuner.

Prälat Dietmar Giebelmann wurde von Bischof Karl Kardinal Lehmann am 1. Mai 2003 zum Bischöflichen Generalvikar ernannt.

Die Statue des heiligen Bonifatius vor dem Mainzer Dom

Geschichte des Bistums

ca. 4. Jh. Mainz wird Bischofssitz (eine christliche Gemeinde gibt es in der römischen Grenzstadt Moguntiacum am Rhein bereits im späten 2. Jahrhundert).

745/48 Bonifatius (um 675 als Winfried im südenglischen Wessex geboren und seit 732 Erzbischof) übernimmt das Bistum Mainz und legt damit den Grundstein für eine ruhmreiche Zukunft, in der Mainz zu einer der größten und angesehensten Diözesen des Abendlandes werden soll.

780/82 Unter Lullus, Bonifatius' Amtsnachfolger, wird Mainz zum Erzbistum erhoben.

975 Willigis wird Erzbischof von Mainz (bis 1011). Seit ihm ist das Amt des Mainzer Erzbischofs mit dem des Erzkanzlers des Heiligen Römischen Reiches Deutscher Nation verbunden (durch diese Vorrangstellung beeinflusst er zum Beispiel entscheidend die Königswahl).

1514 Erzbischof Albrecht von Brandenburg tritt sein Amt an (bis 1545). Für eine solche Anhäufung weltlicher und geistlicher Macht (er ist bereits Oberhirte des Erzbistums Magdeburg und Administrator des Bistums Halberstadt) werden hohe Abgaben an die römische Kurie fällig. Das Geld stammt unter anderem aus dem Verkauf von Ablässen durch den Dominikanerprediger Johann Tetzel.

1517 Der Ablasshandel ruft den Widerstand des Wittenberger Augustinermönchs und Theologieprofessors Martin Luther hervor und ist somit einer der Auslöser der Reformation in Deutschland.

Ende 18. Jh. Das Erzbistum Mainz muss eine dramatische Zäsur hinnehmen: Durch die kriegerischen Folgen der Französischen Revolution erlebte es den Zusammenbruch.

1802 Mainz wird unter Napoleon als nunmehr französisches Bistum territorial neu umschrieben und der französischen Kirchenorganisation eingefügt.

1821 Die oberrheinische Kirchenprovinz wird neu errichtet. Hierbei wird auch das Bistum Mainz neu umschrieben (in der heute vorliegenden Form).

1850 Wilhelm Emmanuel von Ketteler wird Mainzer Oberhirte (bis 1877). Durch seinen Einsatz für soziale Fragen und die Freiheit der Kirche wird er zu einem der bedeutendsten Bischöfe seines Jahrhunderts.

1935 Albert Stohr wird zum Bischof geweiht (bis 1961). Nach dem Zweiten Weltkrieg meistert er die Aufgabe des Neuaufbaus (die Städte Mainz, Gießen, Offenbach und Darmstadt sind zerstört) und der Integration vieler Heimatvertriebener (vor allem im nördlichen Teil des Bistums).

1962 Bischof Hermann Volk tritt sein Amt an (bis 1982) und wird über die Grenzen des Mainzer Bistums hinaus bekannt: Er spielt beim Zweiten Vatikanischen Konzil in Rom (1962-1965) und dessen Reformen eine wichtige Rolle und setzt sich besonders für das ökumenische Gespräch ein.

1983 Karl Lehmann wird Bischof von Mainz und prägt das Bistum bis heute in vielfältiger Weise.

2013 Bischof Karl Kardinal Lehmann feiert im Oktober sein 30-jähriges Bischofsjubiläum in der Stadt am Rhein.

Erzbischof Albrecht von Brandenburg

Persönlichkeiten des Bistums

■ **Wilhelm Emmanuel von Ketteler** (1850-1877)

Wilhelm Emmanuel Freiherr von Ketteler wurde am 25. Dezember 1811 in Münster geboren. Nach dem Studium der Rechts- und Staatswissenschaften und einer dreijährigen Tätigkeit als Jurist begann er 1841 in München ein Studium der Theologie. Er wurde am 1. Juni 1844 in Münster zum Priester und am 25. Juli 1850 im Mainzer Dom zum Bischof geweiht. Als erster großer Sozialbischof und Wegbereiter der Katholischen Soziallehre setzte er sich für die Arbeiter ein und machte die so genannte „Soziale Frage" des 19. Jahrhunderts zu seinem persönlichen Anliegen. Unvergessen ist seine Predigt am 25. Juli 1869 vor 10 000 Arbeitern auf der Liebfrauenheide bei Klein-Krotzenburg (mit ihr begann auch die Wiederbelebung der Liebfrauenheide-Wallfahrt). 1851 gründete Ketteler den ersten Kolpingverein in Mainz. Er starb am 13. Juli 1877 und wurde im Mainzer Dom im Beisein von 30 000 Menschen beigesetzt.

■ **Hermann Kardinal Volk** (1962-1982)

Hermann Volk kam am 27. Dezember 1903 als Sohn eines Sattlermeisters in Hanau-Steinheim am Main zur Welt. Zeitlebens war er eng mit seiner Heimat verbunden und ließ später sogar den Turm von Steinheim in sein Wappen aufnehmen. Am 5. Juni 1962, dem Fest des heiligen Bonifatius, wurde er im Mainzer Dom zum Bischof geweiht. Als neuer Mainzer Oberhirte nahm Volk am Zweiten Vatikanischen Konzil teil, das am 11. Oktober 1962 in Rom feierlich eröffnet wurde. Volk trug die Früchte des Konzils in seine Diözese und setzte sich stark für die Ökumene ein. Am 5. März 1973 wurde er von Papst Paul VI. zum Kardinal ernannt. Nach Krankheit verstarb Volk am 1. Juli 1988. Nach ihm ist heute das Exerzitienhaus der Diözese Mainz auf dem Rochusberg bei Bingen benannt.

■ **Karl Kardinal Lehmann** (seit 1983)

Karl Lehmann wurde am 16. Mai 1936 im baden-württembergischen Sigmaringen geboren. Sein Vorgänger, Hermann Kardinal Volk, weihte ihn am 2. Oktober 1983 im Mainzer Dom zum Bischof. Am 28. Januar 2001 wurde er von Papst Johannes Paul II. zum Kardinal ernannt. Durch seine Offenheit und Dialogbereitschaft genießt Lehmann, der über zwei Jahrzehnte Vorsitzender der Deutschen Bischofskonferenz (1987 bis 2008) war, als Gesprächspartner in Kirche, Politik, Wissenschaft und Gesellschaft hohes Ansehen. Als Diözesanbischof rückt er die Sorge um die Bedürfnisse der Menschen in den Mittelpunkt seines Handelns. Als Beispiel sei an sein Engagement für den Lebensschutz erinnert: So gründete er im Januar 2001 im Bistum das „Netzwerk Leben", eine Initiative für Frauen in Schwangerschaft und in Notsituationen. Ein weiterer wichtiger Schwerpunkt seines Wirkens ist auch die Ökumenische Theologie (seit 2002 ist Kardinal Lehmann zum Beispiel Mitglied des Päpstlichen Rates zur Förderung der Einheit der Christen).

Bischof Wilhelm Emmanuel von Ketteler und Bischof Hermann Kardinal Volk (v. l.)

Bischof Karl Kardinal Lehmann

Hildegard von Bingen

Darstellung aus dem letzten großen Visionswerk Hildegards „Liber divinorum operum". Zehn Visionen werden in drei Teilen beschrieben und gedeutet. Der erste Teil hat das Werk Gottes – den Menschen und die Welt – zum Thema.

Eine Äbtissin aus dem 12. Jahrhundert wird von ökologisch orientierten Frauen im 20. Jahrhundert zu einer Art Ikone für den richtigen Umgang mit der Schöpfung. Dinkel wird neu entdeckt. In ihrem medizinischen Werk sucht man Heilungsanweisungen für die Zivilisationskrankheiten. Aber wird man mit solchen Werken zur Kirchenlehrerin? Ist die Heilige aus dem Rheingau durch ihre Verehrerinnen etwas in die esoterische Ecke gerückt und damit für manche etwas suspekt geworden? Zumal ihre Texte nicht einfach geschrieben sind, die damalige Weltvorstellung einfließt und sie weniger argumentiert als ihre Visionen interpretiert. Inzwischen sagt die Forschung, dass ihre medizinischen Werke dem damaligen Stand der Zeit entsprechen und die Originalität in ihren theologischen Büchern liegt. Weil Benedikt XVI. die theologischen Werke kennt, hat er die Initiative ergriffen, um diese Hildegard feierlich zur Kirchenlehrerin zu erheben. Das war am 7. Oktober 2012.

1. Der Mensch in der Schöpfung

Ist sie nun zufällig zu einer Leitfigur der Öko-Bewegung geworden, oder ist ihre Theologie tatsächlich ein Leuchtturm für das 21. Jahrhundert? Es ist ihre Theologie, die aktuell ist. Hildegard sieht den Menschen als Krone der Schöpfung – und noch mehr: Der Mensch vertritt gegenüber allen anderen Wesen Gott, er ist sozusagen die Statue, die Gott in den Garten Eden gestellt hat. Der Mensch soll Gott repräsentieren. Die Gefahr seiner Position im Kosmos ist aber, dass er meint, er hätte sich selbst dort hingestellt. Wenn aber der Mensch sich selbst als den Mittelpunkt sieht, um den alles zu kreisen hat, dann treibt er mit dem Garten Eden Raubbau, nutzt die anderen aus, verliert den Blick für die Schönheit der Schöpfung. Genau das ist ja passiert.

2. Gott und die Schöpfung

Wenn der Mensch Gott gegenüber den Kreaturen repräsentieren soll, dann muss er wissen, warum Gott überhaupt all das geschaffen hat. Er ist ja kein lebloses Standbild, sondern berufen, in den Dialog mit Gott zu treten. Hört er auf die Bibel, das Wort Gottes, dann liest er die Geschichte Gottes mit den Menschen, das erste Menschenpaar, Abraham, Moses, die Propheten und dann Jesus, der Messias, der sich als Sohn Gottes offenbarte. Gott ist seiner Schöpfung zugewandt. Nicht um seine Größe herauszustellen, hat Gott die Welt geschaffen, sondern aus Liebe. Er wollte aus sich herausgehen und anderen Lebewesen Anteil an seinem Leben geben.

Die Liebe ist der letzte Grund

Warum gibt es überhaupt etwas außerhalb Gottes? Hildegard findet den Grund, warum der Kosmos mit allen Lebewesen entstanden ist, in der größeren Vollkommenheit Gottes. Wie kann aber etwas Vollkommeneres als Gott sein? Sie leitet das von dem innersten Prinzip her, das Gott bestimmt. Das innerste Prinzip der Dreifaltigkeit ist die Liebe. Es geht auch für den Menschen eigentlich nur um die Liebe. Das ist die letzte Realität in Gott. Jedoch kann diese Liebe sich vervollkommnen, indem sie sich nicht auf das innergöttliche Leben beschränkt, sondern anderes schafft, um so eine größere Liebe zu verwirklichen. Für Hildegard ist erst der Gott als Schöpfer der vollkommen Liebende. Wir und der ganze Kosmos sind letztlich deshalb da, weil Gott mehr lieben will. Mit seinem Werk verbindet sich Gott auch persönlich. So wie es die Theologen der Alten Kirche gesehen haben, lehrt es die neue Kirchenlehrerin: Das ganze Schöpfungswerk ist auf das Wort Gottes hin angelegt. Gottes Sohn ist nicht nur deshalb Mensch geworden, weil Gott die verlorene Menschheit heimholen will, sondern die ganze Evolution erhält ihre Dynamik daher, dass die Zweite Person der Dreifaltigkeit, der Logos – das Wort, Mensch werden sollte. Logos heißt nicht nur Wort, das Gott ausspricht, sondern Logos ist auch Sinn, Ordnung, Weisheit. Indem der Vater den Sohn als Wort so ausspricht, dass schon die ganze Schöpfung mit ausgesprochen ist, findet der Mensch den Sinn seines Lebens in der größeren Liebe.

Damit ist der Mensch nicht wie in der Evolutionslehre von Darwin bloß ein Produkt des Zufalls, sondern der Zielpunkt der ganzen Entwicklung. Weil die Schöpfung auf den Menschen zielt, sieht Hildegard im Menschen alle Elemente versammelt und den Kosmos abgebildet. Weil wir uns nach einer neuen Einheit mit der Schöpfung sehnen, spricht Hildegard mit ihrem symbolischen Denken viele Menschen heute an.

Sünde: Der Mensch missversteht seinen Platz in der Mitte der Schöpfung

Weil der Mensch im Zentrum stehen will, könnte er meinen, er habe sich selbst dorthin in die Mitte gestellt, die Schöpfung gehöre ihm. Aber er steht in der Mitte der Schöpfung, um auf Gott zu verweisen. Das ist das, was die Liebe will, dass der andere die Liebe wahrnimmt. Das Annehmen der Liebe versteht Hildegard unter Gehorsam. Demut ist, den Menschen so zu sehen, wie er ist, nämlich von Gott in die Mitte gestellt. Gehorsam heißt also bei Hildegard nicht einfach, das zu tun, was andere mir befehlen, sondern Anerkennung der Realität. Demut heißt für sie auch nicht, sich kleiner zu machen, sondern die eigene Existenz so zu sehen, wie sie von Gott ins Leben gerufen wurde, nämlich auf die in der Schöpfung zum Ausdruck kommende Liebe zu antworten.

Wendet er sich von dieser Realität ab, dass er sich nicht selbst, sondern Gott ihn in die Mitte der Schöpfung gestellt hat, dann schafft der Mensch Unordnung und verstellt den Zugang zu Gott. Wenn die Schöpfung ihren Grund darin hat, dass Gott liebt, dann hat diese Liebe die Tendenz, angenommen zu werden. Der Mensch ist dazu da, diese Liebe anzunehmen und darauf zu antworten. Das tut er aber nicht allein aus sich selber, sondern weil Christus der Sohn Gottes, der göttliche Sohn, die Antwort auf die Liebe des Vaters ist, ist auch der Mensch für den Menschen das Urbild dafür, wie der

Darstellung aus dem Rupertsberger Codex des „Liber Scivias": Hildegard von Bingen empfängt eine göttliche Inspiration und gibt sie an ihren Schreiber weiter.

Feierlichkeiten zu Ehren von Hildegard von Bingen am 1. November 2012: Prozession mit dem Schrein der heiligen Hildegard zur Pfarr- und Wallfahrtskirche in Eibingen. Papst Benedikt XVI. hatte zuvor am 7. Oktober in Rom die heilige Hildegard zur Kirchenlehrerin erhoben.

Mensch zu Gott steht, nämlich indem er die Liebe wahrnimmt, sie annimmt und auf diese Liebe antwortet.

Hildegard im Liber Scivias:
„Der Gottessohn nämlich trat auf einem fremdartigen Weg hervor, schön vor allen anderen, als Spross einer jungfräulichen Natur, da ja die erste Jungfrau durch den Rat der Schlange verdorben wurde. Die Jungfrau Maria aber war ganz heilig. Sie empfing vom Heiligen Geist den Sohn und als Jungfrau hat sie ihn geboren und ist Jungfrau geblieben. Diese Geburt war durch den uralten Ratschluss vorausbestimmt. Sie war in ihrer geistigen Art tief in der Gottheit verborgen und ging nicht in das Bewusstsein der Menschen über. Denn sie sollte nicht vielfältig, sondern einmalig in der Gottheit sein, als der Sohn Gottes vor dem Ursprung der Tage aus dem Vater geboren wurde. Denn der Vater trug immer in Seinem Willen, dass er Mensch werde."

3. Die Schöpfung braucht Heilung

Was die umweltorientierten Zeitgenossen spüren, das stellt Hildegard in einen größeren Rahmen. Aus der eigenen Erfahrung wissen wir: Die Welt ist nicht so, wie sie sein sollte. Aus der Geschichte wie aus der Bibel erfahren wir, dass der Mensch sich nicht selbst retten kann. Gott selbst musste die Krone seiner Schöpfung aus der Umarmung durch die Sünde lösen. Im Unterschied zu vielen ihrer Verehrerinnen sieht Hildegard nicht nur in einer neuen Ehrfurcht gegenüber der Schöpfung den Ausweg aus der Krise, sondern durch den Retter Jesus Christus.

Liebe erlöst den Menschen

Der Mensch, der nicht mehr mit der angemessenen Blickrichtung in der Mitte steht, muss sich bekehren, indem er sich von der falschen Welt abwendet: Er muss sich entweltlichen. Gottes Sohn erlöst den Menschen nicht durch Strafe, sondern durch seine größere Liebe und hilft so dem Menschen, auf die Liebe Gottes neu zu antworten. Da die Hinrichtung am Kreuz einem Verbrecher gilt, kann Gottes Sohn mit einem Verbrecher verwechselt werden.

Der Glaube kommt am Kreuz nicht mehr vorbei, denn der Glaube erkennt in dem Gekreuzigten die Liebe Gottes. Glaube antwortet auf das, was tatsächlich am Kreuz passiert, nämlich dass Gott den Menschen über alle Maßen liebt. Wenn der Mensch auf diese Liebe nicht antwortet, vernichtet Gott den Menschen nicht, sondern folgt ihm bis an die Grenzen der Sünde. Erst die Sünde führt zu Gewalt und Hinrichtung.

Hildegard schriebt im Liber Scivias:
„Auch die Liebe nahm den eingeborenen Sohn Gottes im Schoß des Vaters im Himmel und legte ihn auf Erden in den Schoß der Mutter, denn sie verachtet weder Sünder noch Zöllner, sondern ringt darum, dass alle gerettet werden. Deshalb entlockt sie auch öfters den Augen der Gläubigen Tränen und erweicht ihre Hartherzigkeit. Darin sind Demut und Liebe leuchtender als die anderen Tugenden, denn Demut und Liebe sind wie Seele und Leib, die stärkere Kräfte besitzen als die übrigen Kräfte der Seele und die Glieder des Leibes. Wie ist das zu verstehen?"

Die Kirche und Hildegards Kritik an Klerikern und Fürsten

Aus dieser Einsicht leitet sich die deutliche Kritik am Klerus ihrer Zeit ab. Die Kritik ist deshalb für Hildegard dringend, weil durch das Verhalten von Klerus und Fürsten der Blick auf Gott verstellt wird.

Die Kirche ist für Hildegard einmal die Gemeinschaft der Glaubenden. Auf dieser Ebene ist sie fehlbar und durch Sünde entstellt. Es gibt allerdings zuvor und grundlegend die Kirche als den von Menschen nicht entstellbaren Raum der Begegnung mit Gott, den Gott selbst begründet hat. Da bereits das erste Menschenpaar von Gott in die Mitte der Schöpfung gestellt worden ist, gibt es die Kirche als Raum der Begegnung mit Gott von Anfang an. Da die Menschen, die Christus noch nicht kennen, zuerst einmal auf die Menschen treffen, die die Kirche bilden, haben diese Menschen eine hohe Verantwortung, dass nämlich an ihnen und über sie diejenigen, die noch nicht glauben, Zugang zu Jesus Christus finden. Diese hohe Verantwortung erklärt, warum Hildegard kritisch mit den Priestern und Klerikern und auch mit Fürsten umgegangen ist. Denn wenn diese nicht die Bedeutung des Kreuzes erkennen lassen und nicht Jesus nachfolgen, verstellen sie den Zugang zu Jesus.

Die Visionen

Hildegard hat ihre Theologie nicht in der Form eines Lehrbuchs, sondern in der Form von Visionen dargelegt. Die Visionen haben immer den Aufbau, dass am Beginn eine theologische Aussage steht, darauf folgt die Vision und die Erklärung. Die Erklärung gehört also mit zur Vision. Nun könnte man meinen, die als Vision geschriebenen Texte seien eine Art Beschreibung des Gesehenen. Jedoch sind die Vision und der Text identisch, es sind theologische „Einsichten", die Hildegard als Vision aufschreibt, weil sie ihr Leben lang von einem inneren Licht geleitet und begleitet wird. Wenn sie von dem Licht berührt wird, kann sie eine Einsicht als Vision formulieren. Ihre Visionen sind auf dem Hintergrund der Bibel zu lesen, denn Hildegard hat sich jeden Tag mit den Texten der Heiligen Schrift beschäftigt. In der Einleitung zu „Scivias – Wisse den Weg" schreibt sie, dass sie durch die Visionen „die unergründliche Tiefe der Auslegung der Schriften verstand". Die Bibel bildet den Rahmen, in dem sie sich bewegt. Ihre Genialität ist darin zu sehen, dass sie nicht den Text interpretiert, sondern das Gelesene in die Form einer Vision gießt. Die Bilder, die in den Handschriften zu finden sind, sind erst im Gefolge ihrer schriftlichen Aufzeichnungen entstanden. Sie stammen nicht von Hildegard und sind wahrscheinlich nur in einer Handschrift, dem Wiesbadener Codex, zu ihren Lebzeiten entstanden. Die Bilder stellen somit dar, wie man die geschriebene Vision „sehen" kann.

Papst Benedikt XVI. hat gerade den Katholiken in Deutschland ein Lehrerin zurückgegeben.

Erzbistum München und Freising

Ein Treffpunkt der Völker

München ist eine Vielvölkerstadt. Was für die messianische Zeit verheißen ist, dass die Völker gemeinsam den einen Gott verehren, hier wird es schon eingeübt. Nicht nur ist es die Internationalität der Stadt, viele Christen aus Osteuropa haben vor der Verfolgung durch die kommunistischen Regime hier Aufnahme gefunden. In 20 Sprachen wird im Erzbistum Gottesdienst gefeiert. Am Karfreitag findet diese Vielfalt der Kulturen Ausdruck in dem Kreuzweg der Völker. Er wird von unterschiedlichen Volks- und Sprachgruppen gestaltet und jährlich von Hunderten Gläubigen begleitet. Die 50-jährige Partnerschaft mit der katholischen Kirche in Ecuador spiegelt sich in einer engen Gebets-, Lern- und Solidargemeinschaft wider. Das Bistum ist mit der Weltkirche verbunden.

Der Münchner Erzbischof Marx: ein europäischer Bischof

Erzbischof Reinhard Kardinal Marx verkörpert genau diese Internationalität. Seit 2012 ist er Präsident der Kommission der Bischofskonferenzen der Europäischen Gemeinschaft (COMECE), in die 26 Länder

Der Kreuzweg der Völker ist nur ein Beispiel für die Internationalität des Bistums.

In einer feierlichen Prozession wird der Korbiniansschrein durch den Freisinger Dom getragen.

ihre Vertreter entsenden. Bei den regelmäßigen Treffen der Religionen, durch Dialoge, Konferenzen und durch die Teilnahme an Konsultationen der EU-Kommission ist der Kardinal mit den Herausforderungen des vereinten Europas befasst, indem er die Leitlinien der katholischen Soziallehre einbringt.

Internationalität: das Erbe des Bistumspatrons

Der hl. Korbinian war bereits im 8. Jahrhundert in Europa unterwegs. Geboren in der Nähe von Paris, pilgerte er mehrmals nach Rom und kam schließlich nach Freising. Viele internationale Freundschaften der Erzdiözese mit anderen europäischen Bistümern gehen auf ihren Patron zurück. So verbindet das Erzbistum seit 1992 eine enge Partnerschaft mit der französischen Diözese Évry-Corbeil-Essonnes in Arpajon, wo der hl. Korbinian um das Jahr 680 geboren wurde. In beiden Bistümern wird Korbinian als Heiliger verehrt und hat zu verschiedenen Zeiten seines Lebens dort gewirkt: In seiner Heimat Frankreich lebte er zunächst als Einsiedler und Missionar. Nach Freising kam er um 724 und starb dort 730.

Noch heute wird die Geschichte mit einem Bären aus der Vita Corbiniani erzählt. Der Bär riss auf der zweiten Romreise des Bischofs dessen Pferd. Daraufhin lud Korbinian sein Gepäck auf den Bären, und dieser trug die Last willig bis nach Rom, weshalb der Bär das Attribut des Heiligen ist. Seit 2010 steht auch eine Kirche in Rom unter dem Patronat des hl. Korbinian. Die

Korbinian zähmt den Bären.

Pfarrkirche San Corbiniano im Stadtteil Infernetto wurde Kardinal Marx bei seiner Ernennung zum Kardinal als Titelkirche zugewiesen und am 20. März 2011 durch Papst Benedikt XVI. geweiht.

„Das Korbiniansfest führt Menschen aus ganz Europa zusammen"

Das Korbiniansfest, das jedes Jahr um den 20. November gefeiert wird, weil an diesem Tag die Gebeine des Heiligen in die Krypta des Freisinger Doms verbracht wurden, spiegelt die Internationalität des Bistums. Gäste aus Frankreich, Österreich, Italien und Slowenien kommen nach Freising, um mit den Gläubigen aus dem ganzen Erzbistum zusammen zu feiern. Glaube und Kirche können so zu einem gelingenden Europa beitragen. Nur an diesem Tag werden die Türchen des goldenen Korbiniansschreins geöffnet. Bei der Vesper wird der Schrein in einer feierlichen Prozession durch die Kirche getragen. Dabei werden die anwesenden Kinder gesegnet. Nach bayerischer Tradition wird zum Fest auch ein eigenes Korbiniansbier gebraut. Am Wochenende vor dem Korbiniansfest sind die Jugendlichen zur Jugendkorbinian am Freisinger Domberg eingeladen. Es finden Gottesdienste, Workshops und viele Begegnungen statt. Viele Jugendliche machen sich zu Fuß als Pilger auf den Weg zum Freisinger Domberg.

Hl. Benno

Während der hl. Korbinian in Freising verehrt wird, ist der hl. Benno seit 1580 der Schutzpatron der Stadt München und sogar Bayerns. Seine Gebeine wurden in den Wirren der Reformation von Meißen, wo er im 11. Jahrhundert Bischof war, nach München in die Frauenkirche in Sicherheit gebracht, weil man fürchtete, diese würden wie die sterblichen Überreste der hl. Elisabeth in den Fluss geworfen. Somit ist Benno 500 Jahre nach seinem Tod zum Schutzpatron Bayerns geworden. Der hl. Benno gehört seitdem neben der Gottesmutter Maria und den Heiligen Sixtus, Arsacius und Donatus zu den Patronen der Frauenkirche. Sein Gedächtnis ist im Bistum lebendig geblieben. Ihm zu Ehren findet jedes Jahr um den Todestag Bennos von Meißen (16. Juni 1106) das Bennofest auf dem Odeonsplatz statt. Katholische Organisationen präsentieren dabei ihre sozialen, gesellschaftlichen und politischen Aktivitäten. Auch fremdsprachige katholische Gemeinden beteiligen sich.

Brauchtum und Moderne gehen eine Synthese ein

Neben Weltoffenheit und europäischer Verbundenheit spielen Tradition und Brauchtum in Bayern eine große Rolle. Dies gilt vor allem für das Umland von München und die

Die Frauenkirche mit ihren zwei Türmen ist das Wahrzeichen Münchens.

ländlichen Gebiete. Ein in Bayern besonders gefeiertes Fest ist die Aufnahme Mariens in den Himmel am 15. August. Dies ist sogar ein staatlicher Feiertag.

Im Advent wird durch das „Frauentragen" die Herbergssuche der Gottesmutter versinnbildlicht. Eine Marienstatue wird von Familie zu Familie weitergetragen. Die Figur bleibt in jeder Familie einen Tag. In der Gastfamilie wird am Abend eine Andacht gehalten, zu der die Nachbarn eingeladen werden.

Das Passionsspiel in Oberammergau

Alle zehn Jahre wird von den Bürgern Oberammergaus die Passion Jesu szenisch dargestellt. Die Menschen halten an einem Gelübde von 1633 fest. Nach einer verheerenden Pest legten die Einwohner von Oberammergau damals ein Gelübde ab. Sie verpflichteten sich, das Leiden und Sterben Jesu Christi alle zehn Jahre in einem Spiel aufzuführen. Über eine halbe Million Menschen aus der ganzen Welt kommen heute zu diesem Passionsspiel

Zwei Kathedralen

Der Dom Zu Unserer Lieben Frau in München

Eine erste Kirche wurde im Jahr 1271 eingeweiht, weil die Bevölkerung der Stadt stark gewachsen war. Mitte des 15. Jahrhunderts wollte man die baufällig gewordene Pfarrkirche durch einen Neubau ersetzen. Der Baumeister war Jörg von Halspach. In nur 20 Jahren wurde die Kirche fertiggestellt. Die zwei Kuppelkrönungen der Türme, die 1525 aufgesetzt wurden, sind zum Wahrzeichen Münchens geworden. 1821 wurde die Pfarrkirche Zu Unserer Lieben Frau zur Metropolitankirche der südbayerischen Kirchenprovinz bestimmt und ist damit zur Bischofskirche geworden. Im Inneren des Doms, nahe dem Hauptportal, befindet sich die Gedenkstätte des Wittelsbachers Ludwig IV., des Bayern, ab 1314 deutscher Kaiser. Die Fenster der Frauenkirche sind Glasmalkunst aus dem 14. und 16. Jahrhundert. Herausragend ist das Werk des berühmten Elsässer Glasmalers Peter Hemmel von Andlau im Mittelfenster. Die Büsten von Aposteln und Propheten wurden von 1495 bis 1502 von dem Bildhauer Erasmus Grasser gefertigt.

Freising – der ältere Dom

Freising ist nicht nur die älteste Stadt Oberbayerns, sondern in ihr befindet sich mit

Erzbistum München und Freising 189

STATISTISCHE DATEN

Das Erzbistum München und Freising liegt fast ganz im Regierungsbezirk Oberbayern. Von den rund 3,56 Millionen Menschen, die im Gebiet der Erzdiözese leben, sind 1,76 Millionen, 49 Prozent, katholisch.

Erzbistum München und Freising:
1,76 Millionen Katholiken
748 Pfarreien und (Pfarr-)Kuratien in 40 Dekanaten
22 Schulen in Trägerschaft der Erzdiözese
6 Zentren der Schulpastoral in Trägerschaft der Erzdiözese
Ca. 465 Kindertageseinrichtungen in Trägerschaft der Erzdiözese und der Pfarrkirchenstiftungen
14 katholische Bildungswerke
18 kirchliche Bildungshäuser
7 Krankenhäuser, die unter Ordensleitung stehen.

dem Freisinger Mariendom auch die älteste Marienkirche der Erzdiözese. Der heutige Bau ist romanisch. Zur 1000-Jahr-Feier der Ankunft des hl. Korbinian in Freising im Jahr 1724 hat Bischof Johann Franz Eckher von Kapfing und Liechteneck (1696-1727) den Dom von den Brüdern Asam neu gestalten lassen und ihm die heutige Gestalt gegeben. Bis zur Säkularisation 1802 war die Marienkirche Sitz der Freisinger Bischöfe. Papst Benedikt XVI. hat sich, noch als römischer Kardinal, dafür eingesetzt, dass der Freisinger Dom den Titel Kathedrale erhielt. Er selbst hatte seine Lehrtätigkeit als Theologieprofessor 1958 in Freising begonnen, weil die Priesterausbildung für das Erzbistum dort untergebracht war. Freising ist immer noch der Ort der Priesterweihe im Erzbistum.

Kirchen, Klöster und Rekorde

Pfarrei Herz Jesu in München-Neuhausen
1996 brannte die alte Herz-Jesu-Kirche aus und wurde vier Jahre später durch einen gläsernen Neubau ersetzt. Die Eingangstore der Pfarrei sind mit 14,2 Metern Höhe und 18,8 Metern Breite die größten Kirchentüren der Welt. Das Eingangsportal mit den tiefblauen Schriftzeichen aus Kreuzesnägeln, die die Texte der Passion nach Johannes wiedergeben, wird nur zu besonderen Anlässen geöffnet. Das große Portal soll die Offenheit der Botschaft Christi symbolisieren.

Wendelstein-Kircherl
Unterhalb des Gipfels dieses 1883 Meter hohen Berges empfängt die vielen Ausflügler eine kleine Kapelle. Auf 1750 Meter Höhe kommt man zur höchstgelegenen Kirche Deutschlands. Sie wurde 1890 erbaut und ist der Patrona Bavariae, Maria, der Schutzpatronin Bayerns, geweiht. In der Kirche finden regelmäßig Gottesdienste statt.

Die *Stiftskirche St. Martin* in Landshut stammt aus dem Mittelalter. Das Martinsmünster besitzt mit 130,6 Metern Höhe den höchsten Backstein-Kirchturm der Welt. Er ist aus Ziegeln gebaut, da es im Mittelalter schwierig und teuer war, Natursteine über weite Strecken zu transportieren. Er gilt neben der Burg Trausnitz als Wahrzeichen der Stadt. Das große Fest der Stadt ist die Landshuter Hochzeit, bei der über 2000 Landshuter Bürger in historischen Gewändern die Hochzeit des bayerischen Herzogs Georg des Reichen mit der Braut Hedwig Jagiellonica im Jahr 1475 feiern.

Weihenstephan war ab 1020 ein Benediktinerkloster, in dem bereits Bier hergestellt wurde. Auch nach der Auflösung des Klosters in der Säkularisation ist die heutige Staatsbrauerei die älteste Brauerei der Welt. Das Wissenschaftszentrum Weihenstephan für Ernährung, Landschutz und Umwelt ist der Technischen Universität in München angegliedert.

„Die weit geöffneten Tore" von Herz Jesu in München-Neuhausen symbolisieren die Offenheit der Botschaft Jesu Christi.

Die *Ludwig-Maximilians-Universität* bietet mit einer katholischen, einer evangelischen Fakultät sowie einer orthodoxen Lehreinheit das größte Angebot theologischer Lehrveranstaltungen in Deutschland. Die Ursprünge der Universität liegen in Ingolstadt. Die dort 1492 gegründete Universität wurde 1826 nach München verlegt.

Weitere kirchliche Bildungsstätten sind die Hochschule für Philosophie der Jesuiten unweit der Universität, das Exerzitienhaus Schloss Fürstenried, die nach dem Münchner Kardinal Julius Döpfner genannte Bildungsstätte auf dem Freisinger Domberg und die Katholische Akademie in Bayern. Das Münchner Bildungswerk ist das größte Erwachsenenbildungswerk Deutschlands.

Bedeutende Klöster

Karmel Heilig Blut
Nördlich des Geländes des ersten Konzentrationslagers (KZ) der Nationalsozialisten in Dachau liegt der 1964 gegründete Karmel „Heilig Blut". Das Leben der Ordensfrauen ist geprägt von Kontemplation und Zurückgezogenheit.

Benediktinerabtei Ettal
Die Benediktinerabtei Ettal wurde von Kaiser Ludwig dem Bayern 1330 gegründet, um die die Handelsstraße Augsburg–Verona zu sichern. In der zweiten Hälfte des 17. Jahrhunderts nahm das Kloster durch die Wallfahrt zu „unserer Frau Stifterin" einen Aufschwung. Hundert Jahre nach der Säkularisation wurde das Kloster neu errichtet. Heute unterhält die Abtei eine Schule, verschiedene landwirtschaftliche Betriebe und einen Verlag. Der Jesuitenpa-

Kloster Ettal

ter Rupert Mayer (1876-1945), ein Mahner und Prediger gegen den Nationalsozialismus, wurde von der Gestapo in das Kloster verbannt. Er starb kurz nach Ende des Zweiten Weltkrieges. Das gut besuchte Grab des „Apostels Münchens" befindet sich heute in der Bürgersaalkirche in der Fußgängerzone direkt neben der Michaelskirche

Geschichte des Bistums

739 wurde durch Bonifatius das Bistum Freising, das bereits zur Zeit der Römer einen Vorläufer hatte, neu eingerichtet. Fast 1100 Jahre lang war es bis zur Säkularisierung Sitz des Bischofs.

Im **8. Jahrhundert** gab es im Bistum eine kulturelle Blüte. Vor allem unter Bischof Arbeo (764-783) entwickelte sich der Freisinger Domberg zu einem bedeutenden Bildungszentrum der Gelehrsamkeit. Ebenso förderten andere Abteien, wie Benediktbeuern und Tegernsee, Kultur und Seelsorge im Bayern.

Bischof Arbeo (764-783)

Im **10. Jahrhundert** hatte das Bistum Freising unter den Einfällen der Ungarn zu leiden. Zahlreiche Ortschaften, Kirchen und Klöster wurden niedergebrannt. Nach der Rettung des Dombergs gelang es Bischof Abraham (957-994), die Klerikerausbildung, die Volksseelsorge, Mission und wissenschaftliche Bildung wieder auf einem hohen Standard zu etablieren.

Im **12. Jahrhundert** ist vor allem Otto I. von Freising (1138-1158) als großer Bischof hervorzuheben. Er ist als Geschichtsschreiber des hohen Mittelalters bekannt, war Seelsorger, dem die Priesterausbildung und die pastorale Zuwendung zum Volk wichtig waren.

Im **Spätmittelalter** und der **frühen Neuzeit** besaßen die Freisinger Bischöfe den Rang eines Reichsfürsten. Als Bischof hatten sie die geistliche Leitung des Bistums inne, als Fürst regierten sie über ein weltliches Herrschaftsgebiet, das kleiner als ihr Bistum war und Hochstift genannt wird.

Während des **Reformationszeitalters** blieb das gesamte Gebiet des Bistums Freising katholisch, da die Religionspolitik der bayerischen Herzöge die Ausbreitung der neuen „Religion" verhinderte. Nur die freie Grafschaft Haag und die Herrschaft Hohenwaldeck in der Nähe des Schliersees traten für kurze Zeit zum Protestantismus über.

In der **Säkularisation (1803)** wurde das alte Fürstbistum aufgehoben. Klöster und Stifte wurden geschlossen. Im Dom zu Freising wurde am 22. April 1803 der letzte Gottesdienst gefeiert, danach erwog man sogar den Abbruch der Bischofskirche. Als Joseph Konrad von Schroffenberg (1789-1803), der letzte Fürstbischof, verstorben war, blieb die Diözese 18 Jahre lang ohne Bischof.

Durch das Bayerische Konkordat von 1817 und einen päpstlichen Erlass wurde 1821 die „alte" Freisinger Diözese von der „neuen" Erzdiözese München und Freising abgelöst. Damit verbunden waren beträchtliche räumliche Zugewinne. Die neue Diözese erhielt fast alle in Bayern gelegenen Gebiete des alten Erzbistums Salzburg, des Bistums Chiemsee und die ehemalige Fürstpropstei Berchtesgaden.

Im Jahr **1960** richtete Kardinal Joseph Wendel als Gastgeber in München den Eucharistischen Weltkongress aus, die erste Großveranstaltung im Nachkriegsdeutschland.

Von **1982 bis 2003** leitete Kardinal Friedrich Wetter die Erzdiözese. Die Erneuerung der Seelsorge war ihm genauso ein großes Anliegen wie die Weitergabe des christlichen Glaubens. Außerdem setzte sich der Kardinal für die Stellung der Frauen in der Kirche ein.

Seit **2007** ist Kardinal Marx Erzbischof von München-Freising und damit zugleich Vorsitzender der Bayerischen Bischofskonferenz. Seit 2014 ist er Vorsitzender der Deutschen Bischofskonferenz.

Bischöfe und Kardinäle

■ **Michael Kardinal von Faulhaber** war zuerst Bischof von Speyer und von 1917 bis 1952 Erzbischof von München und Freising. Er war wesentlich an der Formulierung der Enzyklika „Mit Brennender Sorge" beteiligt, die sich mit der bedrängten Lage der Katholiken in Deutschland und der NS-Ideologie auseinandersetzte. An der Gestapo vorbei konnte dieses Papstschreiben gedruckt und am Palmsonntag des Jahres 1937 in den Gottesdiensten verlesen werden.

■ **Julius Kardinal Döpfner** (1961-1976) war vorher Bischof in Würzburg und Berlin gewesen. Er wurde zu einem der vier Moderatoren des II. Vatikanischen Konzils gewählt. Als Vorsitzender der Deutschen Bischofskonferenz hat er die Umsetzung des Konzils durch die Würzburger Synode eingeleitet und in den politischen Auseinandersetzungen um die Abtreibung die katholische Position vertreten.

■ **Joseph Kardinal Ratzinger** (1977-1982) begrüßte 1980 Papst Johannes Paul II. in München. Er wechselte 1982 an die Spitze der Römischen Glaubenskongregation. Am 19. April 2005 wurde Ratzinger zum 264. Nachfolger Petri gewählt. Am 28. Februar 2013 trat er vom Amt zurück.

■ **Reinhard Kardinal Marx** (seit 2. Februar 2008) engagiert sich sehr in der Ordnungs- und Sozialpolitik. Als Mitglied des Kardinalrates, einer Gruppe von acht Kardinälen, berät er Papst Franziskus im Hinblick auf die Reform der Kurie. Er ist seit Februar 2014 Vorsitzender der Deutschen Bischofskonferenz.

Michael Kardinal von Faulhaber

Julius Kardinal Döpfner   *Joseph Kardinal Ratzinger*

Reinhard Kardinal Marx und sein Wappen

Erzbistum München und Freising

Bistum Münster

Dem Frieden verpflichtet

Der St.-Paulus-Dom: Wahrzeichen von Münster, Kathedrale voller Leben und Wirkungsstätte von Bischof Dr. Felix Genn.

Das Bistum Münster gehört zu den ältesten und mit fast 2 Millionen Katholiken auch zu den größten deutschen Diözesen. Als „Stadt des westfälischen Friedens" hat die Domstadt an der Aa 1648 einen wichtigen Beitrag zur deutschen Geschichte geleistet. Im Jahr 2014 feierte sie das 750-jährige Bestehen des St.-Paulus-Doms in Münster unter dem Motto „Willkommen im Paradies": Der dem Domplatz zugewandte Haupteingang der Kathedrale wird „Paradies" genannt. Der Hohe Dom zu Münster hat architektonisch und mit seinen zahlreichen sakralkünstlerischen Meisterwerken viel zu bieten: Wer Münster besucht, kann sich davon überzeugen. Wenige hundert Meter weiter sind mit den historischen Rathaus des Westfälischen Friedens und der geschichtsträchtigen St.-Lamberti-Kirche weitere attraktive Ziele zu finden. So kann man bei einem Spaziergang in der Altstadt von Münster (Kirchen-)Geschichte hautnah erleben.

Der St.-Paulus-Dom, der am 30. September 1264 durch Bischof Gerhard von der Mark eingeweiht wurde, beheimatet auch das Grab von Clemens August Kardinal von Galen, jenem Bischof von Münster, der in den dunklen Zeiten des Nationalsozialismus seine Stimme gegen die Nazis erhob und dafür weit über das Bistums hinaus bis nach Rom Anerkennung fand. Der Selige von Galen liegt in der Ludgerus-Kapelle begraben, die nach Liudger benannt ist. Liudger hatte im Jahr 793 durch eine Klostergründung in Münster den Grundstein für das Bistum gelegt, dessen Gründung letztlich 805 umgesetzt wurde.

Viele zehntausend Aktive im Bistum Münster engagieren sich für andere. So besuchen Ehrenamtliche vom Malteser-Hilfsdienst im Kreis Warendorf Senioren in Altenheimen und bringen ihre Hunde mit.

Vom Niederrhein bis zur Nordseeküste

Das Bistum Münster erstreckt sich über zwei Regionen: In Nordrhein-Westfalen vom nördlichen Niederrhein bis zum östlichen Münsterland und in Niedersachsen vom südoldenburgischen Münsterland bis zur Nordseeküste inklusive Wangerooge. Das Bistum ist dabei durch ganz unterschiedliche Regionen und Menschen geprägt. Da ist zum einen das eher ländliche Münsterland mit seinen stark verwurzelten Traditionen sowie zahlreichen Kirchen und Kapellen. Vor allem Landwirtschaft sowie mittelständische Betriebe sind in der Region angesiedelt, und hier lebt ein hoher Anteil von Katholiken. Auf der anderen Seite liegt das Rheinland, das sowohl ländlich als auch industriell geprägt ist. Hier befindet sich in Kevelaer einer

kirchlich einmalige Besonderheit im Bistum Münster. Im nördlichen Oldenburger Land sind Katholiken in der Minderheit.

Das Schul- und Verbändebistum

„Im Bistum Münster haben das Verbands- und Bildungswesen einen hohen Stellenwert mit deutschlandweiter Bedeutung", hebt Generalvikar Kleyboldt hervor. So betreibt das Bistum nicht nur viele katholische Schulen, sondern legt auch einen besonderen Stellenwert auf die Ausbildung junger Menschen. Sei es an der Universität und an der katholischen Fachhochschule in Münster oder bei der Priesterausbildung. Auch im Bereich der Jugendpastoral setzt das Bistum Münster mit Jugendkirchen wie „effata[!]", den Regionalbüros für Kinder- und Jugendseelsorge und der Jugendburg Gemen besondere Akzente. Die Arbeit der Jugendverbände hebt Kleyboldt stellvertretend für die vielen katholischen Verbände hervor, die das kirchliche Leben im Bistum Münster bis heute entscheidend gestalten und prägen.

„Ich steck für Dich eine Kerze an." Überall im Bistum Münster vertrauen Menschen mit Blick auf ihre Liebsten auf Gott.

der traditionsreichsten Wallfahrtsorte Deutschlands. Südlich beider Regionen bildet der Ruhrgebietsrand mit Städten wie Lünen, Recklinghausen oder Moers die Bistumsgrenze. „Darüber hinaus gehört zum Bistum Münster das Offizialat Vechta, welches dem ehemaligen Großherzogtum Oldenburg entspricht und von einem eigenen Regionalbischof geleitet wird", betont Generalvikar Norbert Kleyboldt eine welt-

Bistum Münster

STATISTISCHE DATEN

Bistum Münster

Bistumsstadt: Münster
Bistumskirche: St.-Paulus-Dom
Bischof: Dr. Felix Genn
Weihbischöfe: Heinrich Timmerevers, Dieter Geerlings, Dr. Christoph Hegge, Wilfried Theising, Dr. Stefan Zekorn
Generalvikar: Norbert Kleyboldt
Fläche: 21 032 km^2
Katholiken: ca. 1 937 000 (45,7 Prozent Bevölkerungsanteil)
Aufbau: 5 Regionen mit 41 Dekanaten und 252 Pfarreien, 11 Pfarreiengemeinschaften und 13 Seelsorgeeinheiten.
Besonderheit: Das Bistum Münster hat neben Niederrhein, Ruhrgebietsrand und Münsterland den „Offizialatsbezirk Oldenburg", das Bistumsgebiet verteilt sich auf zwei getrennte Regionen in zwei Bundesländern (Nordrhein-Westfalen und Niedersachsen).

Pilgern ist in: In jedem Jahr besuchen 1,5 Mio. Menschen die mehr als 20 Wallfahrtsorte im Bistum Münster, darunter Kevelaer, Telgte (Bild) oder Bethen.

Missionarische und soziale Kirche sein

Dass sich viele Gläubige in den Pfarreien, in Ordens- und geistlichen Gemeinschaften und im katholischen Verbandswesen engagieren, ist für Generalvikar Kleyboldt auch ein Zeichen dafür, dass die Laien und Priester im Bistum Münster gemeinsam daran arbeiten, Kirche zu gestalten. „Ich wünsche mir, dass alle Getauften den Auftrag annehmen, missionarische Kirche in der heutigen Zeit zu sein", sagt Kleyboldt. Dabei komme den Laien eine besondere Rolle zu und das Bistum wolle ihnen hierbei mehr Verantwortung übertragen. „Wir müssen auf die Menschen schauen und mit ihnen gemeinsam auf dem Weg sein. Die Menschen müssen in unseren Gemeinden eine Orientierung und Menschen mit Charisma finden, egal ob Priester oder Laien". Eine besondere Verantwortung komme dabei dem sozialen Engagement von Kirche vor Ort zu, etwa in Krankenhäusern, Kindergärten, Altenpflege, sagt Kleyboldt. Mit Hilfe von Vereinen und Stiftungen möchte das Bistum dies weiter unterstützen und dazu beitragen, dass der Auftrag von Papst Franziskus, „soziale Kirche zu sein", gut umgesetzt werden könne. Dazu könne auch die gute ökumenische Arbeit vor Ort positiv beitragen. Soziales Engagement sei gleichzeitig auch ein Beitrag für ein friedvolles Zusammenleben, dem sich das Bistum Münster aufgrund seiner Geschichte als Friedensstifter beim Dreißigjährigen Krieg besonders verpflichtet fühle.

Der Zukunft zugewandt

Für das Bistum Münster ist es wichtig, „ein neues Bild von Kirche zu entwickeln und Zukunft zu gestalten", wie Generalvikar Kleyboldt betont. Dazu sei der Dialog mit den Gläubigen und der Gesellschaft ebenso „unabdingbar" wie die Entwicklung von „Profilen" in den Gemeinden, bei denen weiterhin die Menschen im Mittelpunkt stehen sollen. Dies werde beispielhaft in Münster am St.-Paulus-Dom deutlich. Während der

Singen gehört zum Gottesdienst und stärkt die Gemeinschaft. Das neue Gotteslob wird im Bistum Münster gut angenommen.

letzten Sanierung des Doms, als dieser von November 2011 bis Februar 2013 für 470 Tage geschlossen war, und bei den Feierlichkeiten zum Domjubiläum 2014 sei erkennbar geworden, dass der Dom ein wichtiger Ort für die Bürger der Stadt, die Stadt selbst und die ganze Region sei. Kirche habe nach wie vor eine große Bedeutung für die Menschen: „Wir möchten Kirche auf dem Weg und eng mit den Menschen des Bistums Münster verbunden sein", betont Generalvikar Kleyboldt. Bischof Dr. Felix Genn und die fünf Weihbischöfe des Bistums Münster ermutigen alle Gläubigen vom Rhein bis zur Nordseeküste immer wieder gerne dazu, an diesem missionarischen Auftrag von Kirche aktiv mitzuwirken.

„Wo geht's lang?" – Mehrere Tausend Ordensleute und Angehörige neuer geistlicher Gemeinschaften stärken das Glaubensleben im Bistum Münster.

Bistum Münster

Geschichte

Mit seiner über 1200 Jahre alten Geschichte zählt das Bistum Münster zu den ältesten deutschen Diözesen.

Die Anfänge

Die christlichen Wurzeln des Bistums reichen am Niederrhein bis in die römische Zeit zurück. Im achten Jahrhundert wurde das Münsterland zur Missionierung dem Bistum Utrecht unterstellt. Die Grundlage für das heutige Bistum Münster bildete die Klostergründung des Missionars Liudger in Münster (Monasterium = Kloster) im Jahr 793. In Liudgers Zeit sind rund 40 Kirchen entstanden. Liudger selbst wurde im Jahr 805 in Köln zum ersten Bischof von Münster geweiht, er starb 809. In den folgenden Jahrhunderten konnten sich zahlreiche Pfarreien, Stifte und Klöster auf dem Gebiet der Diözese etablieren.

Das Zeitalter der Reformation

Die Reformationsbewegungen des 16. Jahrhunderts erreichten 1532 auch Münster. So wurde die Bischofsstadt nach der Ratswahl von 1533 evangelisch. Bereits 1534 kam es wieder zu einem großen Umbruch, als die (Wieder-)Täufer nach Münster kamen. Sie lehnten die Kindertaufe ab und bestanden auf der Taufe von ausschließlich erwachsenen Gläubigen. In Erwartung der Wiederkehr Christi radikalisierten sich die Täufer unter ihrem Führer Jan van Leiden in den folgenden Monaten, errichteten in Münster ein Königreich, führten die Gütergemeinschaft und die Vielweiberei ein, bis die mittlerweile belagerte Stadt im Juni 1535 von bischöflichen Truppen befreit werden konnte. Die führenden Köpfe der Täufer wurden 1536 zum Tode verurteilt, ihre Leichen wurden in eisernen Käfigen am Turm der Lambertikirche aufgehängt, wo die Käfige noch heute zu sehen sind. Münster wurde die erste rekatholisierte Stadt.

Westfälischer Frieden

Mit dem in Münster ausgehandelten Westfälischen Frieden im Jahr 1648 endete der Dreißigjährige Krieg. Damit entspannte sich auch die groß-politische Lage im Reich. Insbesondere unter Bischof Christoph Bernhard von Galen („Bombenbernd") kam es zur Durchsetzung der tridentinischen Reformen und zur Konsolidierung des katholischen Bekenntnisses im Fürstbistum Münster. Mit dem Bau einer Kapelle im niederrheinischen Kevelaer im Jahr 1642 wurde einer der größten Wallfahrtsorte Deutschlands begründet, 1780 entstand die Universität zu Münster.

Das Bistum Münster nach der Säkularisierung

Mit der Reichsdeputation im Jahr 1803 wurde auch die Säkularisation des Fürstbistums Münster eingeleitet. Damit verbunden waren die Aufhebung der Klöster und der Entzug des kirchlichen Verfügungsrechts. Zahlreiche Auseinandersetzungen mit der nunmehr evangelisch-preußischen Regierung prägten die folgenden Jahrzehnte und gipfelten im so genannten Kulturkampf mit der Absetzung des Bischofs Johann Bernard Brinkmann im Jahre 1876.

Gleichzeitig entstanden im 19. Jahrhundert unzählige Vereine, religiöse Gemeinschaften und soziale Einrichtungen (das so genannte „katholische Milieu"), die das Bistum in ihren Ausläufern bis heute prägen.

Das Bistum Münster im Nationalsozialismus

Die NS-Zeit war in Münster wesentlich geprägt durch das Wirken Bischof Clemens August Graf von Galens, der zum Beispiel in seinen drei berühmten Predigten im Jahre 1941 offen Kritik am Regime übte und unter anderem die Euthanasie verurteilte. Zahlreiche Vereine wurden von den Nazis verboten, dutzende Priester verhaftet. Die Verbundenheit der Katholiken mit „ihrer" Kirche konnten die Machthaber jedoch nicht zerbrechen.

Die Nachkriegszeit und jüngste Vergangenheit

Durch die Flüchtlinge und die zunehmende Mobilität änderten sich seit der Nachkriegszeit die konfessionellen Verhältnisse im Bistum. Unter Bischof Michael Keller entstanden zahlreiche kleine Pfarrgemeinden, auch, um das Laienapostolat zu fördern. Alleine im westfälischen Bistumsteil wurden zwischen 1951 und 1961 fast 150 neue Kirchen gebaut, so dass zum Bistum bald 689 Gemeinden zählten. Rückläufige Gottesdienstteilnehmerzahlen und Priesterweihen führten ab 1999/2000 zu zahlreichen Gemeindefusionen und Umstrukturierungen; aktuell (im Jahr 2014) gibt es rund 250 Pfarreien.

Im Jahr 2005 feierte das Bistum Münster sein 1200-jähriges Bestehen. Am 29. März 2009 wurde Bischof Felix Genn als 76. Nachfolger des heiligen Liudger in das Amt als Bischof von Münster eingeführt. Der St.-Paulus-Dom in Münster wurde im Jahr 2014 750 Jahre alt; mehr als 50 000 Menschen kamen zur Feier des Domjubiläums in die Kathedrale.

Bischof Clemens August Graf von Galen

Bischöfe

■ **Bischof Clemens August Graf von Galen**

Clemens August Graf von Galen wurde am 16. März 1878 in Dinklage geboren. Nach seinem Studium der Philosophie und Theologie wurde er am 28. Mai 1904 in Münster zum Priester geweiht. Nach Stationen als Domvikar in Münster, Pfarrer in Berlin und in der St.-Lamberti-Gemeinde in Münster wurde er am 28. Oktober 1933 zum Bischof von Münster geweiht und in sein Amt eingeführt. Die Amtszeit von Bischof Clemens August Graf von Galen fiel in die Zeit der NS-Diktatur; 1941 trat er seine „Flucht in die Öffentlichkeit" an und trat in drei großen Predigten Hitler und dessen Regime entgegen. Bischof von Galen konnte dazu beitragen, die Euthanasie-Programme des NS-Regimes zur Ermordung von Menschen mit Behinderungen vorläufig zu stoppen. Am 18. Februar 1946 wurde er in Rom in den Kardinalsrang erhoben. Am 22. März 1946 verstarb er in Münster. Am 9. Oktober 2005 erfolgte die Seligsprechung.

■ **Bischof Dr. Felix Genn**

Dr. Felix Genn ist amtierender Bischof des Bistums Münster. Geboren wurde er am 6. März 1950 in Burgbrohl. Nach seinem Theologiestudium in Trier und Regensburg promovierte er später über den heiligen Augustinus. Im Jahr 1976 wurde Felix Genn in Trier zum Priester geweiht, er war Subregens und später Spiritual am Bischöflichen Priesterseminar Trier. 1999 wurde er zum Bischof ernannt und geweiht, er wirkte zunächst als Weihbischof im Bistum Trier. Im Jahr 2003 wurde Felix Genn Bischof von Essen und leitete das Ruhrbistum fünf Jahre lang. Am 19. Dezember 2008 wurde er zum Bischof von Münster ernannt, am 29. März 2009 erfolgte seine Einführung im St.-Paulus-Dom in Münster. Aktuell leitet Bischof Genn die Kommission der Deutschen Bischofskonferenz für geistliche Berufe und kirchliche Dienste. Zudem gehört er seit Dezember 2013 der vatikanischen Bischofskongregation an, die unter anderem Bischofsernennungen vorbereitet.

Bischof Dr. Felix Genn

Bistum Osnabrück

Vom Glück, auf dem Weg zu sein

Der Glaube „bewegt" die Menschen: Fußwallfahrer auf dem Weg nach Telgte.

Dom St. Petrus in Osnabrück

Die Osnabrücker Wallfahrt ins münsterländische Telgte bewegt das Bistum Osnabrück. Am zweiten Samstag und Sonntag nach dem Hochfest Peter und Paul Ende Juni sind es bis zu 11 500 Pilger. Sie legen die rund 43 km zwischen der Bischofsstadt und dem westfälischen Marienwallfahrtsort zu Fuß zurück, um am nächsten Tag wieder Richtung Osnabrück aufzubrechen. Die Wallfahrtstradition geht auf das Jahr 1852 zurück, als 25 Osnabrücker erstmals zum Gnadenbild der Schmerzhaften Mutter nach Telgte pilgerten. Heute ist die Osnabrücker Telgte-Wallfahrt die größte Fußwallfahrt Deutschlands und kann mit zahlreichen jungen Pilgern rechnen. Es wird geschätzt, dass das Durchschnittsalter der Wallfahrer unter 30 Jahren liegt.

Pfarrgemeinden für die Zukunft

Auf dem Weg ist man im Bistum Osnabrück nicht nur in den Tagen der Wallfahrt. In der Bistumsvision hat die Diözese 2004 für sich formuliert, „Gott und den Menschen nahe" sein zu wollen. Um diesem Anspruch gerecht zu werden, legt der Perspektivplan 2015 fest, wie seelsorgliche Strukturen in Zeiten schrumpfender Katholikenzahlen und weniger Priester aussehen werden. Im Bistum Osnabrück soll es verschiedene Seelsorgeeinheiten geben: Im ländlichen Raum gibt es Pfarreiengemeinschaften aus rechtlich eigenständigen Kirchengemeinden, die jedoch vom selben Pfarrer geleitet werden und das gleiche Seelsorgeteam haben. In den städtischen und kleinstädtischen Regionen wurden neue Pfarreien aus ehemals mehreren Gemeinden gebildet. Bei der Umsetzung wurde kein einheitlicher Termin zur Erstellung der neuen Strukturen vorgegeben, sondern Pfarrerwechsel oder andere Anlässe wurden genutzt, um die Veränderungen zu realisieren. Bis 2018 soll der Prozess der Umstrukturierung abgeschlossen sein.

„Ich komm zum Glück aus Osnabrück"

Im Jahr 2003 ergab eine Umfrage, dass Osnabrück die Stadt ist, in der die glücklichsten Menschen Deutschlands leben. Die Stadt machte daraufhin mit dem Slogan „Ich komm zum Glück aus Osnabrück" von

Das Osnabrücker Rad – Symbol für die Kirche im Laufe der Zeit

se. Osnabrück und Bremen sind die einzigen beiden Großstädte auf dem Gebiet des Bistums. Die übrigen Gebiete sind ländlich geprägt. Während in Osnabrück und im von den Mittelgebirgen geprägten Umland das zahlenmäßige Verhältnis von Katholiken zu Protestanten nahezu gleich ist, sieht dies in den übrigen Bistumsteilen anders aus. Im urkatholischen Emsland gibt es in manchen Gemeinden bis zu 85 Prozent Katholiken. In den restlichen Regionen, im an der Küste gelegenen Ostfriesland, in der Grafschaft Bentheim an der Grenze zu den Niederlanden, in Bremen und im Dekanat Twistringen, befinden sich die Katholiken mehrheitlich in der Diaspora. Überall gibt es jedoch ein gutes Miteinander mit den evangelischen Mitchristen.

Das Osnabrücker Rad

Zu den weiten Wegen, die Katholiken im Bistum oftmals zurücklegen müssen, passt das Wappen des Bistums: das Osnabrücker Rad. Es symbolisiert die Kirche im Laufe durch die Zeit. Ähnlich wechselvoll ist die Geschichte der Diözese: Nach der Gründung einer Missionsstation in Osnabrück um das Jahr 780 wurde fünf Jahre später der heilige Wiho als erster Bischof eingesetzt. 1648 schloss der Kaiser in Osnabrück mit Schweden und den protestantischen Fürstentümern Frieden, in Münster mit dem französischen König. Damit wurde in beiden Städten gleichzeitig dem Dreißigjährigen Krieg ein Ende gesetzt. In der sogenannten „Immerwährenden Kapitulation" von 1650 wurde die Aufteilung der Kirchengemeinden zwischen den Konfessionen festgelegt. Als Besonderheit wurde für das Fürstbistum Osnabrück bestimmt, dass

sich reden. Ob die glücklichsten Katholiken auch im Bistum Osnabrück wohnen, ist nicht bekannt. Gemessen an der Vielfalt der Regionen könnten sie es jedoch sein, reicht das Bistum doch vom gebirgigen Teutoburger Wald im Süden der Diözese bis zur Nordsee mit den Ostfriesischen Inseln. Die Bistumsstadt Osnabrück ist mit ihrem Dom St. Petrus das Herz der Diöze-

Die katholische Propsteikirche St. Johann in Bremen

im Wechsel ein katholischer und ein evangelischer Bischof die Diözese leiteten. Ebenfalls wurde die freie Religionsausübung für das Gebiet der Diözese in der Übereinkunft von 1650 bestimmt. Im 20. Jahrhundert wurde das Bistumsgebiet um die norddeutschen Missionsgebiete erweitert. Die heutigen Bundesländer Schleswig-Holstein, Hamburg und der mecklenburgische Teil von Mecklenburg-Vorpommern bildeten im Wesentlichen das Missionsgebiet, das fortan zum Bistum gehören sollte. Von dieser Erweiterung des Diözesanterritoriums rühren die noch heute wichtigen guten Kontakte zur Kirche in Skandinavien her. Die intensiven Beziehungen zur nordischen Kirche zeigen sich in der Arbeit des Ansgar-Werkes der Bistümer Osnabrück und Hamburg sowie in regelmäßigen Fortbildungen und Exerzitien für Geistliche aus den skandinavischen Ländern in Bildungshäusern des Bistums Osnabrück. 1995 wurde durch die Gründung des Erzbistums Hamburg aus den ehemaligen Missionsgebieten die Diözese geteilt. Das Bistum Osnabrück erhielt größtenteils seine vor 1930 bestehende Form zurück.

Katholiken in Bremen

Bremen, mit Ausnahme des Bremer Nordens und Bremerhavens, gehört zum Bistum. Um 780 kam der angelsächsische Missionar Willehad an die Weser, um die Sachsen zu missionieren, und wurde 787 nach anfänglichen Rückschlägen zum Bischof für Bremen geweiht. Bremen gewann an Bedeutung, als 845 der Hamburger Gründerbischof Ansgar als Flüchtling nach Bremen kam. Zuvor hatten die Wikinger die Stadt Hamburg samt Dom zerstört.

STATISTISCHE DATEN

Bistum Osnabrück:
Katholiken 568 499
(Stand: 2012)

Pfarreien 227
Dekanate 10
Gottesdienstteilnehmer 13,2 %

848 übernahm Ansgar das Bistum Bremen, beide Städte wurden zum Erzbistum Hamburg-Bremen. Zu großem Einfluss kam das Erzbistum in den folgenden Jahrhunderten, bis ihm mit Beginn der Reformation in Bremen im Jahr 1522 ein Ende gesetzt wurde. Nach der Einführung des Protestantismus blieben wenige Katholiken übrig, die ihre Religion teilweise nur im Geheimen ausüben konnten. 1823 verfügten sie seit der Reformation erstmals wieder über eine eigene Pfarrkirche, die von 81 Katholiken mit Bremer Bürgerrecht genutzt wurde. Heute

Unterricht in der Drei-Religionen-Grundschule

wohnen auf dem Gebiet des Bundeslandes Bremen etwas mehr als 79000 Katholiken. Sie stellen somit knapp 12 Prozent der Bevölkerung. Die Propsteikirche St. Johann in der historischen Altstadt ist heute mit den um die Kirche angesiedelten kirchlichen Einrichtungen und dem Birgittenkloster das katholische Zentrum der Freien Hansestadt. Seit 2002 sind die von allen Erdteilen stammenden Nonnen des schwedischen Erlöserordens der Hl. Birgitta an der Weser ansässig. Es handelt sich bei der Gründung um das erste Kloster seit der Reformation in Bremen. Die Katholiken pflegen als selbstbewusste religiöse Minderheit sehr gute Beziehungen zu anderen christlichen Kirchen, gesellschaftlichen Gruppen und zur Politik.

Interreligiöse Toleranz macht Schule

Christliche, muslimische und jüdische Kinder sollen gemeinsam zur Schule gehen und so gegenseitige Toleranz lernen. Dies ist die Idee der Drei-Religionen-Grundschule, die von der Schulstiftung des Bistums Osnabrück getragen wird. Seit 2012 gibt es das bundesweit einzigartige Projekt der zweizügigen interreligiösen Grundschule in Osnabrück. Sosehr auf das Kennenlernen der jeweils anderen Religionen im Schulalltag geachtet wird, kommt doch die Vergewisserung des eigenen Glaubens nicht zu

Raum der Sprachlosigkeit im Kloster Esterwegen. Für die Installation wurden Schienen und eine Lore verwendet, die man auf dem Lagergelände gefunden hat.

Der Katholikentag 2008 in Osnabrück

kurz. Daher wird der Religionsunterricht nach Glaubensrichtungen getrennt erteilt. Im Trialog, dem Gespräch unter den Religionen, die sich auf Abraham beziehen, ist Osnabrück auch aufgrund anderer Bildungseinrichtungen eine gute Adresse: Seit 2011 gibt es die von der katholischen Kirche getragene jüdisch-christliche Kindertagesstätte König David. Deutschlands einzige Kita, in der jüdische und christliche Kinder gemeinsam betreut werden, legt großen Wert auf die Ausübung der jüdischen Traditionen. Die Kinder lernen die jüdischen Feste mit ihren Bräuchen kennen und begehen den Sabbat. Aber auch christliche Gedenktage werden nicht außen vor gelassen. An Sankt Martin werden auch in der Kita König David Laternen gebastelt. Zudem befindet sich hier mit dem Institut für Islamische Theologie der Universität Osnabrück eines der wenigen Ausbildungszentren für muslimische Religionslehrerinnen und -lehrer sowie Imame. Das Bistum Osnabrück steht wie auch andere christliche und jüdische Gemeinschaften in einem regen Dialog mit der islamischen Theologie.

Der Erinnerung Raum geben

Die Nationalsozialisten richteten 1933 im Emsland mehrere Konzentrationslager ein, eines in der Nähe von Papenburg. Die Gefangenen des KZ Esterwegen waren größtenteils politische Gefangene, unter ihnen auch der Friedensnobelpreisträger und Pazifist Carl von Ossietzky. Sie wurden zur Urbarmachung der moorreichen Gegenden des Emslandes gezwungen. Das Lied der Moorsoldaten, 1933 von Insassen verfasst, zeugt eindrucksvoll davon. Um der Erinnerung an die Opfer der Nazi-Ideologie einen Raum zu geben, gibt es seit 2007 ein Kloster der Mauritzer Franziskanerinnen auf dem ehemaligen Lagergelände in Esterwegen. Sie wollen mit den Besuchern des Lagers an das erinnern, was Menschen an diesem Ort angetan wurde.

Osnabrücker Bistumsvision

Wir wollen eine missionarische Kirche sein, die Gott und den Menschen nahe ist. Deshalb gestalten wir unser Bistum im Zusammenleben mit den Menschen so, dass sie darin:
• den Glauben als sinnstiftend und erfüllend, kritisch und befreiend erleben,
• sich in ihrer jeweiligen Lebenswirklichkeit angenommen wissen,
• ein Zuhause und Gemeinschaft finden.

Geschichte

780 Kaiser Karl der Große errichtet eine Missionsstation in Osnabrück.
785 Der heilige Wiho wird erster Bischof von Osnabrück.
1100 Großer Stadtbrand in Osnabrück. Der Dom wird in spätromanischem Stil wiederaufgebaut.
1648 Westfälischer Frieden mit Schweden und den protestantischen Fürsten.
1650 Immerwährende Kapitulation: Aufteilung der Pfarrkirchen zwischen der katholischen und evangelischen Konfession und abwechselnde Amtszeit eines katholischen und evangelischen Fürstbischofs.
1802 Zuteilung des Fürstbistums Osnabrück zum Königreich Hannover mit Weihbischof.
1824 Das Bistum erhält seine heutige Form, nämlich alle Gebiete des Königreichs Hannover westlich der Weser.
1858 Endgültige Wiedererrichtung des Bistums Osnabrück mit eigenem Bischof.
1878-82 Sedisvakanz aufgrund des Kulturkampfes.
1930 Norddeutsche Missionsgebiete werden dem Bistum Osnabrück zugeteilt.
1980 Papstbesuch in Osnabrück.
1995 Gründung des Erzbistums Hamburg aus den Gebieten der „Norddeutschen Missionen".
2008 97. Deutscher Katholikentag findet in Osnabrück statt.

Hl. Wiho auf einem Epitaph im Osnabrücker Dom

Bedeutende Persönlichkeiten

■ Ludwig Windthorst

Einer der bekanntesten Katholiken aus dem Bistum Osnabrück war Ludwig Windthorst. Der Jurist und Politiker wurde 1812 in der Nähe von Ostercappeln im Osnabrücker Land geboren. Windthorst zeichnete sich durch seine Beharrlichkeit und Intelligenz aus. Nach dem Jura-Studium in Göttingen und Heidelberg eröffnete er 1836 in Osnabrück eine Anwaltskanzlei. Für einen katholischen und nicht adligen Juristen seiner Zeit machte er eine bemerkenswerte politische Karriere. Windthorst war nach der Revolution von 1848/49 Mitglied des Abgeordnetenhauses des Königreiches Hannover und stieg zum Justizminister auf, ein Amt, das im protestantischen Hannover Katholiken eigentlich verwehrt war. Nach der Annexion Hannovers durch Preußen 1866 wurde Windthorst auch in den Reichstag des Norddeutschen Bundes und das Preußische Abgeordnetenhaus gewählt. 1871 wurde er nach der Gründung des Deutschen Reiches Abgeordneter der katholischen Zentrumspartei. Hier stieg er zum Oppositionsführer und bedeutendstem Gegenspieler Bismarcks im Kulturkampf auf. Bis zu seinem Tod 1891 galt Windthorst, der aufgrund seines Wahlkreises „die Perle von Meppen" genannt wurde, als Personifikation des aufgeklärten und politischen Katholizismus. Im Bistum Osnabrück erinnert die Katholisch-Soziale Akademie der Diözese, das Ludwig-Windthorst-Haus in Lingen, an den streitbaren Katholiken.

Statue von Ludwig Windthorst in der Nähe des Osnabrücker Domes

Bedeutende Osnabrücker Bischöfe

■ Hl. Wiho

Nach seiner Ausbildung in Utrecht wurde Wiho von Kaiser Karl dem Großen als Missionar in die um 780 begründete Missionsstation Osnabrück geschickt. Man geht davon aus, dass Wiho fünf Jahre später zum ersten Bischof eingesetzt wurde. Zu seiner Zeit wurde die Osnabrücker Domschule, das heutige Gymnasium Carolinum, gegründet. Sie ist eine der ältesten Schulen Deutschlands. Nach seinem Tod um 805 wurde Wiho heiliggesprochen.

■ Erzbischof Hermann Wilhelm Berning

Bischof Berning wurde 1877 in Lingen im Emsland geboren. Er wurde 1900 in Osnabrück zum Priester geweiht. Er war als Religionslehrer tätig. 1914 wurde er Bischof. Er war bis zu seinem Tod 1955 über 40 Jahre Bischof. Mit ihm als Oberhirten erlebte die Diözese die beiden Weltkriege und 1930 die Erweiterung des Bistumsgebietes um die „Norddeutschen Missionen". Anfangs stand Bischof Berning dem Nationalsozialismus aufgeschlossen gegenüber, weil er wie andere Bischöfe auch hoffte, in ihm einen Verbündeten im Kampf gegen den Kommunismus zu finden. Ab 1934 änderte er seine Meinung und stand den neuen Machthabern kritisch gegenüber. Hierfür wurde ihm von Papst Pius XII. 1949 der Titel eines Erzbischofs verliehen. Nach dem Zweiten Weltkrieg setzte er sich für die Vertriebenen ein.

■ Bischof Helmut Hermann Wittler

Ein gebürtiger Osnabrücker ist der spätere Bischof Wittler. 1913 geboren, wurde er 1938 zum Priester geweiht. Nach Stationen als Seelsorger, bischöflicher Sekretär und Generalvikar wurde er 1957 zum Bischof von Osnabrück geweiht. Als Ausländerbeauftragter der Deutschen Bischofskonferenz setzte er sich für die Rechte ausländischer Arbeitnehmer und Gastarbeiter ein. Er nahm an allen Sitzungsperioden des II. Vatikanischen Konzils (1962-1965) teil und gründete zahlreiche caritative Einrichtungen. Zur 1200-Jahr-Feier des Bistums begrüßte Bischof Wittler Papst Johannes Paul II. zu einer Messe in Osnabrück. 1987 wurde er emeritiert und verstarb kurz darauf.

■ Bischof Franz-Josef Bode

Bischof Bode, geboren 1951, wuchs in Etteln bei Paderborn auf und wurde 1975 dort zum Priester geweiht. Der Ernennung zum Weihbischof für das Erzbistum Paderborn im Jahr 1991 gingen Tätigkeiten in der Pfarrseelsorge und Priesterausbildung voraus. 1995 wurde er als Bischof von Osnabrück eingeführt und stand von 1996 bis 2010 als bei seiner Einführung jüngster Diözesanbischof Deutschlands der Jugendkommission der Deutschen Bischofskonferenz vor. 2008 war Bischof Bode Gastgeber des 97. Deutschen Katholikentages in Osnabrück. Seit 2010 leitet er die Pastoralkommission der Deutschen Bischofskonferenz.

Erzbischof Wilhelm Berning

Bischof Helmut Hermann Wittler

Bischof Franz-Josef Bode

Erzbistum Paderborn

Das Bistum an den Quellen der Pader

Gründung durch Karl den Großen und Papst Leo III.

Das Erzbistum Paderborn liegt in der Mitte Deutschlands und erstreckt sich im Norden von Minden bis nach Siegen im Süden, im Westen von Höxter an der Weser bis östlich ins Ruhrgebiet nach Herne. Hinzu kommen der ehemalige Kreis Waldeck (Hessen) und die Stadt Bad Pyrmont (Niedersachsen). Ursprung und geistliches Zentrum des Erzbistums ist die Stadt Paderborn, deren Geschichte ohne die Kirche kaum denkbar ist: 777 hielt Karl der Große in „Patrisbrunna", dem späteren Paderborn, zum ersten Mal eine fränkische Reichsversammlung auf sächsischem Boden ab. Rund zwanzig Jahre später empfing er 799 in Paderborn Papst Leo III. und besiegelte mit ihm auf einer synodalen Versammlung die Gründung des Bistums Paderborn.

Auch heute noch zeigt ein Blick auf das Zentrum der Stadt mit den vielen Kirchtürmen, dass die Kirche die Geschichte und Kultur Paderborns über die Jahrhunderte entscheidend geprägt hat. So bilden der Hohe Dom zu Paderborn, die Abdinghofkirche und die Busdorfkirche eine markante Silhouette im Herzen der Stadt. Der Dank für diese bis heute weithin sichtbare Gestalt dieser Gotteshäuser gebührt der Bautätigkeit von Bischof Meinwerk, der von 1009 bis 1036 Bischof von Paderborn war. In seiner Amtszeit ließ er den nach einem Brand zerstörten Dom wiederherstellen, gründete das Kloster am Abdinghof und das Kanonikerstift Busdorf. Ihre Blütezeit erlebte die Bautätigkeit im Hochstift Paderborn darüber hinaus vor

Der älteste Teil Paderborns: der mittelalterliche Dom, die Gaukirche am Domplatz und (im Hintergrund) die Busdorfkirche. Im Vordergrund ist die rekonstruierte Kaiserpfalz Heinrichs II. zu sehen, unmittelbar davor befinden sich Fundamente der karolingischen Pfalz.

allem in der Zeit der Paderborner Fürstbischöfe vom 14. bis 19. Jahrhundert.

Libori – Patronatsfest und Paderborns „Fünfte Jahreszeit"

In Paderborn wird eines der größten und ältesten Volksfeste in Deutschland gefeiert, das in der Paderborner Ortskirche seine historischen und geistlichen Wurzeln hat: Zu Ehren des heiligen Liborius, des Patrons der Stadt, des Bistums und des Hohen Domes, wird jedes Jahr Ende Juli neun Tage lang das Liborifest begangen. Die Gebeine des heiligen Liborius, der im 4. Jahrhundert Bischof des französischen Bistums Le Mans war, wurden im Jahr 836 aus Le Mans nach Paderborn überführt. Damit wurde zwischen den Bistümern Le Mans und Paderborn ein „Liebesbund ewiger Bruderschaft" begründet – eine der ältesten Städtepartnerschaften Europas, die bis heute mit gegenseitigen Besuchen zwischen den beiden Bistümern lebendig gehalten wird. Das Liborifest hat viele Facetten, die erst zusammengenommen den ganz besonderen Charakter dieses Festes ausmachen: Libori, das ist die vom feierlichen Libori-Tuch begleitete Erhebung der Reliquien des Heiligen Liborius, die in einem kostbaren Schrein durch die Stadt getragen werden. Libori, das sind feierliche Pontifikalämter im Hohen Dom, in denen die Stimmen zahlreicher Gläubiger das Lied „Sei gegrüßet, o Libori" durch die Paderborner Bischofskirche schallen lassen und der Duft von Weihrauch das ganze Gotteshaus erfüllt. Libori, das sind Kulturveranstaltungen, die in der Festwoche zahlreiche Gäste in die Stadt an der Pader locken. Und nicht zuletzt ist Libori natürlich auch ein turbulentes Kirmesvergnügen für Jung und Alt. Rund 1,7 Millionen Menschen zieht diese besondere Mischung aus „Kirche und Kirmes" jedes Jahr weit über die Region hinaus an. Wo andernorts der Karneval als die „Fünfte Jahreszeit" bezeichnet wird, ist dies für die Paderborner und die Menschen im ganzen Erzbistum Paderborn „ihr" Liborifest.

Wallfahrten

Als hervorgehobene Feste des Glaubens haben auch Wallfahrten im Erzbistum Paderborn eine große Tradition. Auf dem Gebiet des Erzbistums Paderborn finden sich rund 50 größere und kleinere Pilger- und Wallfahrtsorte. Der größte und bedeutendste Wallfahrtsort im Erzbistum ist Werl. Seit 1661 und somit seit über 350 Jahren pilgern Wallfahrer zum Werler Gnadenbild „Trösterin der Betrübten" – heute sind es jährlich rund 100 000 Menschen.
Die Wallfahrtsgeschichte von Salzkotten-Verne reicht bis weit ins Mittelalter zurück. Auf eine besondere Geschichte blickt die Stadtwallfahrt von Paderborn nach Verne zurück: Im Jahr 2013 fand diese zum 250. Mal statt.

Auf einem Glasfenster des Doms thront Liborius vor den Kathedralen von Paderborn und Le Mans. Die acht umliegenden Motive zeigen Szenen der Translatio seiner Gebeine aus Frankreich nach Paderborn.

Zum Liborifest wird der kostbare Schrein in einer Prozession durch den Dom getragen. Der Pfauenwedel erinnert an eine Legende, wonach ein Pfau bei der Übertragung der Gebeine dem Zug vorangeflogen ist.

Bildung und Ökumene im Blick

Die Kirche im Erzbistum Paderborn zeigt seit jeher ein großes Engagement im Bereich der Bildung. Vor allem Ordensleute unterrichteten seit dem Mittelalter die Menschen im Hochstift Paderborn. Jesuiten unterhielten beispielsweise in Büren ein Kolleg. Die prachtvolle, im 18. Jahrhundert im Auftrag des Ordens errichtete Jesuitenkirche „Maria Immaculata" erinnert bis heute an den Orden. Die Kirche ist ein echtes „Schmuckstück" – gehört sie doch zu den wenigen Gotteshäusern im italienisch geprägten Stil nördlich des Mains.

1614 wurde in der Stadt an der Pader Bildungsgeschichte geschrieben: Fürstbischof Dietrich IV. von Fürstenberg gründete in Paderborn mit der Theologischen Fakultät die heute älteste Universität in Westfalen, deren Leitung ebenfalls den Jesuiten oblag. Im Oktober 2014 begeht die Fakultät ihr 400-jähriges Bestehen.

Heute ist der Theologischen Fakultät auch das Johann-Adam-Möhler-Institut für Ökumenik angegliedert, das 1957 von Erzbischof Lorenz Jaeger in Paderborn gegründet wurde. Er gilt als Pionier der ökumenischen Bewegung und war seit 1941 Erzbischof von Paderborn. Erzbischof Jaeger war an der Initiative zur Gründung des vatikanischen Einheitssekretariates beteiligt und gilt als einer der Väter des Ökumenismusdekretes des Zweiten Vatikanischen Konzils. Auch aufgrund seines Einsatzes für die Einheit der Kirche wurde er 1965 in den Kardinalsrang erhoben. Auch heute wird die Ökumene im Erzbistum Paderborn großgeschrieben: Dies wird etwa konkret im zur Tradition gewordenen Ökumenischen Vesper-Gottesdienst, den Erzbischof Hans-Josef Becker jedes Jahr am Sonntag vor Pfingsten mit den leitenden Geistlichen der benachbarten evangelischen Landeskirchen, den auf dem Territorium des Erzbistums Paderborn wohnenden orthodoxen Bischöfen sowie Vertretern der Arbeitsgemeinschaft Christlicher Kirchen (ACK) feiert.

Seit Mitte des 17. Jahrhunderts kümmerten sich die Augustiner Chorfrauen um die

Wallfahrten haben im Erzbistum eine große Tradition – dabei erfreut sich auch die Domwallfahrt der vom Erzbistum Paderborn getragenen Schulen großer Beliebtheit

Erzbischof Becker bei der Eröffnung der Marienwallfahrt in Werl vor der kostbaren Statue der „Trösterin der Betrübten"

Mädchenbildung im Erzbistum Paderborn. Das Engagement des Erzbistums Paderborn im Bereich der Bildung ist auch heute deutlich sichtbar: 19 katholische Schulen unterhält das Erzbistum Paderborn in eigener Trägerschaft, insgesamt gibt es 42 katholische Schulen in freier Trägerschaft. Auch die große Zahl von insgesamt 625 Kindertageseinrichtungen im gesamten Erzbistum spricht für sich.

Im Bereich der Bildung beschränkt sich das Engagement des Erzbistums Paderborn nicht auf Kinder und Jugendliche: In fünf katholischen Bildungshäusern in Paderborn, Dortmund, Schwerte, Winterberg-Elkeringhausen und Warburg-Hardehausen sowie in fünf Bildungsstätten für Katholische Erwachsenen- und Familienbildung und 21 Dekanatsbildungswerken können Erwachsene und Familien ein breit gefächertes Bildungsangebot wahrnehmen. Weitere überregional bedeutsame Einrichtungen in kirchlicher Trägerschaft bereichern das Kultur- und Bildungsangebot im Erzbistum, so die Erzbischöfliche Akademische Bibliothek und das Institut für Religionspädagogik und Medienarbeit im Erzbistum Paderborn (IRUM), beides in Paderborn. Zudem findet sich hier das Erzbischöfliche Priesterseminar, das Erzbischöfliche Theologen-Konvikt Collegium Leoninum und eine Abteilung der Katholischen Hochschule Nordrhein-Westfalen (KatHO NRW). In Paderborn, direkt neben dem Hohen Dom, ist auch das Erzbischöfliche Diözesanmuseum beheimatet, das regelmäßig mit überregional bedeutsamen Ausstellungen zahlreiche Besucher in die Stadt an der Pader lockt – zuletzt sorgte im Jahr 2013 die große kunst- und kulturhistorische Schau „CREDO – Christianisierung Europas im Mittelalter", ein Kooperationsprojekt des Erzbistums Paderborn, der Stadt Paderborn und des Landschaftsverbandes Westfalen-Lippe, für eine große, auch internationale Resonanz.

Ein Zeichen ökumenischer Verbundenheit: Erzbischof Becker mit evangelischen und orthoxen Bischöfen beim alljährlichen ökumenischen Vespergottesdienst

Abbé Franz Stock. Der aus dem Erzbistum Paderborn stammende Priester Franz Stock gilt als ein Wegbereiter der Aussöhnung zwischen Deutschland und Frankreich

Soziales Engagement mit Tradition

Ein Grundpfeiler kirchlicher Arbeit ist im Erzbistum Paderborn ebenfalls stark ausgeprägt: die „Caritas". Auch in diesem Bereich waren es zunächst vor allem Ordenschristen, die anfingen, Hilfe in sozialen Notsituationen zu leisten. Besonders zu nennen ist hier die selige Ordensgründerin Mutter Pauline von Mallinckrodt, eine Tochter der Stadt Paderborn. Sie kümmerte sich um die Blinden und Notleidenden. Sie versammelte gleichgesinnte Frauen um sich und gründete mit ihnen die Kongregation der Schwestern der Christlichen Liebe, die noch heute ihr Mutterhaus in Paderborn hat. Die Schwestern führen in der Domstadt eine von fünf Blindenschrift-Druckereien in Deutschland. Zahlreiche weitere Ordensleute engagierten sich im sozialen Bereich: Im 19. Jahrhundert entstand die Gemeinschaft der Franziskanerinnen von Salzkotten. Die Barmherzigen Schwestern vom heiligen Vincenz von Paul kamen nach Paderborn, um sich der Armen, Kranken und Menschen mit Behinderung anzunehmen, ebenso wie die Missionsschwestern von Neuenbeken. Mit Recht kann dies als sozialer Aufbruch bezeichnet werden.

Heute kommt die Kirche im Erzbistum Paderborn ihrem caritativen Auftrag auch durch vielfältige Beratungsstellen nach – von der Telefonseelsorge über Schuldnerberatung, Beratung für Drogenabhängige oder arbeitslose Jugendliche bis hin zur Hilfe für werdende Mütter in Konfliktsituationen. In zahlreichen unterschiedlichen Einrichtungen erfahren Alte, Kranke und Sterbende Hilfe und Begleitung. 78 Einrichtungen für Kinder und Jugendliche sind im Erzbistum Paderborn zu finden, ebenso wie 119 Einrichtungen für Menschen mit Behinderung und 213 Angebote für Menschen in Krisensituationen.

Eine wichtige Pionierin auf dem Gebiet der Caritas war – neben der seligen Mutter Pauline von Mallinckrodt – Mutter Maria Theresia Bonzel OSF aus Olpe. 1863 gründete sie die Kongregation der „Armen Franziskanerinnen von der ewigen Anbetung zu Olpe", die sich – auch unter den widrigen Bedingungen des Kulturkampfes – um kranke und bedürftige Menschen kümmerte. Heute ist der Orden in den USA vertreten sowie auf den Philippinen und in Brasilien. Große Weitsicht bewies Mutter Maria Theresia, als sie 1902 als eine der ersten Frauen eine GmbH gründete, um die Tätigkeit ihres Ordens wirtschaftlich und rechtlich abzusichern. Heute ist die GmbH bekannt als „Gemeinnützige Gesellschaft der Franziskanerinnen" (GFO). Am 18. September 1961 wurde der Seligsprechungsprozess für Mutter Maria Theresia Bonzel durch den Paderborner Erzbischof Lorenz Kardinal Jaeger eröffnet. Über 60 Jahre später, am 27. März 2013, unterzeichnete Papst Franziskus das Dekret zur Seligsprechung der

Ordensgründerin. Am 10. November 2013 war es dann so weit: Mutter Maria Theresia Bonzel OSF wurde in einem feierlichen Pontifikalamt im Hohen Dom zu Paderborn seliggesprochen.

Eine weitere bedeutende Persönlichkeit der jüngeren Geschichte aus dem Erzbistum Paderborn ist der aus Neheim im Sauerland stammende Priester Franz Stock, der während der deutschen Besatzung Frankreichs im Zweiten Weltkrieg zunächst als Standortpfarrer in den Gefängnissen der Wehrmacht in Paris und später als Regens des als „Stacheldrahtseminar" bekannt gewordenen Priesterseminars von Chartres wirkte und so zu einem Wegbereiter der deutsch-französischen Verständigung und Aussöhnung wurde. Die Verehrung für Abbé Franz Stock ist in Frankreich wie in Deutschland bis heute ungebrochen: In beiden Ländern halten Franz-Stock-Komitees sein Andenken und Wirken lebendig. Am 14. November 2009 eröffnete der Paderborner Erzbischof Hans-Josef Becker das Seligsprechungsverfahren für Abbé Franz Stock. Der diözesane Informativprozess zur Seligsprechung des Priesters aus dem Erzbistum Paderborn wurde am 8. November 2013 abgeschlossen.

Auf dem Weg in die Zukunft

Die Kirche im Erzbistum Paderborn stellt sich den Herausforderungen, die sich aus dem gesellschaftlichen und demografischen Wandel der letzten Jahrzehnte ergeben. Erzbischof Hans-Josef Becker startete im Jahr 2004 unter dem Titel „Perspektive 2014" einen diözesanen Prozess, um diese Herausforderungen gemeinsam mit vielen Haupt- und Ehrenamtlichen zu schultern.

STATISTISCHE DATEN

Das Erzbistum Paderborn ist gegliedert in 19 Dekanate mit 725 Pfarrgemeinden in 154 Pastoralverbünden.

In Zahlen (Stand: Dezember 2013)

14,7 Quadratkilometer Fläche; rund 4,9 Millionen Einwohner, davon rund 1,6 Millionen Katholiken; 1015 Welt- und Ordenspriester im Dienst des Erzbistums (davon 378 im Ruhestand); 177 Ständige Diakone (davon 139 im aktiven Dienst); 1 576 Ordensschwestern, 159 Ordensmänner (Priester und Laien); 288 Gemeindereferentinnen und Gemeindereferenten; 5 800 Religionslehrerinnen und -lehrer; rund 70 000 Ehrenamtliche; 48 Katholische Krankenhäuser; 625 Tageseinrichtungen für Kinder; 19 Katholische Schulen in unmittelbarer Trägerschaft des Erzbistums Paderborn; insgesamt 42 Schulen in kirchlicher Trägerschaft; 5 Katholische Bildungshäuser; 5 Katholische Bildungsstätten für Erwachsenen- und Familienbildung; 21 Dekanatsbildungswerke; Theologische Fakultät Paderborn; Johann-Adam-Möhler-Institut für Ökumenik; Erzbischöfliches Priesterseminar; Erzbischöfliches Diözesanmuseum; Institut für Religionspädagogik und Medienarbeit im Erzbistum Paderborn; Diözesanstelle Berufungspastoral

Das erklärte Ziel dieses Prozesses: das Weiterleben des Glaubens in der Ortskirche von Paderborn zu sichern. Dies erfordert auf allen Ebenen ein Umdenken: In den Pastoralen Räumen des Erzbistums sind Priester, hauptamtliche Laien und Ehrenamtliche aufgerufen, nach innovativen Wegen der Seelsorge zu suchen, die der vielfältigen Lebenswirklichkeit heutiger Menschen Rechnung tragen. Zentral in diesem Entwicklungsprozess ist die umfassende Aneignung einer „Pastoral der Berufung", die auf dem Gedanken der Berufung aller Menschen gründet. Ihr Ziel ist es, die Begabungen und Fähigkeiten der Menschen im Pastoralen Raum zur Geltung kommen zu lassen und weiterzuentwickeln. Die Seelsorge vor Ort richtet sich also an den vorhandenen Gaben und Charismen aus, die Kirche vor Ort bildet sich neu als „Gemeinschaft der Berufenen".

Das Drei-Hasen-Fenster im spätgotischen Kreuzgang des Paderborner Doms hat sich zu einem Wahrzeichen der Stadt entwickelt.

Ausschnitt aus dem Grabmal des Fürstbischofs Dietrich von Fürstenberg im Paderborner Dom

Geschichte

772 Erster Sachsenzug des christlichen Frankenherrschers Karls des Großen (768-814)

777 Karl der Große hält zum ersten Mal eine fränkische Reichsversammlung auf sächsischem Boden ab. Ort ist „Patrisbrunna", das spätere Paderborn.

799 Karl der Große empfängt in Paderborn Papst Leo III. Beide besiegeln auf einer synodalen Versammlung die Gründung des Bistums Paderborn sowie die der Sachsenbistümer Minden, Münster, Osnabrück, Verden und Bremen.

806 Hathumar wird erster Bischof von Paderborn (bis 815). Er gründet unter anderem eine Domschule.

822 Das Bistum Paderborn wird durch das Immunitätsprivileg Ludwigs des Frommen unter Königsrecht und Königsschutz gestellt und damit von anderen weltlichen Herrschaftsansprüchen befreit.

836 Durch die Übertragung der Reliquien des heiligen Liborius von Le Mans nach Paderborn wird ein „Liebesbund ewiger Bruderschaft" zwischen den Bistümern Le Mans und Paderborn begründet.

1009 Meinwerk wird Bischof (bis 1036). Unter anderem aufgrund seiner großen Bautätigkeit gilt er als zweiter Gründer des Bistums Paderborn. Er ließ den nach einem Brand zerstörten Dom wiederherstellen und gründete das Kloster am Abdinghof und das Kanonikerstift Busdorf. Seine Bauten prägen das Bild der Stadt Paderborn bis heute.

1585-1618 Fürstbischof Dietrich IV. von Fürstenberg wurde nach dem heiligen Gründerbischof Hathumar und dem seligen Bischof Meinwerk der dritte Begründer der Paderborner Kirche: Er führt im Hochstift Paderborn die Kirchenreform nach dem Konzil von Trient (1554-1563) durch. 1614 gründet er die Paderborner Universität und übergibt sie bei deren Eröffnung im Jahre 1616 den Jesuiten. Die Academia Theodoriana ist die erste Universität in Westfalen.

1661-1683 Unter Fürstbischof Ferdinand II. von Fürstenberg, dem bedeutendsten geistlichen Fürsten seiner Zeit, erlebt Paderborn eine religiöse und kulturelle Blüte.

1802 Der Einmarsch preußischer Truppen bringt das Ende des Fürstbistums mit sich. Geistliche und weltliche Herrschaft werden getrennt.

1803 Die fünf bedeutendsten Männerklöster des Bistums werden säkularisiert: Hardehausen, Böddeken, Dalheim, Abdinghof, Marienmünster.

1806 Der Einmarsch französischer Truppen beendet die preußische Herrschaft. Die Säkularisation schreitet dennoch weiter fort.

1821 Neuumschreibung des Bistums Paderborn durch die Bulle „De salute animarum" (Vereinbarung zwischen Preußen und dem Heiligen Stuhl über die Neuordnung der preußischen Bistümer). Durch die Zuweisung des Bistums Corvey und von Gebieten der Bistümer Köln, Osnabrück, Mainz, Minden, Halberstadt und Magdeburg wird Paderborn zu einem der größten deutschen Bistümer.

1871 Beginn des Kulturkampfes: Die preußische Regierung versucht mit einem Bündel von Maßnahmen, den Einfluss der katholischen Kirche zurückzudrängen. Als sich Bischof Konrad Martin (1856-1879) weigert, den staatlichen Anordnungen Folge zu leisten, wird er 1874 verhaftet.

1930 Mit der Bulle „Pastoralis officii Nostri" wird das Bistum Paderborn zum Erzbistum erhoben. Zugleich wird die mitteldeutsche Kirchenprovinz gegründet.

1965 Erhebung von Erzbischof Lorenz Jaeger zum Kardinalpriester durch Papst Paul VI. am 22. Februar 1965.

1994 Magdeburg wird ein eigenes Bistum, die mitteldeutsche Kirchenprovinz wird neu umschrieben: Das Erzbistum Paderborn mit den Suffraganbistümern Fulda, Magdeburg, Erfurt.

1996 Papst Johannes Paul II. besucht vom 21. bis 23. Juni im Rahmen eines Pastoralbesuches Paderborn.

2001 Erhebung von Erzbischof Johannes Joachim Degenhardt zum Kardinalpriester durch Papst Johannes Paul II am 28. Januar 2001.

2003 Erzbischof Hans-Josef Becker wird am 28. September 2003 als 66. Bischof und vierter Erzbischof von Paderborn in sein Amt eingeführt.

2004 Mit einem Diözesanen Forum im Oktober 2004 startet das Erzbistum Paderborn unter der Überschrift „Perspektive 2014" ein pastorales Arbeitsprogramm für die nächsten zehn Jahre.

2013 Vom 26. bis 29. Juni haben sich über 400 Teilnehmer in einen Dialog über die Zukunft der Pastoral im Erzbistum Paderborn begeben. Die Ergebnisse werden verdichtet und zu Rahmenbedingungen für die Pastoral im Erzbistum Paderborn formuliert, die Erzbischof Hans-Josef Becker im Herbst 2014 in Kraft setzen wird.

Mutter Maria Theresia Bonzel OSF, Gründerin der Kongregation der Franziskanerinnen von der Ewigen Anbetung zu Olpe, wird am 10. November 2013 im Auftrag von Papst Franziskus im Hohen Dom zu Paderborn seliggesprochen. Wenige Tage zuvor wurde der diözesane Informativprozess für die Seligsprechung des aus dem Erzbistum Paderborn stammenden Priesters Abbé Franz Stock erfolgreich abgeschlossen.

Der Paderborner Erzbischof und seine Weihbischöfe

Hans-Josef Becker ist der 66. Bischof und der vierte Erzbischof von Paderborn. Er wurde als Nachfolger des am 25. Juli 2002 verstorbenen Erzbischofs **Johannes Joachim Kardinal Degenhardt** am 28. September 2003 in sein Amt eingeführt. Becker, der als bescheiden und volksnah gilt, wurde am 8. Juni 1948 in Belecke/Warstein geboren. Rund 15 Jahre wirkte er als Pfarrer und Dechant in Lippstadt. 1995 wurde er Leiter der Zentralabteilung Pastorales Personal im Erzbischöflichen Generalvikariat Paderborn. Im Jahr 2000 ernannte ihn Papst Johannes Paul II. zum Titularbischof von Vina und Weihbischof in Paderborn. In seiner Zeit als Weihbischof war er Bischofsvikar für die Priesterfortbildung. Seit 2006 hat Erzbischof Hans-Josef Becker den Vorsitz der Kommission VII Erziehung und Schule der Deutschen Bischofskonferenz inne. Zudem ist er Mitglied in der „Gemeinsamen Konferenz" von Deutscher Bischofskonferenz und dem Zentralkomitee der deutschen Katholiken.

Erzbischof Hans-Josef Becker wird unterstützt von drei Weihbischöfen: Weihbischof **Manfred Grothe** (Weihe 2006) ist Bischofsvikar für die Caritas. Weihbischof **Matthias König**, der zusammen mit Weihbischof Grothe geweiht wurde, ist Bischofs-

„Schulbischof" Hans-Josef Becker in Kontakt mit Schülern

vikar für die Aufgaben der Weltkirche und Weltmission sowie für Institute des geweihten Lebens und für die Gesellschaften des apostolischen Lebens. Weihbischof **Hubert Berenbrinker**, der 2008 geweiht wurde, ist Bischofsvikar für die Begleitung der Ruhestandsgeistlichen. Der Generalvikar von Erzbischof Hans-Josef Becker ist Apostolischer Protonator **Alfons Hardt**.

Bistum Passau

Marien-Verehrung und Stephanuspatronat

„Altötting – das Herz Bayerns"

Der bedeutendste Wallfahrtsort im gesamten deutschsprachigen Raum befindet sich in der Diözese Passau. Seit über 1250 Jahren gilt Altötting als das geistliche Zentrum für den bayerischen Raum und weit darüber hinaus. Jahr für Jahr pilgern über eine Million Menschen aus der ganzen Welt in die Wallfahrtsstadt und in die Gnadenkapelle oder Heilige Kapelle, wie sie auch genannt wird.

Als das „Herz Bayerns" wird Altötting auch deshalb bezeichnet, weil tatsächlich Herzen hier bestattet wurden. In den silbernen Schauurnen in Wandnischen der Westseite der Heiligen Kapelle findet sich das Herz-Grabmal des Wittelsbacher Kaisers Karl VII., das 1745 vom Münchner Hofbildhauer Johann Baptist Strauß geschaffen wurde.

Außerdem sind in der Gnadenkapelle die Herzen von zehn bayerischen Herrschen, drei Fürsten, elf fürstlichen Frauen und fünf Bischöfen beigesetzt. Die Verstorbenen versprachen zu Lebzeiten, als Wächter und Beter vor der Gottesmutter stehen zu bleiben.

Die Heilige Kapelle St. Maria – Gnadenkapelle

Der Bau der Heiligen Kapelle St. Maria selbst führt verschiedene Stilepochen zusammen. Noch aus vorromanischer Zeit dürfte das Oktogon, d. h. der achteckige Rundbau, stammen. Die ursprüngliche Taufkapelle wurde wohl um 700 errichtet. Der heilige Bischof Rupertus von Salzburg soll in der Kapelle den ersten christlichen Bayernherzog getauft haben. Somit ist die

Zum Gnadenaltar mit der „Schwarzen Madonna" von Altötting kommen jährlich über eine Million Pilger.

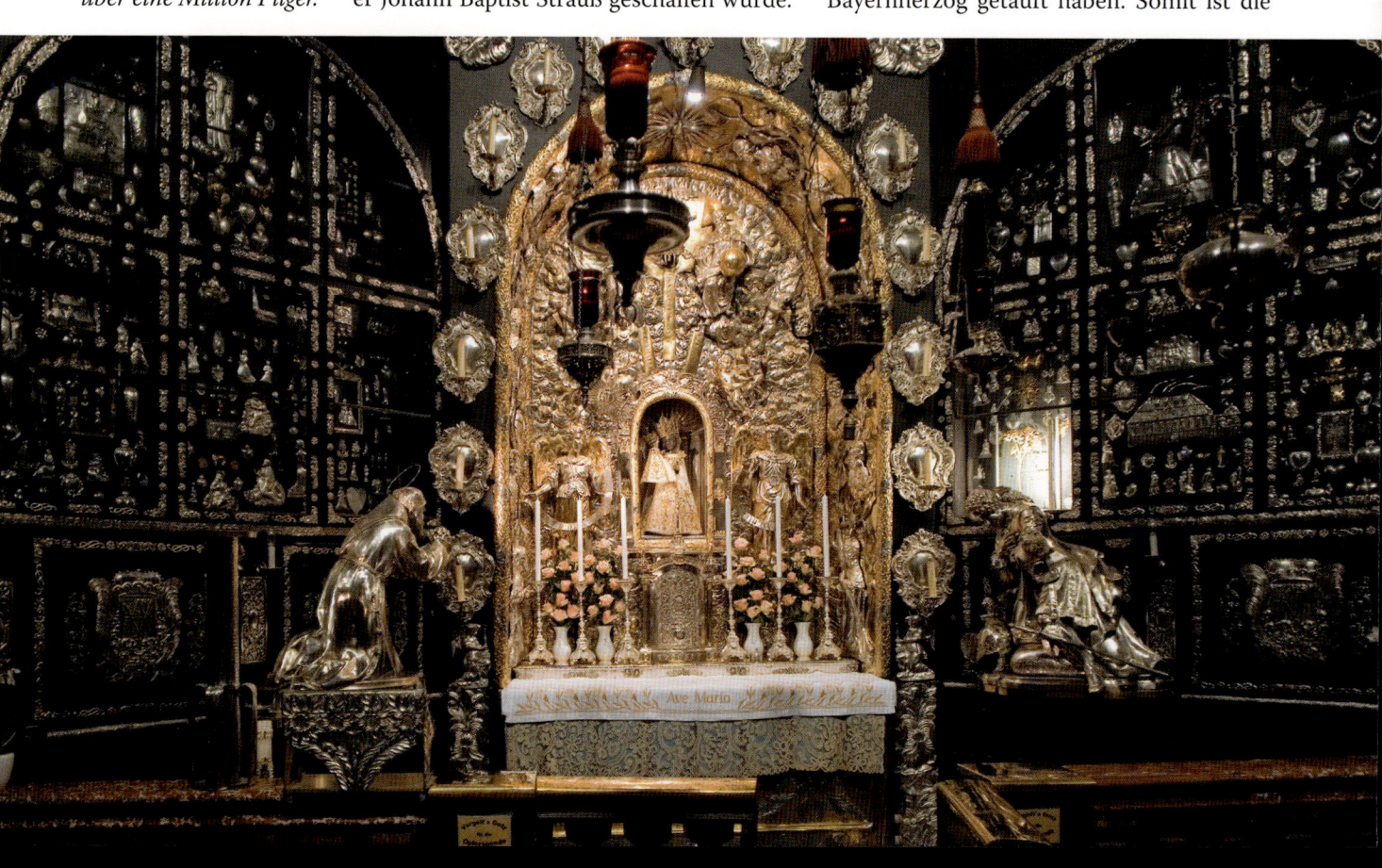

Der Altöttinger Kapellplatz

Gnadenkapelle eine der ältesten Kirchen Deutschlands.

Das Gnadenbild der „Schwarzen Madonna", zu dem bis heute die Gläubigen pilgern, stammt aus der Zeit um 1330 und steht heute inmitten eines in Silber gefassten Altars. Ihr tiefdunkles Erscheinungsbild kommt daher, weil so viele Generationen ihre Kerzen angezündet haben.

Erst im 15. Jahrhundert begann die Wallfahrtsgeschichte von Altötting. Entscheidend sind hierbei zwei Heilungswunder in den Jahren 1489 und 1490, wonach ein dreijähriger ertrunkener Knabe und ein weiteres Kind, das von einem Wagen überfahren worden war, nach Anrufung der Gottesmutter durch die Eltern errettet wurden. Heute ist das Erscheinungsbild der Gnadenkapelle durch ein spätgotisches Langhaus und einen überdachten Umgang um das Oktogon aus dem frühen 16. Jahrhundert geprägt. Rund 2000 Votivtafeln an den Wänden des Umgangs erinnern an die Sorgen und Nöte der Pilger. Neben der Madonna befindet sich das Grab des Kapuzinerbruders Konrad von Parzham, der 1934 heiliggesprochen wurde.

Ein pulsierendes Pilgerzentrum mit vielen internationalen Kontakten

Heute ist Altötting ein pulsierendes Pilgerzentrum mit vielen internationalen Kontakten zu anderen bekannten Wallfahrtsorten, wie etwa Lourdes, Tschenstochau, Fatima und Loreto. In Altötting finden jährlich ein internationales Jugendforum, große Wallfahrten, festliche Gottesdienste und Lichterprozessionen statt. Den Auftakt für das Altöttinger Wallfahrtsjahr bildet die große

Das Altöttinger Gnadenbild

Das Geburtshaus von Papst Benedikt XVI. in Marktl am Inn

Wallfahrt der Passauer Diözesanjugend um die Osterzeit mit über 700 jungen Pilgern. Höhepunkte sind der Beginn des Marienmonats (1. Mai), das dreitägige Pfingstfest mit der Ankunft zahlreicher Fußpilgergruppen, die große Fronleichnamsprozession und der Festtag Mariä Himmelfahrt am 15. August mit der Lichterprozession am Vorabend.

Marktl am Inn: Der Geburtsort des bayerischen Papstes

Eine enge Verbindung besteht auch zwischen Altötting und Papst Benedikt XVI. Mit dem 19. April 2005, als Joseph Kardinal Ratzinger zum Oberhaupt der katholischen Kirche gewählt wurde, geriet die beschauliche Marktgemeinde Marktl am Inn ins Rampenlicht der Weltöffentlichkeit. Hier hat Papst Benedikt am 16. April 1927 das Licht der Welt erblickt und wurde kurz darauf in der Pfarrgemeinde St. Oswald auf den Namen „Joseph Aloisius Ratzinger" getauft. Der Taufstein, an dem Joseph Ratzinger am Geburtstag getauft worden ist, befindet sich mittlerweile wieder in die Pfarrkirche. Obwohl er nur zwei Jahre seines Lebens in Marktl verbrachte, sagte Papst Benedikt bei einem Besuch einmal, dass er „hier so richtig ein Gefühl des Zuhause-Seins unter all den freundlichen und wohlgesonnenen Menschen" verspüre.

Der Passauer Stephansdom, die Mutterkirche des Donau-Laufs

Der Stephansdom in Passau ragt hoch über die Altstadt. Bei Hochwasser in der Stadt an den drei Flüssen Donau, Inn und Ilz wirkt die Kathedrale deshalb wie ein Fels in der Brandung. Bereits um das Jahr 450 ist eine Kirche in der spätantiken Stadt Batavis, dem heutigen Passau, bezeugt. Urkundlich erwähnt wird die Bischofskirche erstmals 730, und seit 739 ist sie die Kathedrale der Diözese. Geweiht ist der Dom dem heiligen Stephan, der der erste christliche Märtyrer war. Durch die Passauer Missionare wurden der christliche Glaube und die Verehrung des Heiligen bis nach Ungarn gebracht. Die Kathedralen in Linz, Wien und Budapest sind Gründungen, die auf Passau zurückgehen. Dies alles ist gemeint, wenn vom Passauer Dom als Mutterkirche des Donau-Ostens gesprochen wird.

Insgesamt fünf Perioden können bis zum heutigen Baubestand der Domkirche unterschieden werden: Die erste Bischofskirche um 720, der frühgotische Dom, erbaut zwischen 1280 und 1325, der spätgotische Ostteil (1407-1560) und der barocke Neubau, errichtet zwischen 1668 und 1693. Der Stadtbrand von 1662 hat von den ersten vier Bauperioden nur noch wenig sichtbare Spuren hinterlassen. Bis heute erhalten ist im Außenbau der spätgotische

Der Passauer Stephansdom

Ostteil. Mit dem barocken Wiederaufbau wurde der italienische Meister Carlo Lurago beauftragt, der die Brandruinen in den Neubau integrierte. Es entstand schließlich die größte Barockkathedrale nördlich der Alpen.

Eine der größten Domorgeln

Mit 17 774 Pfeifen und 233 Registern gilt die Orgel im Stephansdom als eine der größten Kirchenorgeln der Welt. Die Anlage mit ihren fünf Orgelwerken gilt als ein technisches Wunderwerk. Während die größte Orgelpfeife eine Länge von über elf Metern hat und 306 Kilo wiegt, ist die kleinste Pfeife gerade einmal sechs Millimeter lang. Diese Orgel ist auf die Akustik des Doms abgestimmt, der wegen der vielen Stuckaturen den Schall bricht.

Deutsch-ungarische Glaubensverbundenheit durch Stephan und Gisela

Zwischen dem Bistum Passau und den ungarischen Diözesen besteht eine große geistige Verbundenheit und Freundschaft. Diese ist auf den ungarischen Nationalheiligen König Stephan I., die selige Gisela und den heiligen Emmerich, den Sohn der beiden, zurückzuführen. Stephan (um 970-1038) und Gisela (um 985-1060) haben vor etwa 1000 Jahren eine Brücke zwischen Bayern und Ungarn geschlagen und damit zwei Welten zusammengeführt. Der ungarische Herzogssohn schuf zusammen mit der bayerischen Herzogstochter die Grundlagen des kirchlichen und staatlichen Lebens in Ungarn. 1000/1001 erhielt er von Papst Silvester II. die Königskrone und begründete das christliche Königreich Ungarn.

Gisela war eine der großen Frauengestalten der Welt- und Kirchengeschichte. Als erste christliche Königin Ungarns setzte sie sich für das christliche Leben in ihrem Land ein und brachte die christlich-abendländische Kultur in den Osten. Nach dem Tod ihres Mannes wurde sie aus Ungarn vertrieben und starb um das Jahr 1060 als Äbtissin des Klosters Niedernburg in Passau.

Bereits kurz nach ihrem Tod setzte die Verehrung Giselas ein, welche bis heute nicht abgebrochen ist. In Ungarn und den Nachbarländern gilt Gisela als eine Leitfigur der Völkerverständigung. Viele Besucher, vor allem aus Ungarn und Südosteuropa, besuchen ihr Grab im Kloster Niedernburg, wo in einem gläsernen Schrein, sichtbar und für die Gläubigen zugänglich, der Kopf und die Gebeine der Seligen ruhen. Weitere Reliquien der seligen Gisela befinden sich

Ein weltberühmtes Instrument: die Kirchenorgel des Passauer Doms

Innenansicht des Doms (o. r.)

in der ungarischen Bischofsstadt Veszprem, dem ehemaligen Sitz der ungarischen Königin. Somit wird die enge Verbindung zwischen Passau und Ungarn auch symbolisch sichtbar. Zu Ehren der ungarischen Nationalheiligen und Passauer Seligen finden jedes Jahr die Gisela-Tage in Passau mit Festgottesdiensten und Vorträgen statt, zu denen auch Gäste aus Ungarn anreisen.

Die Bistumspatrone: Valentin, Maximilian, Bruder Konrad

Valentin war Bischof von Rätien, also der Schweiz, und wirkte wohl zwischen 430 und 450 in dem Gebiet zwischen Inn und Iller, am Brenner und der Donau. Historisch nachgewiesen ist eine Valentinskirche, die wohl von der Brennerhöhe nach Mais bei Meran verlegt wurde. Um das Jahr 764 wurden die Reliquien des Heiligen nach Passau in die Bischofskirche gebracht. Meist wird Valentin mit einem Behinderten oder Epileptiker zu seinen Füßen dargestellt, was möglicherweise mit dem Gleichklang seines Namens mit der „fallenden" Krankheit zu tun hat.

Bis ins 19. Jahrhundert war das Fest des hl. Maximilians, des zweiten Bistumspatrons, ein hoher kirchlicher Feiertag im Bistum Passau. Die Verehrung war weitgehend auf das Bistum Passau und Österreich beschränkt. In Österreich zählt der hl. Maximilian zu den bedeutendsten Patronen des Landes, was darauf beruht, dass der österreichische Kaiser Friedrich III. (1415-1493) seinen Sohn auf den Namen Maximilian taufen ließ. Maximilian war ein mutiger Glaubensbote, der als Bischof von Lorch die Frohe Botschaft verkündete und der Legende nach am 12. Oktober 281 oder 284 den Märtyrertod starb.

Der dritte Patron des Bistums Passau ist der hl. Bruder Konrad von Parzham, der am 22. Dezember 1818 als Hans Birndorfer geboren wurde. Schon früh wurde die tiefe Frömmigkeit des „kleinen Hansis" sichtbar. 1849 meldete er sich bei dem Kapuzinerkloster St. Anna in Altötting, um Mönch zu werden. Bruder Konrad ist ein Musterbeispiel für christliche Nächstenliebe. Insgesamt 43 Jahre lang war er Pförtner des Klosters, am Ende von Krankheit und Alter

STATISTISCHE DATEN

Bistum Passau:
480 855 Katholiken,
86 Pfarrverbände (gebildet aus
285 Pfarreien und 20 Exposituren in
10 Dekanaten)
200 Kindergärten und -horte
22 Schulen in katholischer Trägerschaft
36 Katholische Verbände

Stand: Juli 2013

schwer gezeichnet. Bruder Konrad starb am 18. April 1894 und ist in der Gnadenkapelle St. Maria begraben.

Wallfahrtskirche Mariahilf

Von dem Passauer Wallfahrtsort Mariahilf geht die gesamte Mariahilf-Verehrung in viele europäische Länder aus. Alles geht zurück auf das Jahr 1683: Während die Türken vor Wien stehen, bittet Kaiser Leopold I. von Österreich mit seiner Familie um die Fürsprache Marias vor der entscheidenden Schlacht am 12. September. Bei der Schlacht selbst trägt das christliche Heer das Banner der Gottesmutter voran und kann die Einnahme der Stadt durch die Türken verhindern. Das Mariahilf-Bild avancierte im Zuge dessen zum habsburgischen „Staatsgnadenbild". Es blieb der Ruf „Maria hilf", der im ganzen süddeutschen Sprachraum bekannt wurde und viele weitere Wallfahrtsorte entstehen ließ.

Zur Erinnerung an die Befreiung des Abendlandes machte Papst Innozenz XI. den 12. September noch im gleichen Jahr zum Festtag Mariä Namen für die ganze katholische Kirche.

Der römische Kalender von 1970 strich dieses Fest, weil es als eine Verdoppelung des nur vier Tage zuvor zu feiernden Festes Mariä Geburt (8. September) empfunden wurde. In der deutschen Volksfrömmigkeit und vor allem bei den Passauern ist der 12. September jedoch fest im Kalender verankert: Neben dem Patroziniumsfest am 2. Juli ist der Festtag Mariä Namen ein großer Wallfahrtstag für die Drei-Flüsse-Stadt. Seit Ende des Zweiten Weltkriegs pilgerten Tausende nach Mariahilf, um Gott für die Verschonung der Stadt vor größerer Zerstörung und das Ende des Nationalsozialismus zu danken. Seit damals ist die Tradition der Stadtwallfahrt mit Lichterprozession, um ein aktuelles Anliegen zu der Gottesmutter Maria zu tragen, nicht abgerissen.

Die Wallfahrtskirche Mariahilf

Geschichte

Im ausgehenden **3. Jahrhundert** beginnt die Geschichte des Christentums im Land an der Donau. Die ersten Glaubenszeugen waren der hl. Maximilian und der hl. Florian mit seinen Gefährten.

739 wurde Passau wie andere bayerische Diözesen von Bonifatius reorganisiert. Bereits im 8. Jahrhundert kam es zu den Klostergründungen, wie Niederaltaich, Niedernburg, Mondsee, Mattsee oder Kremsmünster.

Im **10. Jahrhundert** organisierte Bischof Pilgrim (971-991) die Diözese neu. Außerdem war die Mission zu den Ungarn ein Schwerpunkt seines Wirkens.

Durch den Konflikt zwischen Kaiser und Papst (Investiturstreit), der bis zur **Mitte des 13. Jahrhunderts** andauerte, wurde das Bistum in Mitleidenschaft gezogen.

Der religiöse Aufbruch, der zu dem Investiturstreit geführt hat, führte zu weiteren Klostergründungen, so sind die die Augustiner-Chorherren, wie beispielsweise St. Nikola vor Passau, zu nennen.

1448 erkannte der Papst im Wiener Konkordat erstmals die habsburgischen Bestrebungen nach einer eigenen Landeskirche an. 1469/80 wurde das Bistum Wien errichtet, womit die Verdrängung des Bistums Passau aus Österreich begann. Das Bistum, das einst mit 42 000 Quadratkilometern flächenmäßig das größte Bistum des Heiligen Römischen Reiches Deutscher Nation war, schrumpfte auf ein Siebtel seiner ursprünglichen Größe. Heute zählt die Diözese zu den kleineren Bistümern in Deutschland. Während der Reformation war Passau Tagungsort für die Verhandlungen zur Wiederherstellung des Religionsfriedens im Reich. Das Ergebnis war der Passauer Vertrag von 1552, der zur Grundlage für den Augsburger Religionsfrieden von 1555 wurde.

1803/05 ging das Hochstift Passau an Bayern über. Sämtliche Klöster in der Diözese wurden aufgelöst. Der seelsorgerische Wiederaufbau begann mit Bischof Karl Josef von Riccabona (1826-1839).

Bei seinem Besuch in seinem Geburtsort wurde Papst Benedikt XVI. von den Gläubigen begeistert empfangen.

Im ausgehenden **19. Jahrhundert** sorgte besonders Bischof Michael Rampf (1889-1901) für eine Anpassung des Bistums an die veränderte Gesellschaft, indem er u. a. den Aufbau des katholischen Vereinswesens förderte. Zudem blühten seit den späten 1820er-Jahren die Männer- und Frauenorden wieder auf.

Von **1936 bis 1968** führte mit dem Bischof Simon Konrad Landersdorfer ein Benediktiner die Diözese. Er bereitete in der Diözese die Liturgiereform des II. Vatikanischen Konzils (1962-1965) vor.

2006 besuchte Papst Benedikt XVI. den Wallfahrtsort Altötting und seinen Geburtsort Marktl am Inn, ein Höhepunkt der jüngeren Geschichte der Diözese.

Bischöfe

■ **Franz Xaver Eder** (1984-2001) setzte sich vor allem für die pastorale Erneuerung in der Diözese ein. Er setzte im Jahr 2000 den „Passauer Pastoralplan" in Kraft. Mit einzelnen diözesanen Projekten werden die pastorale und strukturelle Entwicklung im Bistum umgesetzt.

Weitere wichtige Anliegen waren ihm die Stärkung der Familie und die Förderung der Laienbewegung.

■ **Bischof Wilhelm Schraml** (2001-2013) setze einen Schwerpunkt in der Familienpastoral. Zudem war ihm die Sorge um geistliche Berufe, um Priester, Diakone und Ordensleute wichtig.

Als tiefstes Erlebnis seiner Amtszeit bezeichnete er den Besuch von Papst Benedikt XVI. in Altötting.

■ **Bischof Stefan Oster**

Mit Stefan Oster ist wieder ein Ordensmann Bischof. Er trat 1995 in den Salesianerorden ein und wurde zuerst Professor für Philosophie und dann für Dogmatik. Er dozierte bis 2013 an der Hochschule des Ordens in Benediktbeuren und dann an anderen Fakultäten. Im April 2014 ernannte ihn Papst Franziskus zum Bischof von Passau.

Bischof Franz Xaver Eder

Bischof Wilhelm Schraml

Bischof Stefan Oster

Bistum Regensburg

Dommusik der Superlative

Die Regensburger Domspatzen

Das berühmte Aushängeschild der Dommusik der Diözese, die eine 1000-jährige Tradition hat, sind die weltbekannten Regensburger Domspatzen. Der Domchor ist die älteste Institution des Bistums Regensburg im Dienste der Kirchenmusik. Bereits im Jahr 975 wurde die Domschule zur Ausbildung von Knaben für den Sängerdienst im Dom durch den hl. Bischof und Diözesanpatron Wolfgang gegründet. Aus diesen Wurzeln werden die Regensburger Domspatzen hervorgehen. Seit den beginnenden 30er-Jahren des 20. Jahrhunderts wurden die Domspatzen unter Theobald Schrems weltberühmt. Neben den Auftritten in der ganzen Welt ist die vornehmlichste Aufgabe des Knabenchores der Gesang in der Liturgie an den Sonn- und Feiertagen im Regensburger Dom.

Die größte frei hängende Orgel der Welt

Daneben hat die Regensburger Kathedrale seit dem Jahr 2009 ein weiteres Prunkstück, um die Feier der Liturgie und die Ehre Gottes zu versinnbildlichen: Eine Hauptorgel im nördlichen Querschiff, die der kulturellen Bedeutung der Regensburger Kathedrale gerecht wird und den gewaltigen Kathedralraum mit ihrem schönen Klang ganz auszufüllen vermag. Die neue Orgel ist die größte und schwerste frei hängende Orgel der Welt. Die insgesamt 37 Tonnen werden von Stahlseilen getragen. Das Instrument verfügt über mehr als 5 800 Orgelpfeifen und 80 Register. Eine Besonderheit ist der eingebaute Lift, mit dem der Organist den Spieltisch in 15 Metern Höhe erreichen kann.

St. Peter in Regensburg

Die Domkirche St. Peter inmitten der ehemaligen Reichsstadt ist das geistliche Herz des Bistums. Die gotische Kathedrale mit ihren 105 Meter hohen Kirchtürmen ist das Wahrzeichen der Stadt Regensburg und schon von Weitem sichtbar.
Nach mehreren Vorgängerbauten dürfte mit dem Bau des heutigen Doms im 13.

Der Knabenchor der Regensburger Domspatzen ist weltweit bekannt.

Jahrhundert unter Bischof Leo Tundorfer begonnen worden sein. In dieser Blütezeit der Stadt, in der viele weitere Kirchen entstanden sind, dienten die französischen Kathedralen wohl als Vorbild des Doms. Der Neubau entstand versetzt zur alten Domkirche. Ein Überbleibsel davon ist der so genannte Eselsturm, ein romanischer Nordturm der Kathedrale, der bis heute erhalten ist. Mehr als 400 Jahre dauerte es, bis 1697 die Arbeiten im Inneren der Kathedrale mit dem Einwölben der barocken Vierungskuppel abgeschlossen waren. Von 1859 bis 1879 wurden auf Weisung König Ludwigs I. von Bayern die Domtürme und der Querhausgiebel fertiggestellt.

Große Anstrengungen sind vonnöten, um dieses außergewöhnliche Bauwerk für die künftigen Generationen zu erhalten. Die Dombauhütte versucht seit mehr als 80

Westfassade des Regensburger Doms

Jahren, die Verwitterung des aus Kalk- und Sandstein erbauten Doms einzudämmen. Der Innenraum der Regensburger Kathedrale wurde zuletzt von 1985 bis 1988 renoviert.

Im Zuge dessen musste wegen der Platzverhältnisse eine neue würdige Bischofsgrabstätte geschaffen werden. Im Dom haben bedeutende Bischöfe ihre letzte Ruhe gefunden, wie etwa Johann Michael Sailer (1829-1832), Denkmal und Grab im südlichen Nebenchor, oder Georg Michael Wittmann (1832-1833), Denkmal und Grab im nördlichen Nebenchor. Herausragend sind auch die sehr wertvollen Farbfenster der Kathedrale, die überwiegend zwischen 1220/1230 und 1320/1370 entstanden sind.

Vielfältigkeit durch ein breites Verbandswesen und Caritas

Traditionell haben die Verbände einen hohen Stellenwert im Bistum Regensburg. Insgesamt sind etwa 250 000 Katholiken der gut 1,2 Millionen Gläubigen der Diözese in Verbänden organisiert. Die Mitglieds- und Organisationsstrukturen sowie die verschiedenen Zielgruppen der Verbände und kirchlichen Initiativen sind von großer Vielfältigkeit geprägt. Die Verbände orientieren sich in ihrem Wirken im politischen, sozialen und kulturellen Bereich am christlichen Menschenbild und leisten einen Beitrag zur Gestaltung der Gesellschaft.

Besonders hervorzuheben ist der Katholische Deutsche Frauenbund (KDFB) der Diözese, der im Jahr 1910 gegründet wurde und in dem über 64 000 Frauen in 471 sog. Zweigvereinen, jungen Frauengruppen und Eltern-Kind-Gruppen organisiert sind. Er stellt damit den größten Dözesanverband des KDFB in ganz Deutschland dar. Der Bund setzt sich speziell für die Interessen der Frauen auf regionaler und internationaler Ebene ein: von Aktionen für gerechte Renten für Mütter in Deutschland bis Projekten gegen die Ausbeutung von Frauen in Afrika.

Ebenfalls eine lange Tradition hat die Kolpingfamilie im Bistum, die auf eine erste Gründung in Regensburg im Jahr 1852 als Gesellenverein zurückgeht. Ziel der rund 20 000 Mitglieder in den Kolpingfamilien ist die Bildung einer generationsübergreifenden Gemeinschaft. Die Kath. Landvolkbewegung (KLB) bzw. Kath. Landjugendbewegung (KLJB), deren Verbände sich 1953 gründeten, ist sehr stark auf dem Land vertreten. Sie setzt sich für eine lebendige Kirche vor Ort sowie für die „Bewahrung der Schöpfung" und die „Eine Welt" ein.

Außerdem ist die Fürsorge für den Nächsten durch zahlreiche und unterschiedliche Sozialeinrichtungen im Bistum sehr präsent. Unter dem Dach des Diözesanen Caritasverbandes befinden sich aktuell ca. 920 Einrichtungen mit etwa 48 000 Plätzen. Rechtliche Träger sind die örtlichen Caritasverbände, der Fachverband der katholischen Jugendfürsorge und der Malteser Hilfsdienst sowie Orden und Pfarreien. Der Schwerpunkt der sozialen Tätigkeit im Bistum liegt auf der Alten- und Behindertenhilfe.

STATISTISCHE DATEN

Bistum Regensburg:
Ca. 1,26 Mio. Katholiken,
770 Pfarreien und Seelsorgestellen
in 33 Dekanaten
395 Kindergärten
53 kirchliche Schulen
8 Fachakademien
12 katholische Bildungswerke
2 Telefonseelsorgestellen

Blick zum Chor des Doms mit dem Grabmal Fürstbischof Philipp Wilhems von Bayern

Der Reliquienschrein des hl. Erhard in der Niedermünsterkirche

Der hl. Wolfgang – Hauptpatron der Diözese

Die vier Hauptpatrone des Bistums

Hl. Wolfgang

Der hl. Wolfgang ist der Hauptpatron der Diözese Regensburg. Er wurde 924 in Pfullingen bei Reutlingen geboren und war zunächst Mönch der Benediktinerabtei Einsiedeln. Bischof Ulrich von Augsburg weihte ihn zum Priester. Im Jahr 972 erfolgte die Ernennung zum Bischof von Regensburg. Die Abtrennung des Bistums Prag, die Reform der Klöster und sein sozialer Einsatz für die Menschen können als Höhepunkte seines Wirkens bezeichnet werden, das über zwei Jahrzehnte andauerte. Wolfgang starb am 31. Oktober 994 in Pupping bei Linz und wurde im Kloster St. Emmeram beigesetzt. Heute hat er seine letzte Ruhe in der neu erbauten Wolfgangskrypta gefunden.

Hl. Emmeram

Der hl. Emmeram, der in Frankreich geboren wurde, kam auf seinem Weg nach Osten gegen Ende des 7. Jahrhunderts nach Regensburg. Nach der Biographie des Freisinger Bischofs Arbeo über den Heiligen wirkte Emmeram etwa drei Jahre in Bayern und erlitt dann aufgrund falscher Anschuldigungen in Kleinhelfendorf den Märtyrertod. Der Legende nach soll er sich als Vater des unehelichen Kindes der Herzogstochter Ota ausgegeben haben, um das Mädchen zu schützen. Der Bruder Otas ließ Emmeram daraufhin so schwer misshandeln, dass er schließlich starb. Die Verehrung Emmerams begann im 8. Jahrhundert mit der „Erhebung" seiner Gebeine durch Bischof Gaubald. Die zentrale Verehrungsstätte war sein Grab in der Georgskirche außerhalb der Stadt, aus welcher sich später die Abtei St. Emmeram entwickelte.

Hl. Erhard

Er wurde in Narbonne geboren, war im Elsass als Wandermönch unterwegs. Der Überlieferung nach hat er der vom Vater verstoßenen Herzogstochter Odilie bei der Taufe das Augenlicht geschenkt. Sie wurde Ordensfrau. Auf dem Odilienberg bei Obernai wird sie als Patronin des Elsass verehrt. Ende des 7. Jahrhunderts kam Erhard als Missionsbischof nach Regensburg an den Hof der Agilofinger. Erhard wird mit einem Evangelienbuch, auf dem zwei Augen sind, dargestellt. Die Gebeine des hl. Erhard befinden sich in der Dompfarrkirche Niedermünster. Die Verehrung des Bistumspatrons hat sich bis heute bewahrt. Den Gläubigen wird am Todestag des Heiligen (8. Januar) nach den Gottesdiensten die silberne Kapsel mit den Hauptreliquien aufgelegt.

Albertus Magnus

Der heilige Albertus Magnus (1193-1280) war einer der bedeutendsten Bischöfe von Regensburg und einer der größten Gelehrten des Mittelalters.

Größte Fußwallfahrt Deutschlands

Jedes Jahr am Donnerstag vor Pfingsten machen sich bis zu 10 000 Menschen auf den 111 Kilometer langen Weg von Regensburg zum berühmten Gnadenbildnis der „Schwarzen Madonna" von Altötting. Alles begann ursprünglich mit einer privaten Fußwallfahrt einiger Gläubiger aus der Pfarrei Wiefelsdorf im Jahr 1830. Mittlerweile gilt die Wallfahrt jedoch als die größte Fußwallfahrt in ganz Deutschland. Traditionell kommen während des dreitägigen Pilgermarsches immer mehr Wallfahrer dazu oder begleiten den Zug bloß von einer Etappe bis zur nächsten. Doch es lohnt sich, die gesamte Strecke von Regensburg über Sünching, Geiselhöring und Dingolfing nach Altötting auf sich zu nehmen, denn auf dem Weg, der immer wieder durch den Halt für Andachten unterbrochen wird, findet mancher zu sich selbst.

Weitere wichtige Wallfahrten sind unter anderem Maria Hilfberg in Amberg, Vilsbiburg oder die Kappl bei Waldsassen.

Anziehungspunkt vieler Pilger: Basilika St. Emmeram und Kloster Weltenburg

Die spätantike Grabeskirche St. Georg gilt als Urzelle des Klosters. Über dem Grab des heiligen Emmeram entstand um 700 die Benediktinerabtei, die bis zur Auflösung des Klosters Anfang des 19. Jahrhunderts Bestand hatte und eines der ältesten und bedeutendsten Klöster des Ordens in Bayern war. Zwei der wichtigsten Regensburger Heiligen sind mit dem heiligen Emmeram und dem heiligen Wolfgang hier bestattet. Die deutschen Herrscher, insbesondere das Geschlecht der Karolinger, förderten Sankt Emmeram stark, sodass das Kloster zu überregionaler Bedeutung kam. Noch heute ist es wegen des Grabs des hl. Wolfgangs Ziel vieler Pilger der Diözese und Gäste aus der ganzen Welt. Seit 1810 ist das barocke Klostergebäude im Besitz der Familie Thurn und Taxis, die es als Entschädigung für verlorengegangene Postrechte erhielt. Die Klosterkirche wird heute als Pfarrkirche benutzt.

Das Kloster Weltenburg ist die älteste klösterliche Niederlassung Bayerns. Sie wurde um 600 von den iroschottisch-kolumbanischen Wandermönchen Eustasius und Agilus von Luxeuil (Burgund) gegründet. Das Benediktinerkloster, das in den Jahren 1716 bis 1739 von den Gebrüdern Asam erbaut wurde, gilt als eine der schönsten Abteien des Hochbarock.

Die heutige Hauptaufgabe der mönchischen Gemeinschaft ist die Pfarrseelsorge und die Betreibung des Gästehauses St. Georg. Außerdem wird den etwa 500 000 Touristen im Jahr in Kirchenführungen über die Themen Architektur und Kunst die christliche Botschaft nähergebracht.

Albertus Magnus: Ein großer theologischer Lehrer des Mittelalters

Bistum Regensburg

Geschichte

Der um das Jahr **400** errichtete und 1839 in Kumpfmühl (Regensburg) aufgefundene Grabstein einer gewissen Sarmannina ist das älteste Zeugnis christlichen Glaubens im Bistum Regensburg.

Um die Mitte des **6. Jahrhunderts** entwickelte sich unter der Führung der Agilolfinger, dessen Herrscher und Volk bereits christianisiert war, ein bayerisches Stammesherzogtum. Die Agilolfingerherzöge setzten sich schon früh für eine feste Kirchenorganisation ein.

739 stellte der hl. Bonifatius das Bistum Regensburg wieder her. Die Wahl des ersten Bischofs fiel auf Abtbischof Gaubald.

Zwischen **972** und **994** ist der heutige Bistumspatron Wolfgang Bischof von Regensburg. Er stimmt der Errichtung eines selbstständigen Bistums Prag zu. Noch heute besteht eine enge Partnerschaft zwischen den Bistümern Regensburg und Pilsen.

Im **14. Jahrhundert** hat die Stadt Regensburg als Fernhandelszentrum nur noch eine untergeordnete Rolle. Es kommt zu einem schnellen Niedergang, da kaum produzierendes Gewerbe vorhanden ist.

Während der Zeit der Glaubenskämpfe und der Glaubensspaltung **(16./17. Jh.)** musste das Volk in der Oberpfalz mehrmals die Konfession wechseln.

1803: Mit der Säkularisation kam es zur Aufhebung zahlreicher Klöster und Orden (1803-1810). Davon verschont blieben die Kollegiatstifte St. Johann und die Alte Kapelle in Regensburg.

Bis **1810** herrschte der letzte Kurfürst und Erzbischof von Mainz, Karl Theodor von Dalberg, als weltlicher und geistlicher Herr über das neugegründete Fürstentum Regensburg und das um den Aschaffenburger Diözesananteil erweiterte Bistum. Dann fielen das Hochstift und die Stadt Regensburg an Bayern.

Von **1969** bis **1977** lehrt mit Josef Ratzinger der spätere Papst Benedikt XVI. an der katholisch-theologischen Fakultät der neugegründeten Universität Regensburg Dogmatik und Dogmengeschichte.

2006 besucht Papst Benedikt XVI. das Bistum.

2012: Bis zur seiner Berufung zum Präfekten der Glaubenskongregation ist Gerhard Ludwig Müller (1982-2002) Bischof von Regensburg.

Die kunstvoll gestaltete Sailerkapelle im Regensburger Dom

Der hl. Bischof Albertus Magnus

Bischof Johann Michael Sailer

Kardinal Gerhard Ludwig Müller

Bedeutende Bischöfe

■ **Albertus Magnus** (1260-1262)
Einer der berühmtesten Heiligen des Bistums ist der Kirchenlehrer Albertus Magnus, der um 1200 in Lauingen an der Donau geboren ist. Durch sein großes Verhandlungsgeschick, sein Durchsetzungsvermögen und seine unparteiischen Rechtsprechungen brachte es das Mitglied des Dominikanerordens zu hohem Ansehen. 1260 wurde Albertus vom Papst zum Bischof von Regensburg geweiht. In den zwei Jahren seines Episkopat (1260-1262) gelang es ihm, die beträchtlichen Schulden des Bistums abzutragen und die geistliche Disziplin zu erneuern. Ein besonderes Merkmal von Albertus Magnus war seine gewohnte Schlichtheit: So ist es nicht weiter verwunderlich, dass er, als mit Leo Tundorfer sein Nachfolger gefunden war, freiwillig auf das Bischofsamt verzichtete und ins Kloster zurückkehrte. Seinen Zeitgenossen galt Albert der Große als Ausnahmeerscheinung. 1931 wurde er heiliggesprochen und 1941 zum Schutzpatron der Naturwissenschaftler ausgerufen.

■ **Johann Michael Sailer** (1829-1832) brachte während der Wirren der Aufklärung Tausende Menschen zurück zum Glauben. Der bedeutende Theologe, Schriftsteller und Kirchenmann war außerdem Berater von König Ludwig I. von Bayern.

■ **Gerhard Ludwig Müller** (2002-2012) ist seit 2012 Präfekt der Glaubenskongregation im Vatikan. Er gründete 2008 das „Institut Papst Benedikt XVI.", das die gesamten theologischen Werke des Papstes herausgibt und diese erforscht.

■ **Rudolf Voderholzer** (seit 6. Dezember 2012) gilt als Experte für die Theologie des französischen Theologen Henri de Lubac. Er ist Gründungsdirektor des „Instituts Papst Benedikt XVI." und Herausgeber der gesammelten theologischen Schriften des Papstes.

Bischof Rudolf Voderholzer

Bistum Rottenburg-Stuttgart

Katholiken in Württemberg

Die Bibel ist für alle Christen das „Buch der Bücher" – und Stuttgart ist die Stadt der Bibel: Das Katholische Bibelwerk ist Herausgeber der sogenannten „Einheitsübersetzung der Bibel".

Stuttgart gilt wie Hannover oder Marburg als eine evangelisch geprägte Stadt. Sie ist die Stadt der Deutschen Bibelgesellschaft. Aber auch die Katholiken sind in Stuttgart präsent und sogar mit dem gleichen Thema, der Bibel. Das Katholische Bibelwerk gibt nicht nur die sog. Einheitsübersetzung heraus. Neben den Bibelübersetzungen sind es wissenschaftliche Publikationen, die sich mit dem Verlagsort Stuttgart verbinden. Das Bibelwerk wird von 20 000 Mitgliedern getragen. Es ging 1933 aus einem Arbeitskreis hervor, der sich seit 1925 mit der Bibel beschäftigte. Das Bibelwerk gibt Zeitschriften, u. a. „Bibel heute", und Buchreihen heraus. Es ist nicht einfach der Zufall, der Stuttgart auch zu einem katholischen Zentrum der Beschäftigung mit der Bibel gemacht hat. Denn die wissenschaftliche Auslegung der Bibel ist von den beiden theologischen Fakultäten der Landesuniversität vorangetrieben worden.

Die theologischen Fakultäten in Tübingen

Die Universität steht für den philosophischen Aufbruch im 19. Jahrhundert. Hegel und Hölderlin kamen 1788 als Studenten nach Tübingen, Schelling 1790. Mit der Französischen Revolution brach eine neue Epoche an, für die ein neuer Entwurf des Denkens wie der Gesellschaftsordnung entwickelt werden musste. Das „Alte", ob in der evangelischen oder katholischen Theologie, war ein Lehrgebäude, das unumstößlich schien. Das Neue sollte den Geschmack der Freiheit haben und aus einer neuen Synthese von Denken und Religion, von Kunst und Philosophie die Menschen überzeugen. Von Hegel und Schelling war es ein weiterer Schritt zur Rückgewinnung der Kreativität, des Künstlerischen und der Geschichte. Die Romantik rehabilitierte das Vergangene, sogar das als „dunkel" titulierte Mittelalter. Was die Tübinger Philosophen schon in die Wege geleitet hatten, die Überwindung der einseitigen Verstandesorientierung, die für das Religiöse wie ein Kälteschock gewirkt hatte, schüttelte die Romantik ab und entdeckte die Geschichte und damit das Gewordensein von Ideen und auch von theologischen Konzepten. Die Kunst trat wieder als schöpferische Ressource neben das Denken. In Tübingen ging zuerst die evangelische theologische Fakultät daran, die biblischen Texte mit den literaturwissenschaftlichen Methoden zu untersuchen. Die Werke der Theologen der ersten Jahrhunderte wurden neu entdeckt und mit ihnen die Lehrentwicklung. Im Fachjargon der Theologen wird die Rekonstruktion der Lehrentwicklung „Dogmengeschichte" genannt. Diese Herangehensweise unterschied sich von der Methodik der Priesterseminare und der von Jesuiten bis zu Auflösung des Ordens 1773 getragenen Hochschulen. Diese orientierten sich an der mittelalterlichen Scholastik. In Form einer These wurde eine theologische Aussage formuliert, die Gegenargumente herangezogen und dann der Beweis für die Richtigkeit des theologischen Satzes durchgeführt. Anders die Tübinger Schule und mit ihr weitere Universitätsfakultäten: Sie legten zuerst die biblischen Texte aus, zogen die Theologen der frühen Kirche und des Mittelalters hinzu, um nach diesem geschichtlichen Durchgang die theologische Aussage zu treffen. Diese Form der theologischen Vermittlung hat sich, nicht zuletzt durch das II. Vatikanische Konzil, durchgesetzt. Die Dokumente des Konzils beziehen die biblischen Texte ein und verweisen auf die Aussagen der Kirchenväter, das sind die Theologen der ersten Jahrhunderte. Auf katholischer Seite waren es die Tübinger Professoren. Johann Adam Möhler trat in den Dialog mit der evangelischen Theologie ein. Johann B. Hirscher gilt als Begründer der Katechetik. Die 1819 begründete „Theologische Quartalsschrift" ist bis heute eine der renommierten Fachzeitschriften.

Johann Adam Möhler

Johann B. Hirscher

Die Gründung des Bistums und die katholisch gebliebenen Gebiete

Rottenburg ist wie Freiburg oder Limburg eine Gründung im Gefolge des Wiener Kongresses. Dort wurden die über 300 deutschen Kleinstaaten zu Königreichen und Herzogtümern zusammengeführt. Für das Königreich Württemberg wurde ein eigenes Bistum eingerichtet, ebenso für das Groß-

Der Dom St. Martin in Rottenburg: Mit der Gründung des Bistums Rottenburg wird die Stadtkirche zur Bischofskirche.

herzogtum Baden. Für die Bistumsverwaltung suchte man eine katholische Stadt mit einer entsprechenden Kirche. Zuerst wurde Ellwangen ab 1812 Sitz der Verwaltung sowie einer Hochschule. Die Hochschule wurde 1817 in die Tübinger Universität als theologische Fakultät integriert und der Sitz des Bischofs für Württemberg in das katholische Rottenburg am Neckar verlegt. Die Stadtkirche wurde damit zum Dom. 1821 kam es dann zur offiziellen Errichtung des württembergischen Bistums. 1828 konnte der erste Bischof, Johann B. von Keller, sein Amt antreten. In das neue Königreich gingen Gebiete über, die vorher zu Habsburg gehört hatten. Es waren kleinere und mittelgroße Herrschaften im Südwesten, die „Vorderösterreich" genannt werden. Der Patron

STATISTISCHE DATEN

Bistum Rottenburg-Stuttgart

1,88 Millionen Katholiken, das sind etwa 17 % der Bevölkerung

25 Dekanate, die den Landkreisen entsprechen
In 282 Seelsorgseinheiten sind
1 037 Kirchengemeinden zusammengefasst
5 Höhere Schulen
895 Kindergärten
4 Krankenhäuser

der Kirche in Rottenburg, der hl. Martin, wurde auch Patron des Bistums. Das Oberamt Rottenburg gehörte zu den nördlichen Gebieten Vorderösterreichs. Auch Rottweil, Karnevalshochburg am Neckar, gehörte zu diesem katholischen Gebiet. Weitere Gebiete waren katholisch geblieben, nämlich große Abteien wie auch der Teil des Bistums Konstanz, über den der Bischof bis zur Säkularisierung 1803 als Landesherr regiert hatte.

Die Metropolregion am Neckar

Das Kernland Württembergs um Stuttgart herum ist durch den religiösen Aufbruch des Pietismus besonders geprägt. Wie im übrigen Europa ging die Industrialisierung von protestantisch geprägten Territorien aus. Offensichtlich erhielt das Unternehmertum von der protestantischen Konfession her Motivationskraft. Die katholischen Gebiete im Süden und um Ellwangen herum waren ländlich geprägt. Die Katholiken lebten unter dem Krummstab eines Abtes oder Bischofs. Als wegen des Kinderreichtums die Äcker nicht mehr die Bevölkerung

Stuttgart ist die Metropole im Bistum Rottenburg-Stuttgart.

St. Eberhard ist das Zentrum katholischen Lebens in Stuttgart.

Die prachtvolle spätbarocke Klosterkirche St. Ulrich und Afra in Neresheim – seit fast hundert Jahren wieder Zentrum benediktinischer Frömmigkeit.

ernähren konnten, mussten die Katholiken in den Industriegebieten Arbeit finden. Da der Katholizismus Mitte des 19. Jahrhunderts einen religiösen Aufbruch erlebte und die Pfarrei sich als die ideale Organisationsform erwies, brachten die Katholiken den Willen mit, sich in der Stadt eine religiöse Heimat zu schaffen. Mit der Eberhardkirche in der Stuttgarter Innenstadt waren die Katholiken in der Metropole angekommen. König Friedrich schenkte 1807 den Bauplatz, 1811 wurde die Kirche eingeweiht.

Nach dem Zweiten Weltkrieg siedelten sich viele Flüchtlinge an. Dann kamen die Katholiken anderer Muttersprachen. Als interessanter Arbeitsplatz zog die Metropolregion in den letzten Jahren viele Katholiken an. 25 % der Bevölkerung, 150 000 Menschen, sind katholisch. Heute hat Stuttgart 46 Pfarreien, die in 16 Seelsorgsbereichen zusammengeschlossen sind. 18 Gemeinden sind für Katholiken anderer Muttersprachen eingerichtet.

Der deutsche Südwesten hat die Mitbestimmung der Bürger seit dem 19. Jahrhundert befördert und das Paulskirchenparlament von 1848 wesentlich geprägt. Mit diesem politischen Aufbruch erhielten die Katholiken sehr viel mehr Freiheitsrechte. Da die nach dem Wiener Kongress gegründeten Diözesen sich ihre Unabhängigkeit erkämpfen mussten, sind sie in dieser Kultur verwurzelt. Das wird an den Kompetenzen der Laiengremien für die Verwendung der Finanzen deutlich sichtbar. Im Gefolge des Konzils überträgt das Bistum dem synodalen Gremium, dem gewählten Diözesanrat der Katholiken, das Haushaltsrecht und damit die Verantwortung für die Finanzen. Dieser hat entsprechende Ausschüsse gebildet und stellt den Haushaltsplan auf.

Weingarten, Zwiefalten oder Neresheim: Barock südlich der Donau

In den vorderösterreichischen Gebieten entstanden im Barock große Klosteranlagen, die mit der Säkularisierung aufgelöst, aber teilweise wiederbelebt wurden. In Neresheim konnten 1919 Benediktiner aus Beuron und

In einer Reiterprozession wird die Reliquie mit dem Blut Christi in Weingarten am „Blutsfreitag" nach Christi Himmelfahrt durch Ort und Umland getragen.

Prag das klösterliche Leben wiederaufleben lassen.

Weingarten, nördlich von Ravensburg, war lange eine Abtei. Hier wird ein Blutstropfen Jesu aufbewahrt, den einer der Soldaten unter dem Kreuz aufgefangen hat. Am Blutsfreitag, der auf Christi Himmelfahrt folgt, wird die Reliquie in einer großen Reiterprozession durch den Ort und das Umland getragen.

In dem ehemaligen Kloster Obermarchtal unterhält das Bistum eine Bildungsstätte.

Die ehemalige Prämonstratenserabtei Schussenried, zwischen Ulm und Bodensee gelegen, ist ein weiteres Beispiel barocker Baukunst und gelebter Religiosität.

Neben der Abtei in Neresheim haben die Benediktinerinnen in Kellenried in der Nähe von Ravensburg 1923 eine Abtei gegründet.

Das Medienbistum

Seit der Nachkriegszeit ist Rottenburg erste Adresse katholischer Medienarbeit. Mehrere Bischöfe waren und sind Vorsitzende der publizistischen Kommission der Bischofskonferenz. Es sind weniger die gedruckten Medien als zuerst der Film und dann das Fernsehen. In Rottenburg wurde 1953 das Katholische Filmwerk gegründet. Es diente der Versorgung der Gemeinden und des Religionsunterrichts mit Kurz- wie Langfilmen. Als das ZDF vor der Gründung stand, sollten externe Produktionsfirmen mehr zum Zuge kommen als bei den bisherigen ARD-Sendern. Deshalb wurde bereits 1960 die Tellux GmbH für die Produktion von Filmen und Fernsehprogrammen gegründet. In den Jahrzehnten sind nicht nur Fernsehspiele und Kurzserien produziert worden, sondern auch Kinofilme. Die Arbeit von Misereor und Adveniat wurde durch viele Dokumentarfilme bekannt gemacht. Immer hielt Rottenburg ein Auge auf diesen Bereich, führte Verhandlungen und war jeweils nahe an den Entwicklungen der Medientechnik und der Medienproduktion.

Geschichte

Um die Mitte des **6. Jahrhunderts** kommen die Mönche Fridolin, Landolin und Gallus zu den Alemannen an Oberrhein und am Bodensee.
585 wird das Bistum von Windisch in Aargau nach Konstanz verlegt. Das Bistum reicht bis zur Donau und den Neckar aufwärts bis Reutlingen und Stuttgart, östlich bis an die Iller und große Teile der Schweiz.
Im Osten des heutigen Bistums reichen die Wurzeln von Ellwangen bis ins **8. Jahrhundert** zurück, seit 764 oder schon länger existierte eine Benediktinerabtei. 1460 wurde aus dem Kloster eine Propstei, der Abt verfügte über bischöfliche Rechte. In der Reformationszeit wurde Ellwangen in die Konflikte hineingezogen und im Dreißigjährigen Krieg zeitweise von schwedischen Truppen besetzt. Es blieb aber mit den umliegenden Ortschaften katholisch.
Der Norden des heutigen Bistums gehörte bis nach Backnang zum Bistum Speyer und zum Bistum Würzburg. Heilbronn gehörte damals zu Würzburg.
1415 errichtet der Konstanzer Bischof auf dem Dreifaltigkeitsberg eine der Dreifaltigkeit geweihte Kapelle, die bis heute Ziel von Wallfahrern ist.
Barockzeit: Südlich von Ulm in den zu Österreich gehörenden Gebieten entstehen Abteien und Stifte, die von einem lebendigen katholischen Leben zeugen.
1803 fallen die Liegenschaften des Fürstbistums Konstanz an Baden.
1821 wird das Bistum aufgelöst.
Der König von Württemberg begann bereits vor dem Wiener Kongress mit der Organisation des katholischen Lebens, da mit der Erweiterung seines Territoriums etwa eine Million Katholiken unter seine Herrschaft kamen. Es waren Gebiete der früheren Diözesen Konstanz, Speyer, Augsburg, Worms und Würzburg.
1807 wird auf einem Bauplatz, der dem König gehört, die katholische Eberhardkirche in Stuttgart errichtet.
1812 König Friedrich I. richtet in Ellwangen eine kirchliche Verwaltung sowie eine kirchliche Hochschule ein.
1817 König Wilhelm I. verlegt den Sitz der Verwaltung nach Rottenburg und gliedert die Hochschule in die Universität Tübingen ein.
1821 kommt es zu einem Vertrag des Vatikans mit dem selbstständigen Königreich Württemberg.
1828 kann der erste Bischof, Johannes B. von Keller, sein Amt, antreten. Dieses Datum, der 20. Mai 1828, wird als Gründungsdatum des Bistums gesehen.
19. Jahrhundert: Durch die Industrialisierung wandern Katholiken aus anderen Bistümern in das Königreich.
1854 bildet sich eine Kongregation von Franziskanerinnen, die 1850 in das ehemalige Dominikanerinnenkloster in Sießen zieht.
1945 Flüchtlinge erhöhen die Zahl der Katholiken, es sind etwa eine halbe Million. 450 neue Kirchen werden gebaut.
1951 wird als erste katholische Akademie die des Bistums Rottenburg mit Sitz in Stuttgart gegründet.
1978 konnte dann Stuttgart anlässlich des 150-jährigen Diözesanjubiläums als zweiter Bischofssitz eingerichtet werden mit der Eberhardkirche als zweiter Kathedrale. Der größere Teil der Verwaltung verblieb in Rottenburg. Jedoch die Medienarbeit, die Verbände u. a. sind in Stuttgart angesiedelt, wie vorher schon die bereits 1951 gegründete Akademie des Bistums.

St. Vitus in Ellwangen: Ellwangen wurde 1812 für kurze Zeit zum ersten Verwaltungssitz im Vorgriff auf ein zukünftiges Bistum im Königreich Württemberg.

Bischof Carl Joseph von Hefele

Bischof Joannes B. Sproll

Bischof Carl Joseph Leiprecht

Bischof Georg Moser

Bischöfe

■ **Carl Joseph von Hefele** war ein bekannter Kirchengeschichtler, ehe er 1869 Bischof wurde. Er baute die Seelsorge in den Industriezentren aus und verhinderte durch einen guten Kontakt zum württembergischen König Karl das Übergreifen des Kulturkampfes, der im Nachbarland Baden das kirchliche Leben weitgehend lahmlegte. Er stirbt 1893.

■ **Joannes B. Sproll**
Er ist von 1927 bis 1949 Bischof. Er ist ein entschiedener Gegner des Nationalsozialismus. Als er sich öffentlich gegen den Anschluss Österreichs an das Deutsche Reich ausspricht, wird er 1938 aus dem Bistum vertrieben und bleibt bis Kriegsende in Bayern.

■ **Carl Joseph Leiprecht**
Er ist von 1949 bis 1974 Bischof. Seine Aufgaben sind der Wiederaufbau und die Integration der Flüchtlinge. Vor allem die durch den Krieg zerstörten Industrieregionen, in die auch viele Flüchtlinge gekommen sind, müssen für die Seelsorge erschlossen werden. Bischof Leiprecht fördert die Medienarbeit über die Bistumsgrenzen hinaus.

■ **Georg Moser**
Er ist in den Umbruchszeiten von 1974 bis 1988 Bischof. In seine Zeit fallen die nachkonziliaren Auseinandersetzungen, die auch die theologische Fakultät erfasst hatten. In den Krisen der RAF ist er ein gesuchter Berater der Politik. Als Vorsitzender der Publizistischen Kommission der Bischofskonferenz setzt er medienpolitische Akzente, u. a. geht auf seine Initiative die Einrichtung der Landesmedienanstalten zurück. Aus der Kenntnis der Entwicklungen in Italien setzt er damit eine gewisse Kontrolle über die Frequenzzuteilung für den privaten Rundfunk durch.

■ **Walter Kasper** ist zehn Jahre, von 1989 bis 1999, Bischof in Rottenburg, ehe er zuerst zum Sekretär und 2001 zum Präsidenten des Päpstlichen Rates zur Förderung der Einheit der Christen berufen wird.

■ **Gebhard Fürst** ist seit dem Jahr 2000 Bischof. Er ist Vorsitzender der Publizistischen Kommission der Bischofskonferenz.

Bischof Walter Kardinal Kasper

Bischof Gebhard Fürst

Bistum Rottenburg-Stuttgart

Bistum Speyer

Zwischen Kaiserdom und Chemieindustrie

Speyer, das ist der Dom, in den der Pfälzer Helmut Kohl viele Staatsgäste führte. Und es ist die Chemiestadt Ludwigshafen. Das Erbe schätzen und sich zugleich auf die Gegenwart einlassen, der pfälzische Katholizismus ist zu diesem Brückenschlag in der Lage. Man kennt seine Wurzeln, wallfahrtet nach Maria Rosenberg und anderen Wallfahrtsorten und steht auf dem Boden der katholischen Soziallehre. Denn die Katholiken sind erst einmal Arbeiter und Handwerker, im Süden dann auch Winzer. Und sie sind nach Europa orientiert. Das bedurfte einer gewissen Bekehrung, denn bis zum Zweiten Weltkrieg galt eigentlich Frankreich als der „Erbfeind". Der hatte sich vor allem durch den neunjährigen, von 1688 bis 1697 dauernden pfälzischen Erbfolgekrieg in das Gedächtnis eingegraben. Die französischen Truppen brannten Speyer, Mannheim, Worms, Heidelberg und andere Städte nieder. Ludwig XIV. konnte zwar die Pfalz nicht annektieren, wohl aber das ab 1681 besetzte Elsass. Auch die Auflagen des Versailler Vertrages nach dem Ersten Weltkrieg hatten keine Zuneigung zu den Franzosen geweckt. Jedoch die Erfahrungen mit dem Nationalsozialismus ließen gerade die Katholiken erkennen, dass Deutschland sich zu den westlichen Demokratien hinwenden musste. Das klingt heute als selbstverständliche Prämisse der deutschen Außenpolitik, es musste aber in den Herzen der Menschen erst reifen.

Der Dom eines Kaisergeschlechts und die Kirche der Bürger der Stadt

Von den drei Kaiserdomen am Rhein ist neben Mainz und Worms Speyer die Kathedrale, in der die Romanik ihren Höhepunkt gefunden hat. Es sind aber nicht nur die vollendeten Proportionen und der Raum, der den Menschen in eine größere Weite führt, die für den Dom das Attribut „kaiserlich" angemessen erscheinen lassen. Wer in die Krypta geht, findet dort die Gräber der salischen Kaiser. Sie kamen an die Macht,

Der Dom zu Speyer – Grablege der deutschen Könige und Kaiser aus dem Geschlecht der Salier

als Heinrich II. aus dem sächsischen Herzoghaus 1024 kinderlos starb. Da wurde der Graf des Gebiets von Speyer, Konrad, zum König gewählt und 1027 in Rom zum Kaiser gekrönt. Er begann bereits ein Jahr nach seiner Wahl deshalb mit dem Bau des Domes, um seiner Königswürde den repräsentativen Ausdruck zu geben und für sein Geschlecht eine Grablege zu errichten. Sein Sohn, Heinrich III., führte den Bau fort. Heinrich IV. ließ große Teile des Gebäudes abreißen, um den Dom noch größer zu bau-

Ein Blick in das Hauptschiff des Speyrer Doms offenbart die ganze Größe und Würde romanischer Baukunst

en. In seinem Todesjahr, 1106, wurde das damals größte Gebäude des Abendlandes, eingeweiht. Im pfälzischen Erbfolgekrieg brannte der Dom aus, in den napoleonischen Kriegen konnte sein Abriss gerade noch verhindert werden. Durch Konrad II. und seine Nachfolger nahm Speyer, das anfangs nur etwa 500 Einwohner hatte, seinen Aufschwung zu einer der wichtigen Städte des Reiches. Die Speyrer hielten an dem Erbe fest und bauten nach den Kriegen die zerstörten Teile des Doms wieder auf.

Speyer, die Kurpfalz und die Verbindung mit Bayern

Noch heute gibt es ein Kurpfalzradio. Der Name hält in Erinnerung, dass die Pfalz einen der sieben Kurfürsten stellte, die den König „küren" konnten. Heidelberg wird bereits 1182 anstelle der Burg Stahleck bei Bacharach der Sitz des „Pfalzgrafen bei Rhein". Wie die meisten Fürstentümer sympathisierte der Kurfürst mit der Reformation. Jedoch erst unter Ottheinrich, der zwischen 1556 und 1559 regierte, wurde die lutherische Lehre durch den Landesherrn für seine Untertanen zur verpflichtenden Konfession. Sein Nachfolger, Kurfürst Friedrich III., wandte sich dem Calvinismus zu. 1563 wurde der „Heidelberger Katechismus" veröffentlicht, der die strikte Prädestinationslehre Calvins nicht enthält. Es blieb bei einem Nebeneinander von Lutheranern und Reformierten. Katholisch war nur noch das Gebiet, über das der Speyrer Bischof Landesfürst war. Etwa 55 000 Untertanen hatte der Fürstbischof. Als Speyer sich Stadtrechte erkämpfte, wurde der Bischofssitz 1723 nach Bruchsal verlegt, wovon das Schloss noch Zeugnis gibt. 1685 starb dann die evangelische Linie der Pfalz aus, und die Landesherrschaft ging an das katholische Haus Pfalz-Neuburg über. Plötzlich hatten die Pfälzer einen katholischen Landesherrn. Dadurch kam es zu einer teilweisen Rekatholisierung. 1705 wurde den drei Konfessionen – Lutheranern, Reformierten und Katholiken – die Abhaltung von Gottesdiensten zugestanden. Da Heidelberg für eine Barockresidenz zu klein war und der Kurfürst eine Residenz mit großer Kirche haben wollte, begann er 1720 mit dem Bau des nach Versailles größten europäischen Schlosses in Mannheim. Die durch

Auf dem Weg in die Zukunft: Wie geht es weiter im Bistum Speyer – eine Frage, über die beim Diözesanen Forum im Heinrich-Pesch-Haus heftig diskutiert wurde

die Truppen Ludwigs XIV. verwüstete Stadt wurde neu aufgebaut. Die Marktkirche, direkt neben dem Rathaus, ist bis heute katholisch, ebenso die große Jesuitenkirche direkt beim Schloss.

Aus der Geschichte erklärt sich die Verbindung Speyers zu Bayern. Die Diözese ist nämlich nicht Mitglied der Oberrheinischen, sondern der Bayerischen Bischofskonferenz und gehört zur Bamberger Kirchenprovinz. Das alte Bistum Speyer war sehr viel größer. Nach den napoleonischen Kriegen kamen die rechtsrheinischen Gebiete mit den Residenzstädten Heidelberg und Mannheim zu Baden, der linksrheinische Teil und ein Teil des Saarlandes gehörten zu Bayern und bildeten das wiedererrichtete Bistum.

Dekanate im Saarland

Der westliche Teil des heutigen Saarlandes wird auch Saar-Pfalz genannt. Die um die Städte Homburg und St. Ingbert liegenden Pfarreien gehören zum Bistum Speyer, die anderen Pfarreien des Bundeslandes zum Bistum Trier.

Ludwigshafen und das Heinrich-Pesch-Haus

Die BASF, die Badische Anilin- und Sodafabrik, ist das größte Chemieunternehmen der Welt. Es spannt seine Aktivitäten um den Globus. Zugleich ist das Werk der größte Arbeitgeber der Pfalz. Um in diesem Umfeld die katholische Soziallehre zu implementieren, hat die Diözese mit dem Jesuitenorden eine Akademie gegründet. Der Name Heinrich Pesch geht auf den Begründer der katholischen Soziallehre zurück, einen Jesuiten, der während des Kulturkampfes in Holland dozierte. Arbeitnehmer gehen ein

STATISTISCHE DATEN

Bistum Speyer
558 000 Katholiken,
etwa 41 % der Bevölkerung
346 Pfarreien sind in
24 Pfarrverbänden zusammengefasst
Das Bistum gliedert sich in 10 Dekanate
11 Schulen
15 Altenzentren
215 Kindergärten

und aus, inzwischen ist auch der Dialog mit den Muslimen ein wichtiges Arbeitsfeld. An der Akademie ist ein Fortbildungsinstitut für die Schulen eingerichtet, die sich der ignatianischen Spiritualität verbunden fühlen, also neben den Jesuiten vor allem die von Mary Ward gegründeten Englischen Fräulein, die sich heute Congregatio Jesu nennen.

Edith Stein

Das Gedächtnis dieser Märtyrerin wird besonders in Speyer wachgehalten. Sie wuchs in einer jüdischen Familie in Breslau auf. Als Jugendliche gab sie ihre religiöse Praxis auf und bezeichnete sich als Atheistin. Sie studierte Philosophie. Als Frau wurde ihr der Zugang auf einen philosophischen Lehrstuhl verwehrt. Als sie die Schriften der Teresa

An diesem Taufstein in Bergzabern empfing Edith Stein das Sakrament der Taufe

Die traditionsreiche Klosterschule Maria Magdalena liegt inmitten von Speyer.

von Avila las, wurde ihr Glaubenssinn neu geweckt. Sie ließ sich 1922 in Bergzabern, einem Ort im Bistum Speyer, taufen und wurde 1923 Lehrerin an der Schule der Dominikanerinnen in Speyer. Sie war bald eine gesuchte Vortragsrednerin und arbeitete in der Lehrerfortbildung. 1933 trat sie in den Orden der Teresa von Avila, in den Karmel Maria Frieden in Köln, ein. Sie nahm den Ordensnamen Teresia Benedicta vom Kreuz an. Ihre ältere Schwester Rosa folgte ihr 1936. Als auch getaufte Juden von der Vernichtungspolitik der Nationalsozialisten nicht ausgenommen wurden, gerieten die Schwestern in Lebensgefahr und übersiedelten deshalb in den Karmel von Echt in Holland. Als der Erzbischof von Utrecht 1942 mit einem Hirtenbrief gegen die Vernichtung der Juden Stellung nahm, wurden in Holland getaufte Juden gefangen genommen und in ein Konzentrationslager gebracht. Wahrscheinlich sind Edith Stein und ihre Schwester 1942 in Birkenau vergast worden.

Klosterschule Maria Magdalena in Speyer

1228 kamen Ordensfrauen nach Speyer und widmeten sich der Erziehung der Mädchen. Die Frauen schlossen sich 1304 dem Dominikanerorden an. Schule und Kloster liegen unweit des Domes. Während der napoleonischen Kriege und der darauf folgenden Säkularisierung der Klöster mussten die Schwestern Speyer verlassen, konnten aber 1828 die Gebäude zurückkaufen und mit dem Schulunterricht wieder beginnen. Edith Stein hat hier unterrichtet.

Herz-Jesu-Kloster in Neustadt

Der Missionsorden der Herz-Jesu-Priester hat 1920 in einem ehemaligen Steinbruch ein Kloster errichtet, das sich mit seinem Exerzitien- und Bildungshaus zu einem spirituellen Zentrum im Bistum entwickelt hat. In dem Klosterkomplex ist auch die Missionsprokur des Ordens untergebracht, die die Missionen des Ordens unterstützt. Die Herz-Jesu-Priester arbeiten in Asien, Afrika und Lateinamerika.

Maria Rosenberg

Wie fast jedes Bistum hat Speyer einen Wallfahrtsort, an dem die Gläubigen Maria besonders nahe sind. Dieser Ort liegt im Pfälzer Wald. 1150 gab es hier schon eine Kapelle, die bereits Maria geweiht war. Das heutige Gnadenbild kam im Barock, wahrscheinlich 1738 oder später auf den Rodenberg, der dann in Rosenberg umbenannt wurde, weil Maria in der Lauretanischen Litanei als „geheimnisvolle Rose" angerufen wird. Die Schwestern von Maria Rosenberg geben dem geistlichen Zentrum in der dominikanischen Tradition einen besonderen Akzent. Der Wallfahrtsort wurde durch ein Exerzitienhaus 1931 erweitert und ist durch sein Bildungshaus Treffpunkt für Gruppen geworden. Ein Altenheim und ein Haus für Mädchen ergänzen das Ensemble.

Maria Rosenberg ist ein viel besuchter und lebendiger Wallfahrtsort

Geschichte

Um **346**, noch zu römischer Zeit, ist ein Bischof „Jesse" überliefert.
Um **600** beginnt mit Hilderich die durchgehende Liste der Speyrer Bischöfe.
Um **650** wird unter Bischof Athanasius eine Domkirche errichtet.
Um **660** gründet Dragobert das Kloster Weißenburg, heute im nördlichen Elsass gelegen, und wird dann Bischof von Speyer, Weißenburg bleibt für das Bistum eine bedeutsame Abtei.
8. Jahrhundert Der hl. Pirminius, wie Bonifatius ein angelsächsischer Mönch, wirkt im Bistumsgebiet. Auf ihn geht die Namensgebung für Pirmasens zurück.
1025 beginnt Konrad II. mit dem Bau des heutigen Domes, der unter Heinrich IV. erweitert und 1106 eingeweiht wird. Speyer wird zur Grablege der Salier und in seiner Bedeutung durch Grundstückschenkungen der Salier aufgewertet.
1147 Bischof Günther von Henneberg gründet das Kloster Maulbronn. Große Teile des Schwarzwaldes gehören damals zum Bistum.
14. Jahrhundert Die Speyrer Bürger erkämpfen sich Selbstständigkeit vom Bischof
Reformation Da die Kurpfalz in der Person des Pfalzgrafen Kurfürst Ottheinrich, der zwischen 1556 und 1559 regierte, sich der Reformation anschloss, wurden größere Teil des Bistums evangelisch, auch weitgehend die Stadt Speyer. Nur die Gebiete, in denen der Bischof Landesherr war, blieben im katholischen Bekenntnis.
1581-1610 Bischof Eberhard von Dienheim führt Reformen ein und visitiert die Landpfarreien.
1685 stirbt die evangelische Linie der Pfalz aus. Die Pfalz fällt an das katholische Haus Pfalz-Neuburg. Die Versuche, die Pfalz zu rekatholisieren, lösten eine heftige Gegenwehr der Protestanten aus. Der Fürst holte Jesuiten sowohl nach Heidelberg als auch nach Mannheim. 1712 wurde in Heidelberg die Jesuitenkirche eingeweiht und 1715 ein Gymnasium eingeweiht.
1688-1697 Pfälzischer Erbfolgekrieg: Ludwig XIV. erhebt Anspruch auf Teile der Pfalz, sieht sich aber einer geschlossenen Gegnerschaft von evangelischen und katholischen Herrscherhäusern gegenüber. Ehe seine Truppen die Pfalz verlassen, stecken sie die Städte und Dörfer in Brand. Das Heidelberger Schloss ist seitdem eine Ruine. 1689 stecken französische Truppen den Speyrer Dom in Brand, das Gewölbe im Westteil des Langschiffes stürzt ein.
1720 verlegt Kurfürst Carl Philipp seine Residenz von Heidelberg in das vorher von den Franzosen verwüstete Mannheim. Dort wurde 1760 die Jesuitenkirche eingeweiht. Am Marktplatz stehen mit einem Turm in der Mitte das Rathaus und die Stadtkirche. Mannheim wird zu einem musikalischen Mittelpunkt in Europa.
Der langsam einkehrende Religionsfriede führte dazu, dass in der Pfalz viele Kirchen von Protestanten und Katholiken gemeinsam genutzt werden.
1777 Die bayerischen Wittelsbacher sterben aus. Der seit 1742 regierende Kurfürst Karl Theodor tritt das Erbe an und verlegt seine Residenz nach München. Das erklärt die Zugehörigkeit des nach dem Wiener Kongress stark verkleinerten Bistums zur Bayerischen Bischofskonferenz.
1794 Französische Revolutionstruppen verwüsten und profanieren den Dom. Der Rhein wird zu einer Grenze, so dass die rechtsrheinischen Teile der Pfalz von den linksrheinischen abgetrennt werden. Damit verliert Speyer seine rechtsrheinischen Gebiete. Diese kommen mit der bischöflichen Residenz in Bruchsal, mit Heidelberg und Mannheim zum Großherzogtum Baden.
1797-1810 Philipp Franz Wilderich bleibt Bischof, auch wenn der linksrheinische Teil des Bistums Mainz zugeschlagen wird.
1801 Das Bistum wird aufgelöst, Bischof Philipp Franz Wilderich bleibt für den rechtsrheinischen Teil zuständig. Der linksrheinische Teil bleibt bis zur Neuerrichtung des Bistums bei Mainz.

Bischof Michael von Faulhaber

Bischof Josef Wendel

Bischof Friedrich Wetter

1802 fällt der rechtsrheinische Teil des Hochstifts an Baden.
1810-1818 Sedisvakanz. Mit der Neuordnung nach dem Wiener Kongress bleibt der rechtsrheinische Teil bei Baden und wird damit mit den Städten Mannheim, Heidelberg und Bruchsal Teil des neuen Erzbistums Freiburg.
1818-1826 Georg von Chandelle wird erster Bischof der Diözese, die nur noch etwa 30 % ihres bisherigen Gebietes umfasst.

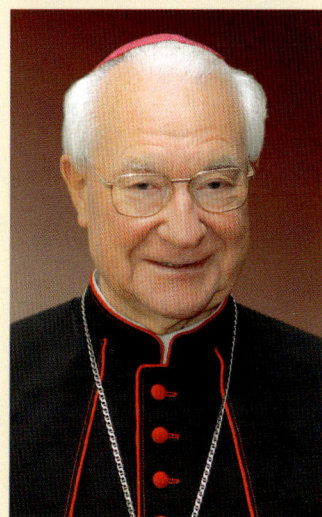
Bischof Anton Schlembach

Bischöfe

Nicht wenige Speyrer Bischöfe sind auf den Stuhl des Münchner Erzbischofs berufen worden:
- **Michael von Faulhaber** war von 1911-1917 Bischof von Speyer und von 1917-1952 Erzbischof von München Freising.
- **Joseph Wendel** war von 1943-52 Bischof von Speyer und von 1952-1960 Erzbischof von München.
- **Friedrich Wetter** war insgesamt 39 Jahre Bischof. Von 1968-1982 war er Bischof in Speyer, dann Erzbischof von München-Freising als Nachfolger von Kardinal Ratzinger bis zu seiner Emeritierung 2007. 1985 erhielt er die Kardinalswürde. Als Theologieprofessor in Eichstätt und Mainz war er darauf vorbereitet, die Glaubenskommission der Bischofskonferenz zu leiten.
- **Anton Schlembach** folgte 1983 dem nach München berufenen Bischof Wetter. Er wurde wie dieser 2007 emeritiert. Vor seiner Ernennung und Weihe zum Bischof in Speyer war er in Würzburg zuerst Regens des Priesterseminars und dann Generalvikar. Er war in der Bischofskonferenz zuständig für Missionsfragen und setzte sich für den Dialog mit anderen Religionen ein. Er war Mitglied der dafür eingesetzten päpstlichen Kommission. Wesentlich auf seine Initiative hin wurde der Speyrer Dom zum Weltkulturerbe erklärt. Er hat dieses Bauwerk mit dem Europagedanken verknüpft.
- **Karl Heinz Wiesemann** ist seit 2008 Bischof von Speyer. Ehe er zum Bischof in Speyer ernannt wurde, war er ab 2002 Weihbischof in Paderborn. Er hat die Neustrukturierung des Bistums eingeleitet. Seit 2011 ist er der Jugendbischof innerhalb der Deutschen Bischofskonferenz. Er ist wie sein Vorgänger als Geistlicher für den Ritterorden vom Heiligen Grab in Jerusalem tätig und damit für die Christen im Heiligen Land.

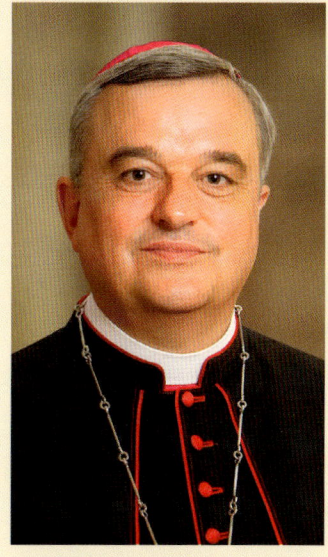
Bischof Karl Heinz Wiesemann

Bistum Trier

Den Ursprung berühren

Die letzte Heilig-Rock-Wallfahrt im Trierer Dom im Jahr 2012 war Ziel von Gläubigen aus ganz Europa.

Der Heilige Rock – das Gewand Jesu, das die Soldaten unter dem Kreuz verlosten, zieht viele Menschen an. Bei der Wallfahrt 2012 kamen Pilger aus aller Welt. Sie legen ihre Hand auf den Schrein, in dem die Tunika nur während der Wallfahrten ausgestellt ist. Dieses Gewand wird schon seit den ersten Generationen der Christen als Symbol für die Einheit der Kirche gesehen. Der Heilige Rock, den die Soldaten nicht zertrennt hatten, verbindet Trier auch mit dem Heiligen Land. Die heilige Helena, Mutter Kaiser Konstantins, hatte sich von Trier aus auf die Suche nach dem Kreuz Jesu gemacht, sie soll auch das Gewand Jesu in die Residenzstadt mitgebracht haben.

1996, bei der vorletzten Wallfahrt, wurde besonders deutlich, worum es geht. Die Reliquie soll die Begegnung mit Christus ermöglichen. Der Glaube, der Jesus im Blick hat, wird gerade in diesem ältesten deutschen Bistum von Generation zu Generation weitergegeben. Seit der Spätantike versammeln sich Christen hier zu Gebet und

Schon unter Kaiser Konstantin wurde eine große Kirchenanlage gebaut. Am heutigen Dom haben Generationen gebaut, einige Mauern gehen auf die erste Kirche zurück.

Gottesdienst, nie wurde diese Tradition unterbrochen. Das wird auch an der Bischofsliste deutlich, die kontinuierlich bis zur Römerzeit zurückreicht. Heute wendet das Bistum seinen Blick mit einer Synode nach vorne. Ihr Thema: Wie im 21. Jahrhundert Christ sein.

Nicht nur die Porta Nigra, ein römisches Stadttor und das Amphitheater lassen die Pracht der Römerzeit erahnen. Neun Baudenkmäler in und um die älteste Stadt Deutschlands gehören zum UNESCO-Weltkulturerbe. Darunter die Konstantin-Basilika, eine ehemalige Palastaula aus der Zeit des Kaiser Konstantin, der Trierer Dom als älteste Bischofskirche nördlich der Alpen und die benachbarte Liebfrauenkirche. Unter dem Domfreihof hat man die Fundamente eines frühchristlichen Versammlungsraumes gefunden. In der aus einer römischen Villa entstandenen Benediktinerabtei St. Matthias werden Reliquien dieses Apostels verehrt – es ist das einzige Apostelgrab nördlich der Alpen.

Trier, in der Mitte Europas

Von Thüringen aus gesehen, heute die Mitte Deutschlands, liegt Trier am Rande. Stellt man sich jedoch in Trier auf einen Parkplatz und identifiziert die Autokennzeichen, dann liegt es mitten in Europa: Luxemburg und Frankreich sind die direkten Nachbarn, Belgien und die Niederlande liegen näher als Frankfurt oder Dortmund.

Wie andere Grenzgebiete hat sich auch der Trierer Raum mit Luxemburg, Lothringen und Südbelgien zu einer Euroregion zusammengeschlossen. Das führt dazu, dass Trier Entwicklungen der Bistümer im Westen Frankreichs viel früher wahrnimmt. Dort ist der Rückgang der Religiosität schon sehr viel deutlicher, die Zahl der Priester noch kleiner, und der Islam ist eine noch größere Herausforderung.

Die große Konstantinsbasilika – 67 Meter lang, 27,5 Meter breit und 33 Meter hoch – wurde als Palastaula in der Zeit Konstantins des Großen erbaut. Lange Jahrhunderte war sie Teil der erzbischöflich-kurfürstlichen Residenz. 1856 wurde sie der Evangelischen Kirchengemeinde übergeben und dient seitdem als Kirche.

Neben dem Heiligen Rock beherbergt Trier noch eine weitere bedeutende Reliquie: Im 12. Jahrhundert wurden die Gebeine des Apostels Matthias – die Helena, die Mutter Kaiser Konstantins, nach Trier gebracht haben soll – wiederaufgefunden. Seitdem befindet sich das einzige Apostelgrab nördlich der Alpen in der Abtei St. Matthias

Regionen, die sich der trierischen Kirche zugehörig fühlen

In spätrömischer Zeit wurde Trier zur wichtigsten und größten Stadt des Römischen Reiches nördlich der Alpen. Von dort wurde das römische Gallien mit insgesamt acht Provinzen verwaltet. Das von der in Trier ansässigen gallischen Prätorianerpräfektur regierte Gebiet reichte vom heutigen Nordengland bis nach Nordafrika. Konstantin der Große, sein Sohn Konstantin II., Valentinian I., Gratian, Magnus Maximus und Valentinian II. regierten das weströmische Reich von Trier aus.

Am Mittelrhein gab es in den römischen Städten Koblenz, Boppard, Remagen und anderen christliche Gemeinden. Der Hunsrück und die Eifel wurden erst langsam missioniert. Später gelangten Missionare von der Mosel in den Lahngau. Dietkirchen, heute ein Stadtteil von Limburg, wurde dort das Zentrum. Ein Trierer Archidiakon hatte dort seinen Sitz. Dieser ehemalige Teil der Trierer Kirche gehört heute zum Bistum Limburg. Enge Beziehungen bestehen auch nach Luxemburg. Das heute zum Erzbistum Luxemburg gehörende Echternach, wo der Missionar Willibrord ein Kloster gründete, ist für große Teile der Eifel nach wie vor ein wichtiger Pilgerort und geistliches Zentrum.

Impulse für die Liturgie

Vier Kirchenväter, Ambrosius, Athanasius, Hieronymus und Augustinus, haben einen starken Bezug zu Trier. Der heilige Ambrosius wurde in Trier geboren und besuchte später, als Bischof von Mailand, wieder seine Heimatstadt. Der heilige Athanasius war zwei Mal in Trier in der Verbannung, der heilige Hieronymus absolvierte einen Teil seiner Studien in Trier, und die Bekehrung des heiligen Augustinus wurde durch einen Bericht über eine Begebenheit in Trier angestoßen. Die Region lebt von dieser großen Geschichte, aber sie macht auch Geschichte, sogar Kirchengeschichte. In Trier hat die Liturgische Bewegung schon vor dem Krieg Wurzeln geschlagen. Das dort 1947 gegründete „Deutsche Liturgische Institut" hat wesentlich die Liturgiereform des II. Vatikanischen Konzils vorbereitet. Nach dem Konzil kamen Liturgiker aus der ganzen Welt, um zu lernen, wie die Beschlüsse in

Das Missionshaus in St. Wendel ist ein Zentrum der Steyler Missionare im Bistum Trier.

das Leben der Gemeinden umgesetzt werden können. Das wurzelte in einem schon über Generationen hinweg starken Bemühen, die Gläubigen des Bistums an die Mitfeier der Messe heranzuführen. Das Bistum gab eigene Messbücher heraus, verschiedene Andachtsformen förderten eine Kultur des Kirchenliedes. Deshalb konnte die Liturgische Bewegung hier besonders gut ansetzen. Unter dem Generalvikar Heinrich von Meurer wurden bereits Gottesdienstformen erprobt, die die Liturgiereform des II. Vatikanischen Konzils vorbereiteten. Der Mitarbeiter des Generalvikars, Professor Balthasar Fischer, wurde 1947 erster Direktor des Liturgischen Instituts. Er genoss internationales Ansehen und war an der Ausarbeitung der Liturgiekonstitution des II. Vatikanischen Konzils beteiligt.

Missionarischer Geist und Gebetsapostolat

Trier hat viele Missionare in die ganze Welt geschickt. Die Steyler haben in Sankt Wendel im Saarland ein Missionshaus. Viele Bischöfe auf anderen Kontinenten sind Trierer oder stammen von Vorfahren aus dem Hunsrück, der Eifel, dem Saarland ab. Einer, Kardinal Maurer, Erzbischof von Sucre in Bolivien, fand in seiner Heimatstadt Püttlingen Rückhalt, von dort hat die Bolivienhilfe des Trierer Bistums bereits 1959 ihren Ausgang genommen. Sie hat viele junge Menschen und Priester zu einem Einsatz in dem Land motiviert. Der spätere Direktor von Misereor und Trierer Weihbischof Leo Schwarz war von 1962-1970 als Priester im Erzbistum Sucre tätig.

Ein Motor für das missionarische Engagement ist bis heute im Bistum lebendig, das Gebetsapostolat. Dessen Grundidee ist, jeden Katholiken, jeder Katholikin an der weltweiten Evangelisierung teilnehmen zu lassen. Wer im 19. und frühen 20. Jahrhundert nicht von einem kleinen Bauernhof oder einem Handwerksbetrieb als Ordensbruder oder Ordensschwester in die weite Welt aufgebrochen war, konnte das große Werk, das die Katholiken sich vorgenommen hatten, durch das Gebet für die Ausbreitung des Reiches Gottes unterstützen. Das Gebetsapostolat war in Frankreich entstanden und erreichte zuerst die Diözese, die auch kirchlich Frankreich am nächsten war. Johann Maria Röder, vor 150 Pfarrer von Temmels, übersetzte das Grundlagenbuch des Gebetsapostolates und gab damit den Anstoß, nicht nur für die Mission zu spenden, sondern auch zu beten.

Nikolaus von Kues

Kues, das heute mit dem auf der anderen Seite der Mosel gelegenen Ort Bernkastel vereint ist, hat einen großen Sohn hervor-

Die seit über einem Jahrhundert aktive Bolivienhilfe setzt sich für das Wohl der Menschen – gerade auch das der Kinder – in diesem eher armen südamerikanischen Land ein.

gebracht, Nikolaus haben ihn seine Eltern genannt, der in einer Umbruchszeit, der heutigen vergleichbar, die Theologie neu durchdachte und dabei die Fortschritte der Mathematik und der neu aufblühenden Naturwissenschaften aufgriff. Er lebte zwischen 1401 und 1464. Er dachte deren Einsichten weiter und fand zu einer neuen Formulierung, um das Geheimnis Gottes auszudrücken: Gott ist kleiner als das Kleinste der Schöpfung und größer als der ganze Kosmos. Cusanus, wie er genannt wurde, war ein wichtiger Theologe des Konzils von Basel, Fürstbischof von Brixen, Generalvikar des Kirchenstaats und als päpstlicher Legat in Vermittlungsdiensten in Europa unterwegs.

Mit einer Synode ins neue Jahrtausend

Trier hat die Bistumsstruktur neu geordnet, die Ausgabenseite reduziert, größere seelsorgliche Einheiten gebildet, aus Pfarreien wurden Verbünde. Das bedeutet einmal Abschied von einer sehr intensiven Phase christlichen Lebens, die sich Mitte des 19. Jahrhunderts entwickelt hatte. Der große Bogen dieser kirchengeschichtlich so fruchtbaren Epoche hat sein Ende erreicht. Für eine Neuentdeckung des Evangeliums und für einen neuen Elan, die Gesellschaft christlich zu durchdringen, soll die Synode die Wege bahnen.

Die Synode hat sich vier Themenbereiche vorgenommen:
1. Die Kirche in der Welt von heute
2. Glauben leben lernen
3. Den Glauben feiern in Gottesdienst und Gebet
4. Gaben im Volk Gottes entdecken und fördern
(Die Beratungen kann man auf http://www.bistum-trier.de/synode/ verfolgen.)

STATISTISCHE DATEN

Bistum Trier:

1,43 Millionen Katholiken,
59 % der Bevölkerung
881 Pfarreien sind in
173 Pfarreiengemeinschaften
zusammengeschlossen
11 Gymnasien, 11 Realschulen
534 Kindertagesstätten
45 Krankenhäuser

Geschichte

Die Gründung des Bistums geht auf das **3. Jahrhundert** zurück. Die Gräber der ersten beiden Bischöfe Eucharius und Valerius finden sich in der Abtei St. Matthias in Trier.

Zu dieser Zeit gehörte das Bistum Trier zum Römischen Reich. Es war der in Trier residierende Kaiser Konstantin, der mit seinem Mitkaiser den Christen Religionsfreiheit einräumte und mit Kirchbauten den Aufbau der Kirche unterstützte.

Auch in den Jahren, als die Franken die noch römische Residenzstadt mehrfach erstürmten und auch niederbrannten oder als im **9. Jahrhundert** Normannen die Stadt zerstörten und Kirchen verwüsteten, bricht die Reihe der Bischöfe nicht wie in anderen römischen Bischofsstädten am Rhein oder in Nordfrankreich ab.

Trier ist auch wegen seiner Geschichte über die Grenzen hinaus orientiert. So ist nicht nur das Saarland Teil des Bistums. Früher gehörten Gebiete an der Mosel, die heute in Luxemburg und Frankreich liegen, zum Bistum. Suffraganbistümer waren Metz, Verdun und Toul, später auch Nancy und Saint Dié.

Trier im Mittelalter

Während die Trierer Bischöfe sich im Römischen Reich und in der Karolingerzeit, ähnlich wie heute, ihren seelsorglichen Aufgaben widmeten, wurden sie wie die anderen Bistümer mit dem sächsischen Kaiserhaus zu einem wichtigen Fundament der kaiserlichen Regierung aufgebaut – indem ihnen Ländereien zugesprochen wurden. Damit wurde der Bischof für einen Teil seines Bistums zum Landesherrn. Trier war damals als Erzbistum herausgehoben. Im Mittelalter wächst die Bedeutung Triers. Bereits in karolingischer Zeit sind **seit 911** die Trierer Erzbischöfe in einem Vorwahlgremium für die Wahl eines neuen König hervorgehoben, **ab 1257** hatten sie mit den Erzbischöfen von Mainz und Köln sowie dem Pfalzgrafen, dem Markgrafen von Brandenburg, dem Herzog von Sachsen und dem böhmischen König das alleinige Wahlrecht.

Bischof Balduin aus dem Hause Luxemburg, Bruder Kaiser Heinrichs VII., war einer der einflussreichsten Bischöfe und Fürsten in der ersten Hälfte des 14. Jahrhunderts.

Ein Trierer Erzbischof, Balduin von Luxemburg, war die treibende Kraft hinter diesem Gremium, das sich als der „Auftraggeber" für den deutschen König verstand. Als der Papst den von ihnen gewählten Kandidaten, Ludwig den Bayern, nicht zum Kaiser krönen wollte, nahmen sie 1338 für sich mit der Rhenser Konstitution dieses Recht in Anspruch. Das sieht auf den ersten Blick wie ein Machtkampf aus, leitet aber zu dem Prinzip über, dass der Gewählte sich immer dem ihn Wählenden verpflichtet fühlt. Durch regelmäßige Treffen wurden sie wie ein kleines Parlament. Sie setzen auch Könige wieder ab.

Neuzeit

Nach der Eroberung Triers durch französische Revolutionstruppen **Ende des 18. Jahrhunderts** flieht der letzte Trierer Erzbischof und Kurfürst Clemens Wenzeslaus von Sachsen. Mit den napoleonischen Kriegen wird das linksrheinische Gebiet französisch und das Bistum geteilt. Der Franzose Charles Mannay wird von 1802-1816 Bischof des linksrheinischen Teils, muss sich aber, nachdem Trier unter preußische Herrschaft gekommen ist, wieder nach Frankreich zurückziehen. Ihm gelingt eine zügige Reorganisation des Bistums mit Einrichtung der Priester- wie der Lehrerausbildung.

Nach den napoleonischen Kriegen werden das Trierer Gebiet wie das Saarland preußisch. **1821** kommt es zu einer Neuordnung. Die Gebiete rechts des Rheins, der Lahngau, kommen zum Großherzogtum Nassau, für das Limburg als Bistum neu eingerichtet wird. Trier verliert den Rang eines Erzbistums und wird nun selbst als Suffraganbistum Teil der Kirchenprovinz Köln.

19. Jahrhundert: Das Saarland wird industrialisiert, viele Menschen aus Eifel und Hunsrück, aber auch aus anderen ländlichen Regionen finden dort Arbeit und Beheimatung in den katholischen Gemeinden. Wegen der begrenzten Lebensverhältnisse in Hunsrück und Eifel wandern viele nach Nord- und Südamerika aus.

Im Kulturkampf wird Bischof Matthias Eberhard **1876** von Preußen in Haft gesetzt. Erst **1881** wird der Elsässer Felix Korum, Priester des Bistums Straßburg, als Kompromisskandidat auf den Trierer Bischofsstuhl berufen. Er wird nicht ein Anhänger Preußens, sondern verteidigt die Rechte der katholischen Kirche.

In der Zeit des **Nationalsozialismus** gelingt es den Machthabern nicht, die katholische Bevölkerung von der Kirche zu trennen. Nach dem Zweiten Weltkrieg stand das Saarland als ein wichtiger Teil des Bistums zeitweise unter französischer Verwaltung.

Bischof Bernhard Stein

Bischöfe

Kein anderes deutsches Bistum hat eine so große Reihe von Bischöfen. Einige seien erwähnt:

- **Bischof Paulinus** gehörte zu den Teilnehmern der Synode von Arles, die sich der Mehrheit der Arianer nicht anschlossen. Er wurde deshalb nach Kleinasien verbannt und starb dort.
- **Balduin von Luxemburg** (1307-1354) war nicht nur ein Bruder des deutschen Kaisers Heinrich VII. und Großonkel des Kaisers Karl IV., sondern auch ein bedeutender Politiker, der für die sieben Kurfürsten das Recht beanspruchte, den König zu wählen. Er war auch ein Organisator des kirchlichen Lebens.
- **Michael Felix Korum** war in Straßburg Theologieprofessor und wird nach zähen Verhandlungen zwischen dem Vatikan und der preußischen Regierung 1881 zum Bischof ernannt. Er baut die durch den Kulturkampf stark beeinträchtigte Diözese wieder auf, trotz schwierigster finanzieller Bedingungen werden 300 Kirchen gebaut.
- **Franz Rudolf Bornewasser** war von 1922 bis 1951 Bischof in Trier, vorher Weihbischof in Köln. Er war in Krisenzeiten Bischof. 1935 ging es um die Rückkehr des Saarlandes in das Deutsche Reich. In der Zeit des Nationalsozialismus sprach er sich offen gegen die Euthanasiepolitik der Nationalsozialisten aus, auch half er vielen Juden. Nach dem Krieg hat er mit einem Siedlungswerk die Wohnungsnot gemildert.
- **Bernhard Stein:** nahm als Weihbischof am II. Vatikanischen Konzil teil und wurde durch das Konzil geprägt. Von 1967-1980 leitete er die Diözese. Er war einer der vier Präsidenten der Würzburger Synode und setzte die Beschlüsse des Konzils in seinem Bistum um.
- **Stephan Ackermann** wurde 2000 zum 103. Bischof von Trier geweiht. Er ist in der Deutschen Bischofskonferenz Beauftragter für die Aufklärung sexuellen Missbrauchs und geht mit der Diözesansynode entschlossen die Herausforderungen an, die sich der Kirche heute stellen.

Bischof Stephan Ackermann

Bistum Würzburg

Im Land der „Frankenapostel" und Wallfahrten

Frankenland – Wallfahrtsland

Das Wallfahren hat im Bistum Würzburg bereits eine jahrhundertelange Tradition. Jedes Jahr aufs Neue ziehen die Gläubigen von Mai bis Oktober bei zahlreichen Wallfahrten betend und singend durch die kontrastreiche Fluss- und Weinlandschaft entlang des Mains und der Mittelgebirgszüge von Rhön, Spessart, Haßbergen und Steigerwald. Ziel sind Kirchen und Klöster als Orte der inneren Einkehr und Besinnung. Aber auch das gemeinsame Gebet während des Pilgerns oder an Stationen des Wallfahrtsweges spielt eine große Rolle. Rund 50 Wallfahrtsorte gibt es in der Diözese Würzburg. Besonders zu nennen sind hierbei der Kreuzberg in der Rhön, Hessenthal im Spessart oder Dettelbach inmitten von Weinbergen. Auch das Pilgern über die Bistumsgrenzen hinaus, etwa nach Vierzehnheiligen im Erzbistum Bamberg oder nach Walldürn im Erzbistum Freiburg, erfreut sich bei den fast 800 000 Katholiken des Bistums großer Beliebtheit.

Viele Vereine haben sich dieser Tradition verpflichtet und pflegen sie in eigenen Wallfahrtsvereinen, wie in verschiedenen

Wallfahrten haben in der Diözese Würzburg eine lange Tradition.

Sehr beliebt: die Kreuzbergwallfahrt

Kreuzbruderschaften. Denn einer der beliebtesten Wallfahrtsorte ist der Kreuzberg an der Rhön, wo der Überlieferung nach die Frankenapostel Kilian, Kolonat und Totnan missioniert haben. Hunderte Pilger nehmen jährlich an der fünftägigen und 173 Kilometer langen Fußwanderung von Würzburg zum Kreuzberg und zurück teil.

Frankenland – Marienland

Viele Wallfahrtsorte in und um Würzburg tragen den Namen der Gottesmutter: Maria im Grünen Tal in Retzbach oder Maria im Sand in Dettelbach. Dies mag zunächst einmal nicht bemerkenswert erscheinen, dennoch lässt sich sagen, dass die Mutter Jesu in der Diözese an vielen Orten besonders verehrt wird. Unzählige Madonnen begegnen einem an Hauswänden, Bildstöcken, Grotten oder Privatkapellen. In dem bekannten Würzburger Kirchenlied „O himmlische Frau Königin" wird Maria gar als die Herzogin von Franken bezeichnet. Auch Julius Kardinal Döpfner stellte bereits fest: „Frankenland ist von alters her Marienland." Wie sollte es deswegen anders sein, als dass das vor wenigen Jahren entstandene Wallfahrtsnetz des Bistums nach der Gottesmutter benannt ist: der Fränkische Marienweg. Der 2002 auf Initiative des Würzburger Pfarrers Josef Treutlein angelegte Pilger- und Wanderweg ist rund 930 Kilometer lang und führt quer durch Franken. Er umfasst insgesamt 50 Marienwallfahrtsorte und Gnadenstätten.

Kiliani-Wallfahrt

Eng verbunden mit dem Wallfahrtswesen im Bistum Würzburg ist die Verehrung der Frankenapostel Kilian, Kolonat und Totnan. Schon früh entstand der Brauch der Pfarreien aus dem ganzen Bistum, in Prozession alljährlich die Gräber der Märtyrer zu besuchen. Unter Bischof Embricho wurde die Wallfahrt 1127 auf acht Tage ausgedehnt. Heute wird die Kiliani-Oktav jedes Jahr Anfang Juli begangen und ist der Höhepunkt des Wallfahrtsjahres. Über 15 000 Gläubige nehmen an der Wallfahrtswoche teil. Eröffnet wird sie mit einer feierlichen Prozession, wenn die Häupter der Frankenapostel Kilian, Kolonat und Totnan durch die Stadt getragen werden.

Kilian und seine Gefährten Kolonat und Totnan

Die vertiefte Christianisierung verdankt Mainfranken besonders zwei bedeutenden geistigen Strömungen: dem irischen und dem angelsächsischen Mönchtum. Hierbei sind der Ire Kilian und der Angelsachse Bonifatius zu nennen. Während Bonifatius „Franken an die abendländische christlich-lateinische Kultur anschloss" und der Kirche feste organisatorische Grundlagen gab, gilt Kilian als der Vater der christlichen Tradition in Franken.

Der Frankenapostel Kilian (gest. 689) war ein irischer Wanderbischof. Seine geistige Heimat war wohl das Kloster Hy (= Jona),

*Die „Frankenapostel"
Kilian, Kolonat und Totnan
in der Würzburger
Neumünster-Kirche*

das zum Bistum Kilmore gehörte. Um 685 soll er von Lauragh im äußersten Südwesten Irlands mit seinen Gefährten, dem Priester Kolonat und dem Diakon Totnan, über das Meer zum europäischen Kontinent aufgebrochen sein, um in der Fremde ein Leben nach dem Evangelium zu führen. Als wichtigste Quellen über das Martyrium Kilians und seiner Gefährten sind zwei handschriftliche Passiones (Leidensgeschichten) zu nennen. Die ältere, kürzere „Passio minor" (752 bis etwa 840) und die spätere, umfangreiche Leidensgeschichte „Passio maior" (9. Jahrhundert). Nach den ältesten Quellen, die legendarische Züge haben, kann angenommen werden, dass der irische Bischof Kilian und seine Gefährten in Würzburg das Evangelium verkündeten.

Als sie nach Deutschland kamen, zogen sie nach Würzburg weiter. Hier soll Kilian auf Herzog Gozbert, der damals Würzburg regierte, getroffen sein. Gozbert lebte mit seinen Untertanen nach heidnischem Brauchtum, entschied sich aber für das Christentum und ließ sich taufen, womit auch seine Untertanen das Christentum annehmen. Da dieser Aspekt jedoch legendenhafte Züge enthält, ist es auch möglich, dass das Herzogsgeschlecht bereits christlich getauft war und dieser Glaube lediglich in Vergessenheit geraten war.

Als Beweis für seine Bekehrung sollen die irischen Missionare von Gozbert gefordert haben, sich von seiner Lebensgefährtin Gailana zu trennen, die ihm gleichzeitig Frau und Schwägerin war. Dieser soll die Forderung erfüllt haben. Gailana aber ließ daraufhin die Missionare aus Rache ermorden, als der Herzog auf Kriegszug war. Diese Darstellung ist aber nicht gesichert. Möglich ist auch, dass die Enthauptung der Missionare von Gozbert selbst angeordnet wurde, weil er es nicht dulden wollte, dass sich Kilian in seine Eheangelegenheiten einmischte. Sicher ist jedoch, dass die ostfränkische Kirche durch das Wirken der irischen Missionare und durch Kilian eine wichtige Grundlegung und Orientierung erhielt. Das Martyrium setzte ein Zeichen, das sich im Gedächtnis der damaligen Menschen einprägte und sie bis heute herausfordert.

Durch den großen Einfluss der Würzburger Kirche wird Kilian bereits im Mittelalter Patron erstaunlich vieler Kirchen im In- und Ausland und findet weite Verbreitung, was ihn zu einem Heiligen mit europäischem Rang macht. Naturgemäß fand der Kilianskult in Würzburg selbst besondere Entfaltung, wo seit der 2. Hälfte des 8. Jahrhunderts das Kiliansfest der Volksfeiertag schlechthin ist und sich noch heute großer Beliebtheit erfreut.

Würzburger Synode

Ein wichtiges Ereignis in der neueren Kirchengeschichte war die Würzburger Synode von 1971 bis 1975, deren Gastgeber Bischof Josef Stangl war. Durch das Zweite Vatikanum (1962-1965) war es notwendig geworden, dass in allen Bistümern in der Bundesrepublik die Konzilsbeschlüsse erörtert wurden und nach Möglichkeiten der Umsetzung gefragt wurde. Nach mehr als fünf Jahren an Beratung unter dem Vorsitz

> STATISTISCHE DATEN
>
> Bistum Würzburg:
> Das Bundesland Bayern hat
> 12,6 Millionen Einwohner, davon sind
> 6,7 Millionen (53,1 %) katholisch.
>
> In Bayern gibt es insgesamt 7 Diözesen.
> Das Gebiet der Diözese Würzburg liegt
> vollständig in Bayern. Es deckt sich
> weitgehend mit dem Regierungsbezirk
> Unterfranken (1,3 Millionen Einwohner).
>
> Bistum Würzburg:
> 787 000 Katholiken,
>
> 618 Pfarreien und Kuratien in 20 Dekanaten
> (164 Pfarreiengemeinschaften und 14 Einzelpfarreien)
> 478 katholische Kindergärten
> 28 Schulen (einschließlich derer der Orden sowie Förderschulen)
> 14 Bildungs- und Begegnungshäuser
> 3 Krankenhäuser

Kardinal Julius Döpfner (Mi.) mit seinem Nachfolger Josef Stangl (li.) auf der Orgelempore: Mit der Würzburger Synode kehrte Döpfner an seine alte Wirkungsstätte zurück, wo er bereits mit 35 Jahren 1948 Bischof geworden war. 1957 wurde er zum Bischof von Berlin berufen, 1961 zum Erzbischof von München-Freising. Für die in Würzburg tagende Synode der deutschen Bistümer, die in mehreren Sitzungsperioden von 1971-1975 tagte, war er Präsident und zugleich in der Zeit Vorsitzender der Deutschen Bischofskonferenz.

Der Kiliansdom (linke Seite) in Würzburg ist eine imposante romanische Kathedrale.

Blick ins Hauptschiff des Würzburger Kiliansdoms

von Kardinal Julius Döpfner wurden in 18 Beschlüssen und sechs Arbeitspapieren die Stellungnahmen zu Kernthemen wie beispielsweise zu der gesellschaftlichen Aufgabe der Kirche oder Ehe und Familie festgehalten. Der frühere Würzburger Bischof Döpfner war als Präsident der gemeinsamen Synode einer der wichtigsten Gestalten der kirchlichen Erneuerung.

Der Kilians-Dom

Die heutige romanische Basilika ist der insgesamt dritte Dombau und wurde im Jahr 1075 durch Bischof Adalbero (1045-1090) vollendet. Im Laufe der Geschichte hat er durch wiederholte Zerstörung und Neuerrichtung bzw. Umgestaltung des Öfteren sein Gesicht verändert. Zuletzt, als er durch Fliegerbomben gegen Ende des Zweiten Weltkriegs durch einen Brand und den Einsturz der Nordmauer 1946 zerstört wurde. Erst 1967 konnte die Wiedererrichtung des Doms unter Verantwortung von Bischof Julius Döpfner und Dombaumeister Hans Schädel abgeschlossen werden. Zuletzt wurde der Innenraum von Sankt Kilian umfangreich saniert und öffnete am 1. Advent 2012 nach über einem Jahr seine Pforten in neuem Glanz.

Würzburger Neumünster

Genau an der Stelle, an der heute das Neumünster steht, starb der Überlieferung nach der irische Wanderbischof Kilian den Märtyrertod. Bischof Megingoz errichtete im 8. Jahrhundert an dieser Stelle einen Bau, um die Erinnerung an den Ort des Martyriums wachzuhalten. In der Kiliansgruft des Neumünsters befindet sich der Schrein der Frankenapostel Kilian, Kolonat und Totnan, die den christlichen Glauben im Frankenland massiv geprägt haben. Der jüngste Märtyrer der Franken ist der am 15. Mai 2011 seliggesprochene Pfarrer Georg Häfner (1900-1942), dessen Asche hier seine letzte Ruhe gefunden hat.

Benediktinerkloster Münsterschwarzach

Die Benediktinerabtei Münsterschwarzach ist ein spirituelles Zentrum der Region. Es unterhält eine Vielzahl von Werkstätten und Betrieben, in denen die Mönche und Mitarbeiter Klosterprodukte herstellen. So unterhält die Abtei unter anderem einen Verlag, eine Druckerei, eine Buch- und Kunsthandlung, eine Bäckerei und eine Metzgerei. Außerdem führen die Benediktiner ein Gymnasium und bieten Exerzitien, Kurse zur Lebensorientierung und Glaubensvertiefung an. Dort wirkt auch der Bestsellerautor Anselm Grün, der bis Oktober 2013 Cellerar der Abtei war. Im Rahmen ihrer Missionstätigkeit sind die Benediktiner in Europa, Afrika, Asien und Amerika im Dienst am Menschen tätig.

Internationalen engen Kontakt hat auch die Diözese Würzburg zu ihren Partnerbistümern in Mbinga (Tansania) und Óbidos (Brasilien).

Geschichte

Um 689 Spätestens seit der Mission der iroschottischen Wandermönche Kilian, Kolonat und Totnan, die um 689 den Märtyrertod erlitten, gab es die ersten Christen in und um Würzburg. Weitere Zentren der Christianisierung waren das Kloster Karlburg im Main-Spessart-Raum und das Kloster Tauberbischofsheim, das von der heiligen Lioba, einer Verwandten von Bonifatius, geleitet wurde.

741/742 wurde das heutige Bistum Würzburg errichtet und der erste Bischof Burkard (742-753) vom hl. Bonifatius in sein Amt eingesetzt. Es entstand eine eigenständige Ortskirche und damit eine Kirche im Vollsinn des Wortes. Schon der erste Bischof war in die politischen und die kirchlichen Strukturen des fränkischen Reiches eingebunden und steht damit am Beginn einer über Jahrhunderte bis zur Säkularisierung dauernden Tradition: der festen Bindung des Bistums an das Reich.

Bischof Berowelf (768/69-800) arbeitete eng mit Kaiser Karl dem Großen zusammen, der sich immer wieder in Würzburg aufhielt. Gerade in der Gründungsphase sicherte sich das Bistum seinen Beistand, und der erste Dombau konnte errichtet werden.

Im 11. und 12. Jahrhundert zählte Würzburg zu den führenden wirtschaftlichen und geistigen Orten des Reiches. Der Bischof von Würzburg war ab dem 12. Jahrhundert zugleich weltlicher Herrscher und hatte zusätzlich den Titel „Herzog von Franken" inne. Diese Doppelfunktion wird durch den bekannten lateinischen Spruch untermauert: „Herbipolis sola iudicat ense et stola" – was in etwa bedeutet: „Würzburg allein richtet mit Schwert und Stola", – in Symbolen der weltlichen und geistlichen Macht.

Ab 1520 sind die Zeichen der beginnenden Reformationsbewegung wahrzunehmen. Im Hochstift und in den weltlichen Territorien und Reichsstädten sprechen sich Geistliche und Gläubige für die reine Wortverkündung aus. Ein Opfer der konfessionellen Auseinandersetzungen im Dreißigjährigen Krieg war der 1974 seliggesprochene Märtyrerpriester Liborius Wagner (1593-1631). Heute wird er als Mahner für die ökumenische Versöhnung verehrt.

Die Gegenreformation nahm Julius Echter von Mespelbrunn (1573-1617) systematisch in Angriff. Er richtete sein Augenmerk besonders auf die Errichtung von Bildungsstätten. Von entscheidender Bedeutung war dabei seine Bemühung zur Gründung einer Universität (1582) und eines Priesterseminars in Würzburg. Außerdem entstanden zahlreiche karitative Einrichtungen wie das Juliusspital in Würzburg.

Im Barockzeitalter wurden die bedeutendsten Künstler der damaligen Zeit von den Fürstbischöfen aus dem Haus Schönborn nach Würzburg geholt. Sie sorgten für eine barocke

Weltkulturerbe:
Die Würzbürger Residenz

Umgestaltung der Stadt. Barockkirchen von heimischen Künstlern entstanden auf dem Land. Auch der Bau der Würzburger Residenz durch Balthasar Neumann, die heute Weltkulturerbe ist, fällt in diese Zeit. Damit verbunden war ein Aufblühen des kirchlichen Lebens, was sich in feierlichen Prozessionen, festlichen Liturgien und Musik widerspiegelt.
Im Zuge der Französischen Revolution 1789 und der napoleonischen Kriege ging das Hochstift Würzburg unter. Das kulturelle und karitative Engagement vieler Klöster wurde durch die Säkularisation von 1803 beendet.
1848 trafen sich die deutschen Bischöfe in Würzburg zur ersten Bischofskonferenz. Neue Ordensgemeinschaften entstanden, die sich der – durch die Industrialisierung entstandenen – sozialen Not annahmen. Eine Vielzahl katholischer Verbände und Vereine wird gegründet.
Unter der Naziherrschaft war die katholische Kirche vielen Repressalien ausgesetzt, allen voran Bischof Matthias Ehrenfried (1924-1948), dessen Palais zweimal gestürmt wurde.
Im Konzentrationslager Dachau kam Georg Häfner von Oberschwarzach ums Leben, der 2011 seliggesprochen wurde.
Eine zentrale Figur des kirchlichen Widerstands war der Jurist Georg Angermaier (1913-1945).
Am 16. März 1945 wurden die Stadt und in ihr zahlreiche Kirchen durch Luftangriffe der Alliierten zerstört. Erst 1967 war der Wiederaufbau des Doms vollendet.
Bis weit nach dem Zweiten Weltkrieg war Würzburg das einzige bayerische Bistum, das einen DDR-Anteil hatte. Die ehemals altfränkischen Gebiete Saalfeld und Meiningen, die politisch nicht zu Bayern gehörten, waren nominell bis zur Errichtung des Bistums Erfurt 1994 Teil der Würzburger Diözese.

Bischof Julius Echter von Mespelbrunn

Bischof Paul-Werner Scheele

Bischof Friedhelm Hofmann

Bischöfe

■ **Bischof Julius Echter von Mespelbrunn** (1573-1617): Er war die treibende Kraft dafür, dass sich im Hochstift Würzburg der katholische Glaube behaupten und neu festigen konnte. Vor allem die sozialkaritativen Initiativen Echters erwiesen sich über Jahrhunderte als tragfähig und wirken in die Gegenwart hinein. Ebenso bestehen die von ihm gegründete Universität und das Priesterseminar bis heute.

■ **Bischof Julius Döpfner** (1948-1957) wandte sich nach dem Zweiten Weltkrieg den Notleidenden und Heimatlosen zu. Die Wohnungsnot zu beseitigen war ihm ein großes Anliegen. Aber er trieb auch den Wiederaufbau vieler Kirchen voran. Berühmt geworden ist seine Parole. „Wohnungsbau ist Dombau, Wohnungssorge ist Seelsorge und damit Herzenssorge eures Bischofs". Bei seiner Ernennung war er mit knapp 35 Jahren der jüngste Bischof Europas. Seinem Heimatbistum blieb er zeitlebens bis zu seinem plötzlichen Tod 1976 eng verbunden.

■ **Bischof Paul-Werner Scheele** (1979-2003): Seine Amtszeit ist geprägt vom Mühen um ein stärkeres Miteinander der verschiedenen Dienste in der Seelsorge – vereint unter dem Dach der „Kooperativen Pastoral". Der Einsatz für die Ökumene, für die Einheit der Christen, bestimmt sein ganzes Lebenswerk. Von 1976 bis 2003 war er Vorsitzender der Ökumenekommission der Deutschen Bischofskonferenz. Seit 1984 ist er Mitglied im Päpstlichen Rat für die Förderung der Einheit der Christen, seit 2003 Mitglied der Internationalen Kommission für den theologischen Dialog zwischen römisch-katholischer Kirche und den orientalisch-orthodoxen Kirchen.

■ **Bischof Friedhelm Hofmann** (seit 2004): Unter dem Begriff „Kulturdiakonie" fördert Bischof Hofmann durch Kunst den religiösen Dialog. Er hat sich in den letzten Jahren verstärkt für bessere Wohnbedingungen für Asylbewerber und deren Integration in die Gesellschaft eingesetzt. Als Vorsitzender der entsprechenden Kommission der Bischofskonferenz wirkte er bei Entstehung des neuen Gotteslobs entscheidend mit.

Bildnachweis

S. 8: Erzbischöfliches Ordinariat München / S. 11 Eckhard Bieger / S. 12: Wikimedia Commons / S. 16: Jean-Pol Grandmont/Wikimedia Commons / S. 17: Rosel Eckstein/pixelio / S. 18 (o.): Wikimedia Commons / S. 18 (u.): Wikimedia Commons / S. 19 (o.): Jacob Burckhardt/Wikimedia Commons / S. 19 (u.): PHGCOM/Wikimedia Commons / S. 20/21: draghicich/Fotolia / S. 21 (u.): Wikimedia Commons / S. 22: Kaiserchronik Heinrichs V. um 1112/14 Corpus Christi, Cambridge, Ms. 373, fol. 42v/ Wikimedia Commons / S. 23: Paolo da Reggio/Wikimedia Commons / S. 24 (o.): Wikimedia Commons / S. 24 (u.): Hildesia/Wikimedia Commons / S. 25: Thomas Wolf, www.foto-tw.de/Wikimedia Commons / S. 26: Dieter Schütz/pixelio / S. 27: Gerard ter Borch – www.geheugenvannederland.nl/ Wikimedia Commons / S. 28: Stanislaus Kandula / S. 29 (o.): Walter Hochauer/Wikimedia Commons / S. 29 (u.): D.j.mueller/Wikimedia Commons / S. 30: La-Liana/pixelio / S. 31: Foto aus der Biographie von Ed. Hüsgen, 1911/Wikimedia Commons / S. 32 (o.): draghicich/Fotolia / S. 32 (u.): Bundesarchiv/Wikimedia Commons / S. 33 Bundesarchiv/Wikimedia Commons / S. 34: Florian Schäffer/ Wikimedia Commons / S. 35 (o.):Höhne, Erich; Pohl, Erich, Bundesarchiv/Wikimedia Commons / S. 35 (u.): Kolbe, Bundesarchiv/Wikimedia Commons / S. 36: n8eule78/Wikimedia Commons / S. 37: Peter Geymayer/Wikimedia Commons / S. 38: Engelbert Reineke/Wikimedia Commons / S. 39: unbekannt, hhtp://72stunden-aktion.de/Wikimedia Commons / S. 98: Eckhard Bieger / S. 99: Roman M./fotolia / S. 156-157: Wikimedia Commons / S. 182-183: Wikimedia Commons / S. 185: KNA-Bild (Harald Oppitz)

Bistum Aachen: S. 42, 44, 45, 46, 47 Andreas Steindl / S. 43: rcfotostock/Fotolia / S. 48: Andreas Schmitter / S. 49: Bistum Aachen/Andreas Steindl

Bistum Augsburg: S. 50: KNA-Bild (Wolfgang Radke) / S. 51 (o.+u.): Markus Kremser / S. 52: Daniel Jäckel / S. 53 (o., l.+r.): Diözesanmuseum St. Afra / S. 53 (u.): Robert Ischwang / S. 54: Marien-Gymnasium Kaufbeuren, Schulwerk der Diözese Augsburg / S. 55 (o.): Diözese Augsburg / S. 55 (u.): Br. Cassian Jakobs / S. 56 (o.): Nicolas Schnall / S. 56 (Mi.): Diözese Augsburg / S. 56 (u.): Bischöfliche Pressestelle Augsburg / S. 57 (l.): Diözese Augsburg / S. 57 (Mi.): Bernd Müller / S. 57 (r.): Bischöfliche Pressestelle Augsburg

Erzbistum Bamberg: S. 58-65 alle Bilder Eckhard Bieger; außer: S. 58/59: Frank/fotolia, S. 65 Pressestelle des Erzbistums Bamberg

Erzbistum Berlin: S. 66-68: Mathias Woszcyna / S. 69 (o.): Günter Rehfeld/pixelio / S. 69 (u.): Eckhard Bieger / S. 70-71: Mathias Woszcyna / S. 72: Diözesanarchiv Berlin / S. 73 (o.): Diözesanarchiv Berlin [wird noch verifiziert]/ S. 73 (Mi. und u.): Walter Wetzler

Bistum Dresden-Meißen: S. 74-81: alle Fotos Pressestelle Bistum Dresden-Meißen

Bistum Eichstätt: S. 82-89: alle Fotos Stabstelle Medien und Öffentlichkeit des Bistums Eichstätt

Bistum Erfurt: S. 90-97: Bistum Erfurt: S. 90-97: alle Fotos Bistum Erfurt; außer: S. 90/91: Jens Ulrich Koch / S. 92: Sandro Jödicke / S. 93: Peter Weidemann / S. 95 (o.): Bonifatiuswerk der deutschen Katholiken / S. 96: Eckhard Bieger

Bistum Essen: S. 100-107: alle Fotos Bistum Essen (Achim Pohl und Martin Engelbrecht), außer: S. 101 (u.): Christian Schnaubelt / S. 103 (u.): Christian Schnaubelt / S. 103 (o.): FC Schalke 04

Erzbistum Freiburg: S. 108: KNA-Bild (Harald Oppitz) / S. 109: Christoph Hoppe, Erzbistum Freiburg / S. 110: Benedikt Plesker / S. 111: Silke Wernet, Erzbistum Freiburg / S. 113: Erzbistum Freiburg / S. 114: Georg Auer / S. 115: (o., 1., 2., 3. Bild v. l.) Erzbistum Freiburg / S. 115: (o. r.): Andreas Gerhard, Erzbistum Freiburg / S. 115 (u.): Roger Koeppe, Erzbistum Freiburg /

Bistum Fulda: S. 116: Eckhard Bieger / S. 117: Christof Ohnesorge / S. 118 Arnulf Müller / S. 119: Marcus C. Leitschuh / S. 120: Eckhard Bieger / S. 121 (o.): Frofoto/Fotolia / S. 121 (u.): Eckhard Bieger / S. 122 (o.): Frofoto/Fotolia / S. 123: (o. und Mi.): Erich Gutberlet / S. 123 (u. l.): Ralph Leupolt / S. 123 (u. r.): Bistum Fulda

Bistum Görlitz: S. 124-131: alle Fotos Raphael Schmidt; außer: S. 127, S. 131 (o. von l. nach r.), S. 131 (Mi. r.) / S. 131 (u. r.): Archiv Bistum Görlitz

Erzbistum Hamburg: S. 133: Ralf Adloff / S. 134: Marco Chwalek / S. 135: Marco Heinen / S. 136 (o. l.): Kathrin Erbe / S. 136 (o. r.): Michael Wrage / S. 137 (r.): Tobias Riedel / S. 138 (o.): Karina Matussek / S. 138 (u.): privat / S. 139: Kathrin Erbe

Bistum Hildesheim: S. 140: Manfred Zimmermann / S. 141 (o.): Bischöfliche Pressestelle Hildesheim / S. 141 (u.): Ina Funk / S. 142: Annedore Beelte / S. 143: KirchenZeitung (Thomas Pohlmann) / S. 144: Archiv Bistum Hildesheim / S. 145: Rosy Lucia Magallanes Medina / S. 146: Ina Funk / S. 147: Bischöfliche Pressestelle Hildesheim und Manfred Zimmermann

Erzbistum Köln: S. 148-155: alle Fotos Bistum Köln; außer S. 149: Ruth Rudolph/pixelio / S. 150: Dombauhütte Köln (Matz und Schenk)

Bistum Limburg: S. 158-165: alle Fotos Bistum Limburg; außer: S. 160 (u.): Fotostudio Werner Baumann / S. 163: Krumpholz

Bistum Magdeburg: S. 166-173: alle Fotos Pressestelle Bistum Magdeburg

Bistum Mainz: S. 174-181: alle Fotos Bistum Mainz (Feldmann/Matschak); außer: S. 176 (o. r.): Bischöfliches Dom- und Diözesanmuseum Mainz (Alberto Luisa) / S. 178: www.wormser-dom.de / S. 179 (o. l.): www.wormser-dom.de / S. 179 (o. r.): Pfarrgemeinde St. Stephan, Mainz (Siegfried Kirsch)

Erzbistum München und Freising: S. 186-193: alle Fotos Erzdiözese München und Freising, außer: S. 188: Achim Bunz / S. 193 (Mi. r.): Archiv des Erzbistums München und Freising / S. 193 (u. r.): Erzbischöfliches Ordinariat München, Pressestelle

Bistum Münster: alle Fotos Bistum Münster

Bistum Osnabrück: S. 202: Dialogverlag (Michael Bönte) / S. 203-204: Hermann Haarmann / S. 205: Katholischer Gemeineverband Bremen / S. 206 (o.): Hermann Haarmann / S. 206 (u.): KNA-Bild (Jens Ilse) / S. 207: Reinhard Molitor / S. 208: Hermann Haarmann / S. 209 (l. und Mi.): Archiv Kirchenbote / S. 209 (r.): Hermann Haarmann

Erzbistum Paderborn: alle Fotos Erzbistum Paderborn

Bistum Passau: S. 218-225: alle Fotos Dionys Asenkerschbaumer; außer: S. 224: KNA-Bild (Markus Nowak)

Bistum Regensburg: S. 226-233: alle Fotos Bischöfliche Presse- und Medienabteilung Regensburg/Diözese Regensburg; außer: S. 226/227: Michael Vogl / Seite 228, 229, S. 233 (o. Mi.), 233 (o. r.): www.altrofoto.de

Bistum Rottenburg-Stuttgart: S. 234-241: alle Fotos: Diözese Rottenburg-Stuttgart; außer: S. 234: KNA / S. 235 (o.): Wikimedia Commons / S. 236: Roland Halbe / S. 237: Yven Dienst/fotolia, / S. 238 (l.): Eckhard Raabe / S. 241 (u.): Thomas Zehnder

Bistum Speyer: S. 242-249: alle Fotos: Bistum Speyer; außer: S. 247: Picasa / S. 247: KNA

Bistum Trier: S. 250-257: alle Fotos Bistum Trier; außer: 252 (u.): Aloys Butzkamm / S. 254: P. Alois Poncelet SVD

Bistum Würzburg: S. 258: Foto: Kerstin Schmeiser-Weiß (POW) / S. 259: Bernhard Schweßinger (POW) / S. 260: Markus Hauck (POW) / S. 261: Hans Heer / S. 262: Markus Hauck (POW) / S. 263: Foto: Markus Hauck (POW) / S. 264: Markus Hauck (POW) / S. 265 (o.) Markus Hauck (POW) / S. 265 (Mi.): POW / S. 265 (u.): POW

Verlag und Autoren haben sich bemüht, alle Rechteinhaber zu ermitteln. Sollte Ihr berechtigter Anspruch nicht berücksichtigt sein, melden Sie sich bitte beim Verlag.

Dr. Eckhard Bieger   *Maximilian Ditz*   *Roland Müller*   *Anna Petri*   *Beate Rasch*   *Christian Schnaubelt*

Die Autoren

■ **Dr. Eckhard Bieger**, leitender Redakteur Geschichtsteil und Herausgeber; geboren 1939, 1959 Eintritt in den Jesuitenorden, 1970 Priesterweihe. Seit 1984 Leiter des Medienprogramms der Philosophisch-Theologischen Hochschule St. Georgen in Frankfurt, Mitbegründer von kath.de., Herausgeber von explizit.net und in der Fortbildung bei Weiterbildung live tätig.

■ **Maximilian Ditz**, geboren 1986, katholischer Diplom-Theologe und freier Journalist aus München. Neben seinem Studium an der Ludwig-Maximilians-Universität absolvierte er an der Philosophisch-Theologischen Hochschule St. Georgen in Frankfurt das Programm Medien und öffentliche Kommunikation. Nach Mitarbeit bei kath.de und explizit.net ist er als freier Redakteur für die Münchner Kirchenzeitung tätig.

■ **Roland Müller**, 1986 im Umland von Bremen geboren, absolvierte nach dem Abitur ein FSJ im heilpädagogischen Bereich. Das Studium der Katholischen Theologie und Christlichen Sozialwissenschaften führte ihn nach Münster und Granada (Spanien). Seit 2008 arbeitet er für das unabhängige katholische Nachrichtenportal kath.de, seit 2012 ist er dort Chefredakteur. Zudem ist er als freier Journalist tätig.

■ **Anna Petri**, geboren 1981 in Münster. Nach dem Abitur Studium der Germanistik und Geschichte (M.A.) an der Universität Duisburg-Essen. Von 2007 bis 2009 absolvierte sie ein redaktionelles Volontariat bei Bibel TV in Hamburg. Im Anschluss daran war sie zwei weitere Jahre als Fernsehredakteurin bei Bibel TV tätig. Seit 2011 selbstständige Redakteurin und PR-Referentin, arbeitet sie seitdem für verschiedene kirchliche und soziale Unternehmen.

■ **Beate Rasch** absolvierte an der italienischen Universität von Verona ein Studium der fremdsprachlichen Philologien. Seit vielen Jahren arbeitet sie als Übersetzerin und freie Journalistin mit den Schwerpunkten Printmedien, christlich-soziale Themen, Kirche und Theologie, Gesellschaft und Kultur. Das staatlich zugelassene Fernstudium „Theologie im Fernkurs" rundet ihre Qualifikation ab.

■ **Christian Schnaubelt**, Dipl. Soz.-Wiss., leitender Redakteur Bistumsteil und Herausgeber; Jg. 1975, Diplom-Sozialwissenschaftler, freier Journalist und Social Media-Manager aus Bochum. Mit seinem KOMMWIRT-Büro hat er sich auf Non-Profit-Kommunikation (Schwerpunkt Kirche und Medien) spezialisiert. Er ist Chef vom Dienst des katholischen Portals explizit.net und der katholischen Wochenzeitung hinsehen.net sowie Mitherausgeber von Christlicher-Bilderdienst.net.

explizit.net

Quellenhinweis der Autoren:
Bei der Recherche für dieses Buch hat sich das Autorenteam von explizit.net, dem katholischen Portal für den deutschen Sprachraum, auf einen einheitlichen Interview-Leitfaden gestützt. Dieser wurde den Generalvikariaten und den Pressestellen/Kommunikationsstellen der Bistümer vorgelegt. Wir danken allen Bistümern ausdrücklich für die gute Kooperation und die Zusage, Inhalte von den Homepages der Bistümer oder aus Bistumspublikationen für dieses Buch verwenden zu dürfen. Dies gilt auch für einen Großteil der Bilder, die uns dankenswerterweise von den Bistümern zur Verfügung gestellt wurden. Die bei den Bistumsporträts angegebenen Namen und Zahlen haben einen Sachstand von September 2014.